현대신서
71

푸코 읽기

피에르 빌루에

나길래 옮김

東文選

푸코 읽기

푸코 읽기

Pierre Billouet

FOUCAULT

차 례

푸코 연보

1926: 10월 15일, 푸아티에에서 '폴 푸코' 탄생. 그의 부친 폴은 외과 의사이자 해부학 교수, 그의 할아버지 폴은 의사. 외과 의사의 딸인 그의 모친께서 집안에서 아들을 '폴 미셸' 로 부르기로 결정.

1930-44: 푸아티에에서 초등학교, 공립 중등학교, 스타니스라스 중등학교. 고등사범학교 준비반 1학년(푸아티에), 그리고 파리의 앙리IV고등학교에서 고등사범학교 준비반 2학년(선생님: 장 이폴리트).

1946-51: 고등사범학교. 1951년 7월 철학교수자격시험 합격, 10월에 복습 교사.

1950: 공산당 가입. 1952년 탈당.

1952: 릴문과대학 심리학과 조교. 장 바라케 만남.

1954: 《정신병과 인격》 출간.

1955: 웁살라의 메종 드 프랑스 원장.

1957: 노벨 평화상을 계기로 카뮈 초대.

1958: 바르샤바 대사('역사적' 드골파) 에티엔 뷔랭 데 로지에의 문화부 참사관.

1960: 다니엘 드페르 만남.

1961: 5월 20일 소르본에서 논문 《광기의 역사》 발표. 논문의 부제는 〈칸트 인류학의 형성 과정과 구조〉.

1962: 클레르몽페랑대학교 심리학과 교수. 《정신병과 심리학》이라는 제목으로 《정신병과 인격》 일부 재출간.

1963: 《레이몽 루셀》 출간.

1965: '푸세' 대학 개혁위원회 위원.

1966: 튀니스대학교 파견 철학 교수. 《말과 사물》 출간.

1968: 12월부터 뱅센대학교 철학 교수.

1969: 《지식의 고고학》 출간.

1970: 12월 2일 콜레주 드 프랑스 취임 연설. 그 이후 적극적으로
정치 활동, 수많은 대학 강연회와 세미나.

1971: 2월에 '감옥에 관한 정보 그룹' 설립.

1973: 사르트르·클라벨과 《리베라시옹》 신문 창간.

1975: 《감시와 처벌》 출간.

1976: 《성의 역사 I》: 《앎에의 의지》 출간.

1984: 《성의 역사 II》: 《쾌락의 용도》와 《성의 역사 III》: 《자기 관
심》 출간. 6월 25일 에이즈로 사망. 6월 29일 피티에 살페트
리에르 병원 뜰에서 공개 추모식. '폴-미셸 푸코, 콜레주 드
프랑스 교수, 1926-1984'란 이름 아래 비공식 장례식, 땅에
묻힘.

머리말

대학 교수이면서 지식인이라 함은, 다른 사람들의 생각
뿐만 아니라 자기 자신의 생각까지 수정할 수 있도록 하는
데 대학에서 가르치고 배우는 앎과 분석의 유형이 효력을
발휘하도록 애를 쓴다는 것이다.

《말과 글 모음》 IV[1]

교수이며 지식인·저자인 미셸 푸코는, 인습을 꽤 벗어난 교수이
자 현대적 모델과는 동떨어진 지식인이며 역설적인 저자이다.

독창적인 교수인 그는 새로운 주제들을 나름의 방식으로 도입하
거나 예상 밖의 것들을 참고 자료로 사용한다.

《광기의 역사》는 데카르트와 니체, 《라모의 조카》[2]나 《앙드로마
크》[3]와 대화하면서 이성, 이성 결여, 광기에 관해 질문을 던진다.
《말과 사물》에서 푸코는 인문과학의 위상 문제를 다루는데, 전반적
으로는 인본주의에 반해서, 개별적으로는 사르트르에 반해서 '인간
의 죽음' 이라는 주제를 도입한다. 1971년 콜레주 드 프랑스에 선출
된 그의——특히 '감옥에 관한 정보 그룹' 과 '무산 계급 좌파' 의 마
오쩌둥주의자들과 함께한——정치적 개입은 존엄한 제도권 내에 있
는 그의 동료들을 놀라게 할 만하다——라캉의 세미나와 마찬가지
로 그의 강의도 하나의 문화적 사건이다. 《감시와 처벌》에서는 연구
를 통해 감옥을 징계 사회의 정점으로 이해하게 되고, 그리스·로마
고전을 다시 읽으면서 그는 '성(性)' 이라는 문화적 대상의 위상에 관
한 물음으로 정신분석학과 육체에 대한 그리스도교의 목가(牧歌)를

조망하는 《성의 역사》를 착수하기에 이른다. 푸코는 자신의 지적 활동의 방법론을 (그의 책 중에서 직접적으로, 혹은 별개의 글들에서) 칸트·헤겔의 큰 철학적 전통과 관련지어 이차적 차원의 사색으로 사고한다.

푸코는 자신을 대상으로 한 여러 형태의 분류 시도에 재미있어 하면서 '더 이상 얼굴을 갖지 않으려고'(《지식의 고고학》)——역사·철학——책들을 집필했다. 그래서 그는 그의 책들에서 매번 자기 자신으로부터 벗어나려 하지만, 역설적으로 그 자신과 '수직으로'(《쾌락의 용도》) 다시 만났다.

프랑스 지식인으로 그는 60년대말부터, 사르트르가 20년 전에 가졌던 것에 비길 수 있는 국내적·국제적 청중을 얻었다. 그러나 그는 추상적인 인류의 이름으로 고발하거나, 자기 서재에 틀어박혀 있을 독자를 참여로 밀어내는, 아마 사르트르라면 가능했을 그런 졸라 부류의 교수 지식인이기를 원치 않았다. 물론 그도 그런 위치의 유혹을 받기는 했지만, 그의 작업의 주요 부분은 막대한 고증에 의거하며 여러 독자들에게 상대적인 이해나 투쟁 도구들을 제공한다. 그리고 드골주의자·무정부주의자·좌익·마르크스주의자·반(反) 마르크스주의자라 할 수 있었던 지식인 푸코였기에 그의 투사적 입장을 통합하기는 쉽지 않을 듯하다.[4] 80년대초 그는 프랑스민주동맹(CFDT)과 대화하고 B. 쿠시네르[5]나 Y. 몽탕[6]과 함께 행동하기도 한다.

역설적 저자 푸코는 한 유명한 강연에서[7] 자신의 책들을 줄곧 강하게 통합하면서 동시에 '저자'라는 역할에 의문을 제기했다. 작품의 도전은 그 내적이고(각각의 책은 앞의 책들에 연결된다) 외적인(각각의 책은 세상에 연결된다) 역학을 되살리는 것이다. 미셸 푸코가 책들을 연속으로 집필하는 만큼 우리는 연대기적 순서를 따르려고 한다──첫번째 책은 "두번째 책이 토대로 삼아서 세번째 책이 있게 할 문제들을 펼쳐 놓는다."[8] 우리는 그의 '작품'의 주요 순간들과 중요 개념들을 소개하려 하는데 푸코가 광기를 '작품 부재'(그의 글 제목들 중 하나)라고 생각하는 그 특수성에 있어서의 문제점도 빠뜨리지 않겠다.

'미셸 푸코'라는 이름──저자·교수·지식인의 이름──아래는, 이처럼 '자기 자신의 생각과 다른 사람들의 생각을 변화시키는 작업'이 있었다. 그것에 관한 최소한의 지식을 얻은 후에, **고유한** 생각이라는 개념에 대해서 질문을 던지려 한다.

1

미셸 푸코 이전의 푸코

　푸코의 초기 작업들은 젊은 철학도의 개인적 상황의 흔적을 담고 있다. 고등사범학교 학생인 그는 (고등사범학교 학생들을 교수자격시험을 위해 준비시키던) 알튀세[1]의 권유에 따라 1950년 공산당에 가입하고, 심리학에도 흥미를 가지게 된다. 1951년 그는 생트 안 정신병원에 가게 되고, 1952년에는 릴대학교 심리학과 조교가 된다. 그의 첫 글은 L. 빈스방거[2]의《꿈과 존재》번역 서문이다. 그는 그때 벌써 그의 말기 책들에까지 함께하게 될 르네 샤르를 인용하고 있다.

　푸코의 첫번째 책은《정신병과 인격》(1954)인데, 그에 의해 부인되다가《정신병과 심리학》(1962)이라는 제목으로 다시 손질되었다. 초판에서 푸코는 빈스방거와 파블로프의 개념들에 따라 심리학과 광기를 제시해 보이려 한다. 두번째 판의 수정은 (1961년 심사를 받은) 그의 논문을 참작한 것이다. 영어로 나온 일부 번역으로 반(反)정신의학과 합류하게 되는 이 두번째 판부터 푸코의 영향력은 꾸준히 증대되고, 그의 작업은 새로운 영역으로 확장되면서 동시에 그의 끊임없는 자기 해석도 계속된다. 그 작업은 1961년에서 1976년까지 고고학과 계보학이라는 개념으로 소개된다. 전자는 칸트로부터, 후자는 니체로부터 온 것이다.

　1961년《광기의 역사》는 광기에 대한 '지식의 고고학'[3]이고, 1963년《임상의학의 탄생》은 '의학적 시각에 대한 고고학' (부제)이며, 1966년《말과 사물》은 '인문과학의 고고학,' 1974년《감시와 처벌》

은 '감옥의 탄생'에 대한 연구이다. 또한 《성의 역사》는 1976년 먼저 '정신분석학의 고고학'으로 선을 뵈는데——"욕망하는 인간의 **계보학**에 관한 그 방대한 연구의 전반적 재조명"[4]이 미셸 푸코로 하여금 그 단어를 버리고 그리스 로마 고전들을 다시 읽게 하기 이전의 일이다. (반면 다른 책들은 지난 4세기에 관한 것이다.)

고고학(archéologie)란 개념은 먼저 '고문서 묘사'라는 말장난으로 소개되었는데, 칸트와 관련되어 '특정한 사고의 형태를 필연적으로 만드는 것의 역사'[5]로 정의된다. 칸트가 과학적 인식과 도덕적·정치적 행위의 **선험적**(=경험과 관계 없는) 구조를 묘사하려고 애썼던 것처럼, 푸코는 지식과 권력의 **역사적 선험성**을 찾아내려 애쓴다. 또한 칸트가 **계몽** 시대와 그 (이성의) 구조들과 관련하여 제 자신의 담론의 위상을 필히 자문하는 것과 마찬가지로, 푸코는 칸트의 《계몽이란 무엇인가?》라는 글을 논하거나 로마 스토아학파 철학자들의 자기 관심을 재해석하면서 결국 자신의 상황을 반영한다. 하지만 푸코의 주된 적은 그가 '인류학적 잠'이라고 이르는, 칸트에서 출발하는 보편주의적·인문주의적 전통이므로——이 점은 독자들로 하여금 푸코를 비합리주의자로 분류하게 할 수 있다——비교는 여기서 그친다

계보학(généalogie)이라는 개념은 분명히 니체로부터 오는데, 푸코는 학교·감옥·병원·공장·결혼 같은 우리의 현대 관습이나 제도의 도덕계보학을 만들고자 했다고 여러 차례 말하였다.

하이데거는 빈스방거를 논하는 푸코의 관심을 끌었는데, 늦게 있었던 어느 대담에서 푸코는 그의 작품을 니체·하이데거를 염두에 두고 구상했다고 말했다.[6] 물론 《임상의학의 탄생》에서 죽음의 위상과 《말과 사물》에서 인간의 실종을 알림은 그 두 저자와 밀접한 관련이 있지만, 푸코가 그의 행보중에 줄곧 자기 의견을 설명하는

것은 칸트를 통해서이다. 출간되지 않은 그의 보충 논문은 그가 번역하고 짤막한 주해를 덧붙여 출간한 칸트의 인류학에 관한 것이다.[7] 《지식의 고고학》 마지막은 고고학자와 **그의 타자**인 칸트적 철학자 사이의 대화이다. 그리고 그의 말기 책들에서는, '존재의 미학'이 의무의 칸트적 이해에 대립되어 《판단력 비판》(1790)에서 바로 유래된 표현들을 통해 주장된다.

미셸 푸코는 결국 칸트에 **대립시켜** 니체와 하이데거를 **내세운다.**

2

광기의 역사
(1961)

　푸코의 논문 제목 〈광기와 이성 결여, 고전 시대의 광기의 역사〉는, 고전 시대(17-18세기)에 생각하던 것과는 반대로 광기와 이성 결여가 같지 않다는 것을 나타낸다. 푸코는 중세말의 광기의 상황에서 출발해 정신병학·정신분석학, 그리고 미친 시인들(횔덜린·아르토 등)을 거론하며 끝을 맺는다. 이 책은 놀라운 데가 있다. 저자에게 교수 자격을 부여하게 되는 대학 논문임에도 불구하고 관학 풍이 아니다. 푸코는 광기와 이성 결여 사이의 경계에 대해 이성적 담론의 중립성이나 보편을 향한 관학적 담론의 영도체(零度體)로가 아니라 독창적이고 아주 이미지가 풍부한 언어로 사고한다. 이 점에서 이 논문은 철학과에서 발표되기는 했지만, 그 자체가 철학·역사·문학의 경계에 있다. 오랫동안 푸코는 그의 작업을 어디에 위치시켜야 할지 모르는데(⋯), 마치 (분야와 과정으로서의) 역사를 바꾸는 데 있어서 작가의 위치상의 모호성을(즉 미셸 푸코는 미치지 않았고, 이성 결여와 광기의 차이를 말하는 대학 저서의 저자이다—— 미셸 푸코는 대학 교수가 아니라 시인이고, 광기를 이성 결여라고 하는 합리주의적 축소와는 반대로 받아들였다) 유지할 목적으로 시적 문체와 이야기의 합리성이 겹쳐지는 듯하다. 우선 이 책의 몇 가지 뚜렷한 이미지들을 언급해 보자.

이미지들

정신병학의 역사에 관한 모든 연구에 항상 나타나는 두 개의 이미지: 필리프 피넬[1]에 의한 비세트르 정신병자들의 해방과 튜크 **요양원**의 이미지가 있다.

점잖은 퀘이커교도들의 사회는(…) 불행하게도 값비싼 시설을 찾을 만한 재산 없이 이성을 잃게 되는 회원들에게 그들의 상황에서 가능한 모든 예술적 자원이나 삶의 재미를 보장하고 싶어했다(…). [요양원은] 요크에서 1마일 떨어져 있는 집으로 비옥하고 아름다운 들판 한가운데 있는데, 전혀 감옥이라는 생각을 들게 하지 않고 오히려 시골풍의 큰 농가라는 생각이 들게 했다(…).

그런데 프랑스에서 혁명가 쿠통이 (단두대에 처해질) 혐의자들을 찾아 비세트르 병원을 방문하게 된다.

피넬이 그를 곧장 광조병(狂躁病) 환자들의 구역으로 데리고 갔는데, 그들의 거처를 보면서 그는 고통스러운 충격을 받았다. 그는 환자들 모두에게 질문해 보고 싶어했다. 대부분으로부터 모욕이나 상스러운 욕설밖에는 얻지 못했다(…). 피넬을 향해 돌아보면서 "참 여보게, 이런 동물들을 풀어 주려 하다니 자네까지도 미친 겐가?" 그러자 피넬이 담담하게 대답했다. "여보게 나는 저 정신착란자들이 그렇게도 다루기 힘든 건 바람도 못 쐬고 자유롭지도 못하기 때문이라고 확신하네"라고(…).[2]

정신병학이 자기 권력 행사나 자기 지식의 가능성을 정당화하며 보여 주는 이런 이미지들에 미셸 푸코는 미치광이들의 배, 대감금 · 대공포의 이미지를 **대립시키고**——정신병학 담론의 해방자적 자부심에 **반박한다**.

《미치광이들의 배》[3]는 르네상스기에 유행한 문학적 · 회화적 주제이다.

보슈의 그림은 물론 그런 꿈의 선박에 속한다. 그러나 소설적이고 풍자적인 모든 배들 중에서 나렌시프만은 유일하게 실재한 것이다. 이 도시에서 저 도시로 별난 화물을 실어나른 그런 배들이 실제로 존재했으니까. 그 당시 미치광이들은 자칫하면 떠돌이 삶을 살게 되었다. 도시는 그들을 쉽게 성 밖으로 내쫓았다(…).

방랑에 대한 이런 바로크적인 이미지에 대립해서, 광기의 **고전적** 경험으로 특징지어지는 또 다른 이미지인 **대감금**이 있다. 문둥병이 사라진 후 나환자 수용소가 빈 구조로 남아 있었고, 광기가 거기에 사람을 채우게 된다.

미친 배들의 운명이 겨우 한 세기 지난 후, '미치광이들의 병원' 이라는 문학 주제가 나타나게 된다(…). 17세기에 널찍한 수용소를 많이 지은 것은 잘 알려져 있지만, 몇 달 만에 파리 시민 1백 명 중 한 사람이 거기에 갇히게 된 사실은 잘 알려져 있지 않다(…).

또 정신병자 수용소가 될 그곳의 미치광이들은 **공포**를 자아낸다.

이제 수용소 땅이 나름의 권력을 획득했다. 이번에는 그곳이 질병의 근원지가 되어, 스스로 질병을 확산시킬 수 있게 되어 다른 공황이 퍼지게 만든다. 갑자기 18세기 중반 몇 년 만에 공포가 생겨났다. 의학 용어로 표현되는, 그러나 결국은 커다란 도덕적 신화로 고무된 공포. 사람들은 수용소로부터 확산되고 있다는, 그래서 곧 도시를 위협할 것이라는 꽤 불가사의한 질병에 겁을 먹는다(…).

이 세 개의 이미지를 통해 바로크적·고전적·현대적 세계를 볼 수 있는데——논문은 바로 세 개의 각 장(章)에서 그 각각의 세계의 **기본 개념**을 보여 줄 것이다. 바로크 시대의 미치광이는 도시에서 도시로 떠돌고, 고전 시대의 미치광이는 감금됨으로써 그 불행의 자유마저 잃게 되고, 현대의 미치광이는 의학화되었다. 이런 이미지들은 사실적이지도——한 시대의 미치광이를 어떻게 사진으로 찍을 수 있겠으며, 또 한 시대란 무엇인가?——허구적이지도——루이 14세의 칙령은 존재했다!——않다. 화가들이나 역사가들이 이미 알고 있다시피, 이미지는 실재의 단순한 복사가 될 수 없다——어떤 활동이 그것을 구성해 내는 것이다. 물론 정신병학의 타당성이 과학적·객관적이고 개념화된 순수 담론으로서가 아니라, 튜크나 피넬의 이미지들로 확립되어야 한다는 건 역설적이다. 그 이미지들은 정신병학의 역사상의 기능을 갖고, 미셸 푸코의 이미지들은 비평적 기능을 갖는다.

푸코는 자신의 고유한 이미지들을 구축함으로써 그의 논거·자료·해석에 통일성을 부여하고, 또 독자들이 독서를 해나가는 동안 담론을 기억할 수 있게 해준다. 그 이미지들은 구성적 기능(다양성을 집결하여 정신적 통일성을 구성함), 혹은 명확화하는 기능(통합된 요소들을 개념들로 연결하여 주의 집중을 유지함)을 갖는다.

그런데 미셸 푸코의 이미지들은 명확화하거나 구성적이면서 또한 논쟁적이기도 하다. 그는 정신병학의 지식—권력의 상상적 토대를 무너뜨리기 위해 이런저런 허구들을 서로 대립시킨다. 이 점에서 볼 때 논문은 단번에 정치적 행위로 되는데, 그것은 왜냐하면 '정치적인' 것은 물질적이고 상상적인 힘들의——서사시·출정가·해방담·교전의 포효(…)——충돌에서(을) **작용**(하게) **하니까.**《광기의 역사》가 속해 있는 정치적 상황은 19세기에 니체와 마르크스의 비판을 불러일으키고, 20세기에 반정신병학의 비판을 불러일으킨(미치광이들을 계속 환자 취급하기를 거부한 쿠퍼·레잉·바살리아 등의 정신과 의사들) 넓은 의미로 헤겔이 생각한 현대 세계이다. 푸코의 첫 저서(1954)의 파블로프 인용은[4] 정식 마르크스주의적 인용으로 기능하면서 소속을 나타냈다. 반대로《광기의 역사》는 그의 글쓰기 행위만을 내세운다. 그의 '정치적' 비평은 미리 구성된 어떤 **우리**의 (**우리** 반정신병 학자들, **우리** 니체주의자들, 마르크스주의자들, 무정부주의자들 등) 성격을 띠지 않고, 진행중의 작업을 **출발점으로** 어떤 행동 공동체를 만든다.[5] 사르트르라면 아마 그의 비유적 언어로 합병중의 그룹이라 말하리라. 그러나 푸코가 발기인으로서 관계하게 될 그룹만이 가능한 것은 아니다——어떤 그룹도 그의 책을 **기다리지는** 않지만, 어떤 사람들은 그의 책에서 '도구들'을 발견한다. 마치 독자적인 배경에서 제작된 다용도 '상자'[6]에서처럼.

헤 겔

그러니까 순전히 지적인 담론과 이미지들로 된 담론 사이의 엄격한 구분은 지식의 현대적·헤겔적 상황에서 전적으로는 가능하지 않다. 사실 헤겔은 그리스도교적 상징 체계에 따라 '정신착란이라는 대신화'에 요약된 튜크와 피넬의 경험에 개념적 정확성을 부여하려한다. 헤겔에 의하면 정신병학의 긍정적인 점은 미치광이를 더 이상 이물(異物) 혹은 동물이 아닌, 부분적으로 이성을 상실한 인간으로 다루었다는 점이다. 미치광이는 자신의 힘으로 현대 세계에 연결되지 못하고 "자기 자의식의 특별한 규정에 사로잡혀"[7] 있는 것이다. 피넬과 튜크에 의해 창시된 도덕적 광기 치료법은 인간과 현대성의 재회를 겨냥한다. **미셸 푸코가 반박하는 것이 바로 이 점이다.** 그 재회는 푸코의 작업이 증언하는 무엇인가의 상실이거나, 그가 알리는 어떤 것의 장애물이리라. 그러나 본론에 들어가기 이전에 방법을 살펴보기로 하자.

방 법

'정신착란의 고고학을 하는 것,' 어떤 행동들이 고전 시대에는 **배척**을 그리고 현대에는——어떤 사람들의——**의학화**를 야기하는지 이해하는 것, 그것이 관건이다. 오랜 기간에 걸친 역사적 시간 속에서 경계선들과 단절점들을 찾아내는 것이 관건이다.

푸코는 광기의 사회적 경험과 정신병학에 의한 그것의 과학적 인식 사이의 연속성에서 오는(후자는 전자에 의해 접근된 인식에 정확성을 부여하는 것으로 추정되므로)——정신병학 역사학자들과 '대부분의 마르크스주의자들'에게 공통적인—— '방법적 선입견'을 반박했다. 그 역사적 방법에 있어서 광기는 항구 불변의 대상이고, 시간은 그에 대한 인식만을 변화시킨다. 그런데 광기의 바로크적 **인지**는 고전적 혹은 현대적 인지와 다르고, 그 경험들의 **구조들** 또한 같지가 않다. 광기의 역사는 정신병학의 역사가 아니라 정신병학과 그 대상의 공동 출현의 역사이다. 제도적·이론적 구조가 왕의 어릿광대·돈 키호테·아르토[8] 혹은 알튀세에게 동일하지 않음은 명백하다. 세비녜 부인[9]의 신경장애를 치료한 뱀은, 분명히 20세기의 샤워나 백질 절제술과 같은 종류의 치료법과 같은 종류에 속하지 않는다――그리고 이 치료법들은 물난리를 피하기 위해서 미친 여자들의 '손발과 얼굴'을 쥐들이 물어뜯도록 내버려두는 고전 시대의 잔인성과는 구별된다. **푸코는 고전 시대의 잔인성을 모르는 게 아니라 인본주의와 현대성의 도덕적 방법들을 진보로 간주하기를 거부한다.** 미치광이에 대한 인지는 변하지만 진보하지 않으며, 퇴보하기조차 한다! 고대에는 미치광이들을 감금·배척함으로써 세상으로 떠도는 광기의 인접성을 **잃고**, 현대에는 이성 결여를 의학화함으로써 광기에 대한 고전적 살핌을 **잃는다**. 논문 〈광기의 역사〉는 미치광이들의 해방과 광기의 의학화를 통해 진보가 이루어진다고 주장하는 인본주의자들과 충돌하지만, 피넬의 **보수적** 비판과도 거리를 둔다.[10]

고전적 이성 결여와 죄의식

푸코의 바로크·고전·현대의 시대 구분은 딱딱한 도식이 아니다――광기의 **비극적** 인식은 보슈·브뢰겔[11]에게서나 세르반테스·셰익스피어·고흐·아르토, 말년의 니체, 말년의 프로이트에게서도 나타난다. 하지만 광기의 고전적 경험은 르네상스기의 그것과는 구별된다. 몽테뉴는 자신이 미쳤다고 상상할 수 있으나, 데카르트는 그것을 배제하는 정도에서라 할지라도.[12]

르네상스기에 광기는 해석해야 할 우주적 발현이다. **고전 시대는 이런 바로크적 이해와 결별하지만, 그 시대의 광기의 배척은 이성 결여의 감시이기도 하다.** 데카르트가 그의 명상중에 미칠 수 있다는 가능성을 배제하는 것은, 바로 그의 자유가 그에게 이성 결여를 초래할 수 있으리라는 것을 그가 의식하기 때문이다.

그런데 그들은 이성이 없는 게 아닌가. 그런데도 내가 그들을 본뜬다면 나 또한 그만큼 이성을 잃은 것이리라.[13]

자유 의지를 지닌 고전적 인간은 광기나 이성을 자신이 선택한다고 생각한다. 그는 이론적·법률적 배척으로 이성 결여를 배제함으로써 이성으로 자처한다.[14]

고전 시대는 그러니까 광기의 바로크적 경험의 변화로 특징지어진다. 고전주의에서 광기는 인간이 자신과 가지는 상상적 관계, 도덕적 비판이 고발하는 헛된 오만, 돈 키호테의 소설적 동일화, 맥베스 부인의 정당한 벌, 리어 왕의 절망적 정열이 되었다. 광기는 더 이상 우주적 발현이 아니고, 또 아직은 낭만주의의 서정적 교류도 아니다.

광기는 이성에 관련된 형태가 된다. 아니 그보다 광기와 이성은 계속적으로 뒤바뀔 수 있는 관계, 그래서 모든 광기가 자신을 판단하고 제어하는 나름의 이성을 갖고, 모든 이성은 자신의 진실을 조롱하는 나름의 광기를 갖는 그런 관계를 맺게 된다. 각각은 다른 것의 척도이고, 이렇게 상호적으로 참고하는 가운데 그것들은 서로를 거부하면서 서로를 토대로 삼는다.

1657년 파리 인구의 1퍼센트가 구제와 억압의 **목적**으로 감금당한다. 신교와 가톨릭교가 가난의 신비주의적 차원을 없애 버려서, 가난한 자는 부르주아적 사고로나 왕족 편에서 볼 때 이제는 비굴함이요 허물일 뿐이었다. 게으름 속에서 자기 만족하는 가난한 자는 신으로 하여금 변덕스러운 하늘을 기적적으로 다스리게 하려는 것이고, 감금은 일 없이 살 수 없는 이들을 일시키기 위한 **치안** 제도이다. 감금은 군주 정치, 그리고 공화 정치 아래 있어 온 미덕이 국가적 관심사라는 부르주아적 발상에서 비롯된다. 미치광이들만이 이성 결여를 보이는 게 아니라 종합병원에는 성병 환자, 난봉꾼, 방탕한 자, 동성애자, 신을 모독하는 자, 연금술사, 자유사상가들이 수두룩하다. 이성 결여에 대한 이러한 **인지**는 분명 이성에서——자기의 타자, 단체에 동화되지 못하는, 공동의 이성을 잃은, 반항을 선택하는 자를 거부——비롯되어 행해지는 것이다. **신성했던** 광기는 **세속적 부도덕**이 되었다. 이 이성 결여의 도덕적 경험은 현대 정신병학의 '토양' 구실을 하게 되고, 그래서 푸코는 그 정신병학의 소위 말하는 중립성이 타격을 입는다고 주장한다. 이 윤리적 의식은, 데카르트의 《성찰》 전반에 걸쳐 **악령**이라는 이름으로 나타나 있는데, '인간들끼리의 형제 같은 유사성과는 생소한' 미치광이·타자를 배척한다. 그러니까 종합병원에서 문제는 치료(1천 명의 수용자 중 80명이 치료받음)가 아니라 밀집(60개 침대에 1백38명)과 채찍이다.

광기, 그것은 비인간성을 **선택한** 인간이다. 그것은 더 이상 고쳐 주는 것이 문제가 아니라 내보여야 할 괴물, 그것은 야수, 추위를 피하는 동물적 포악성, 그것은 인간의 다른 가능성이다. 이렇게 배척된 형제를 치료하는 것은 그가 배척되었기 때문에 불가능하다. 고전 시대는 의사와 환자를 병원이라는 공간 속에 가까이 둘 수는 있으나 치료법을 개발할 수는 없다. 그런데 대상으로서의 광기 설정을 이

어받아 이론적이고 실제적으로 광기를 다루려 애쓰게 되는 실증주의와는 반대로, 고전 시대는 이성 결여를 배제하는 바로 그 순간 그것을 **감시하게 된다**. 《성찰》 전반에 걸쳐 나타나는 악령이라는 주제가 그러한 상황을 상징한다면, 《광기의 역사》 전반에 걸친 데카르트의 존재는[15] 푸코의 작품에서 합리주의적 배제에 선행하는 자유 의지라는 데카르트적 개념의 영속성을 증언한다.

푸코는 실증주의적 정신병학의 상징인 피넬에 의한 미치광이들의 해방이 타인의 배척을 수정하는 게 아니라 그것을 가정하고 강화시킨다고 주장한다——미치광이들이 고전적 판단에 따라 집즐시켜지기 때문에(이성이 결여된 말을 하는 사람은 미치광이다. 그리고 그것의 역) 그 해방은 그 배척을 가정한다. 또한 의학화는 인식하는 주체(의사)와 인식된 대상(정신질환자) 사이의 모든 참된 의사 소통을 불가능하게 만들기 때문에 그 해방은 그 배척을 가정하는 것이다. 정신병원 신문을 도입함으로써 카바니스[16]는 동물 상태의 구금자를 대상으로 변화시킨다. 괴물의 유혹에서 결정론적 얽매기로 옮겨가는 것이다. 분별 있는 인간에게는 '광기가 아무리 그의 정신과 그의 가슴에 가까울지라도' 언제까지나 하나의 대상일 뿐일 것이다.

미치광이에 대한 현대적 배려를 고발하는 푸코의 비꼼은 감금에 의해 먹칠된 형제애에 대한 반항에서 비롯된다——**자유의 데카르트적 개념을 출발점으로** 데카르트의 합리주의에 의해 이루어진 고전적 분할을 그가 거부한다고 말할 수 있겠다. 푸코는 시인들을 통해 이성적 형태의 모든 기록에 자유가 선행한다는 것을 알 수 있게 된다. 의지는 진리의 의지이기 이전에 자유롭다. 중세의 신성한 미치광이, 르네상스 시대의 풍자적인 미치광이는 존엄성을 지니고 있다. 고전적 미치광이는 타인들에게는 낯선 동물로서, 역설적이지만 아직 '그의 광기에 예속된다는' 존엄성을 가지고 있다. 영원한 진리

들의 신성한 질서를 거부하거나 받아들일 수 있는 데카르트적 주체
처럼, 그는 **진리(la vérité)** 앞에서 자유로운 주체이다. 고전적 미치광
이는 '자신의 광기와 동일체'가 아니었고, 반면 현대적 미치광이는
제 자신에게 낯선 이가 되었다——현대 사회의 제도들을 따르며 그
속에서 자유롭게 되지 않으면 그는 **자신의** 진리 속에 갇히게 된다.

치 료

　광기는 이성의 부정, 이성 결여이다. 그러한 것으로서 비(非)존재
이다. 그 설정은 이미 그것을 반(反)자연으로 상정한다. 그런데 치료
라는 것은 질병에 당연한 어떤 현실을 인정함을 가정한다. 마치 미
치광이와 광기가 결코 일치할 수 없는 것과 같은 이 분열은, '오성의
시대'에 고유한 것이다——미치광이는 비합리성을 선택한 인간이
지만, 질병으로서의 광기는 '종(種)들의 동산'에 자기 자리, 신성한
예견(보이지 않는 손을 통한 정열의 합리성이라는 현대적 주제의, 광기
의 지혜라는 고대 주제 반복)에서 비롯된 어떤 합리성을 갖고 있다.
이러한 분열로 인해서 18세기의 치료법들을 심리학적이거나 신체
학적 요법의 초안으로 이해하는 것은 불가능한데, 왜냐하면 그런
요법에서 미치광이는 완전히 자신의 광기 내부에 있기 때문이다. 옴
주입, 혹은 '꿀, 굴뚝 그을음, 동양 사프란, 쥐며느리, 가재 다리의
가루, 주석 함유된 분석(糞石)'이 서투르게 화학적 치료법을 예시하
지 않는 것만큼이나 공포나 음악·분노도 피넬의 도덕적 방법을 예
시하지 않는다.
　광기는 그 본질이 **비존재**이기 때문에 그 부정성이 질병의 묘사에
남아 있어야 한다. 푸코는 **이미지들**이 어떻게 정신착란·편집증·

우울증에 통일성을 부여하는지 보여 준다. 예를 들어 편집증적-우울증적 주기는 "내부에 불꽃과 연기가 싸우고 있는 비밀스러운 불(…)"로 설명되고, 히스테리는 여성체의 **교감신경**의 감수성에 의한 신경장애로 설명되며, 남성체는 그 단단함으로 인해 우울증에 걸릴 수 있다. 그리고 푸코는 '광기'라는 대상의 역사적 성질을 보여 준다——고대적 인지에서 히스테리는 몸 속 자궁의 이상한 움직임에 관련된 반면, 18세기에는 '도덕적 허물의 심리적 결과'로 된다. 그러기 위해서는 교감신경이라는 통념이 신경섬유들의 피자극성의 개념으로 대치되어야 했다——더 이상 지나치게 심한 폭력으로 아픈 것이 아니라, 지나치게 예민한 감수성으로 인해 아픈 것이다.

공포에서 비롯된 요양소 탄생

현대적 치료법은 실증주의적 호기심과 합쳐진 인본주의적 관대함에서 비롯된 것이 아니다. 현대성은 미치광이를 범법자와 구별하지만, 수용자들이 불러일으키는 **공포**는 종합병원에서 의사들을 밀어낸다. 괴물들에 대한 공포, 그러다 곧 지나친 교양으로 미치게 되리란, 자신이 영국인들처럼 시간을 때우려고 목매달 것이라는 공포, 루소적 꿈의 건강한 삶에서 멀어지는 공포, 진보의 결과에 대한, 쇠퇴에 대한, 인간이 자신으로부터 멀어짐에 대한 공포. 인간 속의 위협적인 야수성이었던 동물이 그래서 자연적 평온함의 상징으로 된다.

이 계몽 시대의 특징적 방향 변환은 비유에 의미를 부여하게 된다. **요양원**에서는 시골풍의 단순함이 문명에 병든 인간을 치료해야 한다. **비세트르**에서는 쿠통이 동물로 취급하던 이들이 광기 아래 잠들어 있는 사회적 인물들, 즉 충실한 군인, 영국 장교, 훌륭한 하인으로 된다. 그 사회적 유형들은 '기본적 복종에 의한 도시'를 형성한다——광기를 벗어난 사람은 시민으로 돌아온다.

그러나 광기에 대한 공포는 감금의 **내부**에서도 존재한다. 그래서 광기에 대한 내부적·외부적 공포에 구금에 대한 경제적 비판이——불쌍한 자를(적당하게 방랑에 대한 억압을 강화하면서 등등) 필요에 따라 일하게 하지 않고서 감금을 해버린다는 건 당치 않은 생각이다——더해진다.

정신병원은 그래서 부르주아 계층의 증가에 따른 경제적·종교적 상황 속에서(튜크), 혹은 대혁명기의 모호함 속에서(쿠통이 방문했고 왕정복고 시대에 추앙되던 공화주의자 피넬) 생겨났다. 그것은 튜크와 피넬에서 반대로 나타나는 어떤 도덕적 세계 속에 광기를 가둠을 근본적으로 겨냥한다——**퀘이커**의 종교적 차별은 구제도의 가톨릭 열광을 치료하려 한 프랑스인의 비종교적 차별에 대응한다.

설립의 영광이 피넬에게 돌려지는 그러한 실증주의 시대의 정신병원은 관찰·진단·치료가 자유로운 영역이 아니다. 그곳은 사람들이 문책당하고 재판받고 처형당하는 공간, 심리학적 심층에서의 그 소송의 진술, 즉 회개에 의해서만 해방되는 법적 공간이다. 광기는 정신병원에서 응징될 것이다. 비록 외부에서는 무죄로 밝혀질지라도. 광기는 오랫동안, 적어도 오늘날까지는 도덕적인 세계에 갇혀 있다.

또 역설이건 혹은 심오한 진리이건, 실증주의 시대의 치료법과는 거리를 두면서 인본주의적 배려로 그러한 표준화 역할을 맡는 것은 '기적을 행하는' 의사의——정신과 의사, 그리고 정신분석학자——**마술적** 초상이다(…). 사람들은 책을 읽는 중에 푸코는 프로이트가 심리학이나 정신병학과는 반대로 이성 결여와의 대화 가능성을 복구한 공로를 인정한다고 믿을 수도 있었겠지만, 결국 그는 프로이트와 시인들을 **대립시킨다.**

정신분석학은 이성 결여의 목소리를 듣거나, 미친 자의 증상들을 그대로 풀어 읽어내지도 못하며, 또 못할 것이다. 정신분석학은 광기의 형태들 중 몇 가지는 풀어낼 수 있지만 이성 결여의 극단적 작업에는 문외한이다. 이 학문은 그 노역 속에 있는 본질적인 것을 해방시켜 주거나 옮겨 적지 못하며, 하물며 설명은 더더욱 못한다. 18세기말 이후로 이성 결여의 삶은 이제——흔히들 아마도 반어법으로, 피넬과 튜크에 의한 정신병자들의 해방으로 부르곤 하는 그 엄청난 도덕적 감금에 그들 고유의 힘으로 저항하는, 그런 치유되는 정신착란들로는 영원히 축소 불가능한——횔덜린·네르발·니체·아르토의 작품 같은 것들의 번쩍임 속에서만 나타나게 된다.

비판들

우리는 결론을 맺기 전에, 푸코의 자신의 작업 해석과 출간 이후 책에 대해 있었던(…) 몇 가지 비판들에 대해 설명하려 한다.

1. 사도와 주해자

푸코 작업에 대한 첫 자체적 해석은, 바로 책 속에 있는 저자의 '사도(使徒)적·주해자적' 입장이다. 그 복잡하고 미묘한 자기 자리매김은 헤겔적 언어로 사색에 대한 칸트적 철학과 거리두기, 《라모의 조카》의 해설에서 헤겔의 사변적 철학과 거리두기, 마지막으로 고야·아르토 등에게서 나타나는 광기 살펴보기를 거친다. 푸코는 칸트 세계의 주체/대상의 분열을 겨냥한 헤겔의 표현을 사용해서 고전 시대를 '오성의 시대'로 특징짓는다. 헤겔 작품에서 그것의 경멸적 의미는 철학이 같은 것과 다른 것, 동일한 것과 상이한 것의 '사변적' 화해를 사색할 것을 명한다. 푸코는 경멸은 유지하나, 화해는 거부한다. 그는 현대에 대한 (헤겔적) '사변적' 이해를 거부하고, 피넬이나 나폴레옹의 시대가 진보이며 정신의 자가 형성의 마지막 기한이라 하기를 거부한다. 그는 《조카》[17]의 엉뚱한 면을 "솔직히 볼 때 서로 아주 거리가 먼 생각들을 짜맞추는"[18] 그런 사변적 개념과 관련지어 이해하지 않는다. 제3부의 훌륭한 〈서론〉은 《조카》에 대한 푸코 논문의 상징적 읽기를 보여 준다——디드로의 글은 오성의 시대에 하나의 풍자적 섬광이다. 중세의 미치광이처럼 조카는 웃음거리 배우, 우롱의 힘이다——그렇지만 그는 배고픔의 압박을 당하기도 한다. 그는 "프로이트와 니체를 예고하는 몽상적 방식으로 필요와 환상의 비극적 대조(…), 세상의 풍자적 복제, 환상의 무대 위에 그것의 파괴적 재구성," 최소한의 표현 행위에서부터 나타나는 이성 결여, 세상의 진리로서의 현기증이다. 그러한 점은 네르발·횔덜린·아르토·루셀에게서도——시적 변환과 심리학적 변화——나타난다. 헤겔이 그의 사변적 이해에서 사변적 요소의 시적 표현을 넘어서는 반면, 푸코는 세상을 사변적으로 이해하기를 거부하는 현대 시인들, 세상의 광기와 화해하기를 거부하는 시인들이 지켜 가는 시적 표현을 유지한다. 고야나 사드의 폭력성이 '변증법의 가능성을 초월하여 비극적 경험을 되찾게' 하듯이, 아르토·고흐·니체의 광기는 세상이 자기 죄의식을 경험하게 되는 붕괴·무위이다.

작품이 빠져드는 광기, 그것은 우리 작업의 공간이다. 그것은 그 끝

을 보기 위한 끝없는 길이다. 그것은 사도와 주해자가 뒤섞이는 우리
의 천직이다.

주해자 푸코는 루셀[19]과 아르토의 광기를 부르주아 세계의 광기
의 증상들로 해석한다——그러나 사도로서는 그다지 명확하지 않은
종교를——디오게네스? 자유?——권장한다. '합리적' 현대 세계의
광기에 반(反)하여, 리오타르의 이교(異敎)주의와 들뢰즈의 독특한
상이성의 회복에서 다시 보게 될 니체적 폭발[20]——아니면 고대적
지혜의 자유로운 자기 관심? 70년대에는 들뢰즈와 리오타르에 가
까운 푸코를 읽을 수 있고, 1975년 이후의 그는 프로이트-마르크스
주의와는 완전 결별하게 된다.

그후 미셸 푸코에 의한 자기 논문의 조망은 복잡한 거리두기, 그
리고 《광기의 역사》의 젊은 저자와 지금의 그와의(즉 적어도 a) 자기
동료들과 교분을 갖는 대학 교수, b) 《말과 사물》이나 그의 작업을 재
평가한 《성의 역사》, c) 반정신병학적 운동과 다른 정치 단체들과 관계
가 있는 '감옥에 관한 정보 그룹'의 투사) 동일화를 전제로 한다.

콜레주 드 프랑스 취임 강의에서 푸코는 정신병학과 정신분석학
이 미치광이들을 평등한 우애 공동체 밖으로 계속 내보내고 있다고
거듭 말한다.[21] 그러나 1972년의 짤막한 서문은 '그 옛날 책을 변호'
하거나 그에 대해 '저자의 군주제'[22]에 따른 정통 해석을 브여하기
를 거부한다——이 서문은 책이 여러 가능한 길로 열리도록 둔다.
이 비개입 노선에 따라 푸코는 재판(再版)의 첫 부록에서 프로이트
에 대한 비심리학적 해석을(라캉) 높이 사고, 루셀에서 니체까지 정
신병과 광기의 매듭을 풀어 가는 변화에 초점을 맞추는 1964년의
논평을 추가할 수 있게 된다. 그 글은 '일시적 가설인 인간'[23]의 실
종을 예고한다——그 추가는 저자의 경력이 책이 만날 수 있는 여

러 운명 중의 하나임을 뜻하는데, 저자는 1963년 《레이몽 루셀》과 1966년의 인간의 실종에 대한 유력한 진단(《말과 사물》)을 출판한다. 그런데 (앞에서 언급된) 데리다에 반대한 논전적 논평을 동일한 출판에 추가하는 것은, 1961년의 책에서 했던 데카르트 읽기를 심화시킴으로써 푸코 교수의 지적 권능이 대학 세계에서 확실하고 독특해지게 해준다. 이제 더 이상 책을 **가는 대로 두는 게** 아니라, 다른 사람들에 맞서 고전 시대에 대한 그의 주(主)학설을 **내세우는** 것이다.

클로드 모리악에 의하면, 1972년 푸코는 이 책을 '수사학을 덜' 가미하면서 다시 쓰는 것이리라[24]──아마도 1966년 '구조주의자'가 된 그는 《광기의 역사》가 아직 내보이고 있던 경험이라는 개념의 현상학적 사용을 거부했다. (1969년 이후로) 푸코는──60년대에 바타유[25]나 클로소브스키[26]와 함께 그도 참여했던── '사드의 문학적 신성화' [27]를 거부하는(1975) '낙천적 실증주의자' [28]이다. 그래서 주안점은 더 이상──시인들에게나 푸코의 수사학에 있는── 광기의 비극적 의식이 아니라 광기 경험의 **구조들을** 밝혀내는 것이다.[29] 그러나 그는 《지식의 고고학》 이후, 구조주의에 대한 거부로, "야성 상태를 결코 회복할 수 없는 광기를 구속하는 역사 전반에 ──통념들, 제도들, 법률적 · 형사적 대책들, 학문적 개념들──대한 구조적 연구를 하는 것"[30]이 관건이었던 처음의 서문을 1972년의 재판(再版)에 다시 싣지 않는다.

1984년 그의 자기 작업에 대한 전반적 해석에서 《광기의 역사》는 더 이상 광적인 시(詩)와 관학적 엄격함 사이의(1960년의) 생산적 갈등이 아니고, 더 이상 (1964년부터) 그렇게 된 반정신병학의 프랑스적 선언도 아닌, 경험의 역사적 구성에 대한 **비판**의 첫 순간이다── 《광기의 역사》는 "인간이 자신이 미쳤다고 인식할 때, 어떠한 진실 게임을 통해서 자기의 본래 존재에 대한 생각에(…) 빠져들게 되는 지를 밝혀낸다."[31] 이 책은 재해석된 칸트적 의미에서 **비판적**으로 되었다. 즉 책이 어떤 지식의 가능 조건들을 요구한다는 것이다.

2. 수 용

미셸 푸코의 어떤 책이나 작품의 **수용**에 대해 설명하려면 책 한 권의 분량이 필요하리라——이미 그렇게 되기 시작했다.[32] 푸코의 수많은 얼굴을 간략하게 보여 주려 애쓰는 대신에, 우리는 여기서 프랑스에서 출간된 그의 책들 각권을 출발점으로 몇 가지 입문적 요소들을 제시하려 한다.

《광기의 역사》의 반응은 나쁘지 않았다——클로소프스키·블랑쇼[33]·바르트[34]와 몇몇 의사들을 제외하면 처음에 '지식인들 쪽에서는 완전 침묵'이었다! 이 미셸 푸코의 유감의 표현은 완화해야겠지만(페르낭 브로델[35]·로베르 망드루·미셸 세르 같은 이는 이 책에 관한 글을 썼다…) 《에스프리》와 《레 탕 모데른》은 이 책의 존재를 몰랐고,[36] 1964년 문고판의 성공과 영어판 번역의 반향 효과 이전에는——즉 책의 '반정신병적' 해석 이전에는 열심히 논의되지도 않았던 게 사실이다. 감금과 표준화라는 주제가 "특히 극좌파계에서 번번이 화제가 되자, 잉태 과정에 있는 것과 거리를 둘 생각을 한 이들이 책을 공격했다(…). 그렇게 해서 8년 후, '정신병학의 발전'이——프랑스의 아주 유력한 정신과 의사들의 단체——《광기의 역사》를 '추방'하려고 툴루즈에서 대대적 학회를 열기로 결심한 것이었다."[37]

이 책은 최소한 세 가지 유형의 비판 대상이 된다.

한편으로는 푸코가 정확성의 기사(騎士)들[38]이라고 부르는 이들이

출처 사용에 있어서 다소 무람없음을——몰리에르 잘못 인용, 뒤러의 묵시록에 대한 틀린 해석——유감스럽게 생각했다(…).[39]

다른 한편으로는 미치광이들이 "중세말과 르네상스 시대에 독방이나 감방 더 나아가 새장 같은 방에도"[40] 감금되었다는 것, 감금이 유럽 어디서나 프랑스식을 따라서 이루어지지는 않았다는 것, 미치광이들을 위한 의학적 배려가 고대부터 아랍 세계에, 또 15세기의 스페인에도 있었다는 점 등을 제시하면서 사람들은 논문의 역사적 토대를 무너뜨리려고 애를 썼다.

결국 정신병적(또한 정신분석학적) 장치 속에서 광기의 개별화를 강조하면서 사람들은 피넬의(또 프로이트의) 작품을 옹호했다. 피넬적 해방의 정통 노선에서 개혁을 하는 샤랑통국립원의 주임 의사 (1931) 앙리 바뤽은, 푸코가 '정신병자들의 보호에 있어서 피넬이 가져온 엄청난 개선점들을 충분히' 고려하지 않고, '인류 공동체로부터 소외된 이질 단체를 형성하면서 피넬 이전의 구식 광기를 되살리려!' 하는 그런 경향에 속한다고 생각한다.[41] 어느 유명한 미국 의사는 "뉴욕의 길을 활보하는 정신분열증 환자수의 증가가 푸코 사상의 통탄할 영향 탓"이라고 한다.[42] 다른 차원에서 글라디 스웬[43]은 광기의 피넬적 치료에서 미치광이의 주체성의 역할을 강조하는데, 그것은 푸코에 의해 진단된 객관주의적 배제를 무효화하는 것이 될 수 있다. 그리고 A. 스탕게넥은 피넬의 방법이 "우주나 창조에 관한 모든 기본 고증과는 분리된 사회적 규범성을 지닌 제도들과의 일치를 겨냥함으로써"[44] 지혜에 대한 스토아적 이론을 초월한다는 것을 보여 주어 피넬 작품의 헤겔적 이해를 명백하게 한다. 스탕게넥에 따르면 헤겔은 착란의 개념을 '칸트적 인류학'[45](광기는 상식의 상실, 사회적 고립)에서 곧바로 끌어낸다. 광기는 상식의 상실인데, 반면 진정한, '즉 사회적으로 검증할 수 있는' 판단에서는 인간이 자신의 '체험된 자아'와 거리를 둠으로써 자신의, 그 상태로는 의식이 없는 '체험 감정'에다 '타인에게 소통 가능한' [46] 자기 자신에 대한 의식을 계속적으로 중첩시킨다.

3. 또 다른 수용 가능성에 대해

거론된 다양한 비판들은 대체적으로 세부 사항이 정확한 편이고, 《광기의 역사》가 제시한 정상성과 광기(헤겔 혹은 니체)간의 양자 택일을 받아들인다. 그런데 헤겔과 푸코에게 공통된 그리스도교적 밑바탕에 관심을 두게 되면 곧 다른 가능성이 열리게 된다.

정신착란이 단지 인간 정신에 관계된 정신병학의 한 범주일 뿐만 아니라, 헤겔에 의하면 정신으로 하여금 자연 속에서 길을 잃었다가 자신을 되찾게 해주는 활동이기도 하기 때문에, [47] 또 헤겔 철학이 현대성을 지지하는(니체나 마르크스가 그것과 단절하려는 데 반해) 가장 설득력 있는 이해이기 때문에, 그래서 미셀 푸코의 역사적·철학적 반박은 현대 세계와 그 세계의 헤겔적 이해에 비판을 가한다. 그래서 푸코는 그것을 시적 언어로 실행하기 위해 현대 사회의 정신병학적·정신분석학적 표준화에도 불구하고 시인들에게 남아 있는 광기의 비극적 인식에 의지한다. 《라모의 조카》가 《광기의 역사》와 《정신의 현상학》에서 차지하는 위치는 주목할 만하다.

헤겔의 철학은 봉건제의 극복 이후 이성 국가의 현대적 출현 속에서 헤겔이 역사화시키는 그리스도교의 삼위일체의 상징적 구조 위에 세워졌다. 그런데 푸코에 의하면 피넬과 튜크에 의한 '미치광이들의 해방'은 진짜 **해방**으로 해석될 수 없고, 아르토에 따르면 르네상스의 **인본주의**는 인간 확장이라기보다는 '인간의 축소'였다.

미셀 푸코는 자신이 비판하기도 하고, 이성주의자들에 반대해서 시인들을 가까이하며 벗어나려고도 애쓰는 헤겔적·그리스도교적 문화 속에서 교육을 받았다. 《미치광이들의 배》와 **대감금**의 이미지들을 튜크의 **요양원**과 피넬에 의한 **비세트르의 정신착란자들의 해방**의 이미지들에 대립시키면서 우리는 그것이 투쟁의 표면적 양상이며, 진지한 사건들이 진지한 언어로 이론적으로 일어날 것이라는 인상을 받았다. 그런데 헤겔의 '이성적·비이성적' 담론 역시——휠덜린도 공감하는[48]——그리스 세계에 대한 향수를 포기한 이후 《성서》에서 출발한 본질적 시정(詩情)을 근거로 한다. 또 푸코의 해석은 그가 시인들과 욕된 삶의 이야기들에서 그 단편들을 얻고 로빈슨과 프라이데이의 불균형에 대립시키는 인간 공동체의 **상징에** 기초한다——이 상징은 '즉각적 상호성 속에서 소모되는 인간 대 인간의 관계'를 요구한다. **이 상징은 상징 자체로 사고된 것이 아니라, 자유 의지라는 데카르트적 개념에 입각해서 세워졌다.** 자유로운 주체들간의 상호성은, 그들의 문화적 위치 이전에 즉각적이므로 이 상징은 진짜가 아니라고 이해되는 모든 구조를 파괴시킨다. 지각 있는 인간에게 비치는 미치광이의 '객관성의 추락'을 묘사하는 푸코의 **어조**는, 《존재와 무》에서 다방 종업원의 가짜성을 묘사하는 사르트르의 **어조**에 비교될 수 있다.

　이렇게 푸코 입장의 논리는 고양된 영혼의(플라톤) 혹은 교양 있는 주체의(콩도르세) 공화주의자적 입장이 전통적 정신의 상상적 구조들을 산산조각나게 해버리는 그런 의미에서가 아니라, 모든 구조의 진지성과 거리두기라는 의미에서 모든 구조를 부숴 버린다——자유로운 인간은 미친 것도, 병든 것도, 교수나 의사 등등도 아니고 ——**나의** 형제, **너의** 형제이다. 그를 그렇게 인정함은 동시에 그의 차이점을, 차이점들에 등급을 두지 않고 받아들인다는 것이다. 이렇게 차이점들의 관대한 수락이라는 절대자유주의적 지평은, 푸코가

표준화라고 고발하게 되는 어떤 기준에 근거한 등급두기라는 공화
주의자적 지평에 대립된다. 이러한 푸코적 구조 파괴가 고등 교육
에 자리를 지원할 수 있게 해주는 학위 획득을 목표로 하여 푸코가
콜레주 드 프랑스에서 교수가 되게 해줄 논문 속에서 표현되었다는
것은 역설적이다. 또한 그는 그 기준에 동일시되기를 거부함으로써
보통 사람들을 만날 수 있게 된다. 그런데 그것은 또한 그로 하여금
모든 선택 기준의 파괴를 권장하게끔 만든다——더 이상 자기 정신
의 방향 규칙이 없게 되면, 자기 관심으로 다스림은 **미학적일 수밖**
에 없고, 그래서 더 학위가 높은 여자를 제치고 친구가 선출되게 하
면서도 푸코는 공화주의자적 염려로 마음 쓰지 않게 된다(…).[49]

그런데 우리에게는 부르주아적 정상성과(피넬·헤겔) 광기(루셀·
니체) 사이의 푸코적 양자 택일이 극복될 수 있는 것으로 보인다. 칸
트의 작품집에서 상식에 대한 두 가지 개념을 찾을 수 있다는 것을
고려한다면——헤겔이 주시하는, 칸트의 **인류학** 강의에 대한 **사실
적** 상식이 피넬의 도덕적 방법들에 사변적 의미를 부여할 수 있을
것이다. 미쳤다는 건 인류학에 의하면 현재의 인간 세계에 적응을
못한다는 의미이다. 그런데 **비판적** 사색은 타인들에게 '있을 법한'
(실재가 아닌) 판단에 대한 생각의 개방, 그 엄밀한 **비판적**(《판단력 비
판》 §22) 의미인 상식의 **불명확한** 규범을 환기시킴으로써 그 인류학
적 표준화를 거부한다.(《판단력 비판》 §40)

그러므로 양자 택일은 사도와 주해자라는 푸코의 입장과 헤겔적
사변 사이에 있는 게 아니라, 칸트의 사색 내부에서 후자를 가능케
하는 **인류학적** 차원과 비푸코적 고고학적 방법의 가능성을 열면서
그것에 반박하는 **비판적** 차원 사이에 있다.

3

임상의학의 탄생:
의학적 시각에 대한 고고학
(1963)

미셸 푸코는 의학의 역사에 관한 책과——《임상의학의 탄생》——문학비평서 《레이몽 루셀》을 같은 날 출간한다.[1] 앞의 책의 일부는 《광기의 역사》[2]에서 사용되지 않은 자료들에서 오고, 뒤의 책은 정신과 의사 피에르 자네가 돌본 한 작가에 관한 것이다.[3] 그런데 푸코는 루셀을 **논평하지도 않고**, 의학 역사의 관례적 표현 형식과도 결별한다.

이 후자(관례적 표현 형식)는 '임상의학'을 동정심만큼이나 오래된, 병례에 대한 아주 단순한 지식으로 보려 한다. 그런데 '임상의학'이란 용어는——비샤[4]와 브루새[5] 이후로——푸코가 그 **의미와 구조**를 '고고학적으로' 이해코자 하는 새로운 경험을 지칭한다. 의사들은 같은 병을 더 잘 보는 게 아니라 환자들을 달리 바라본다——그래서 더 이상 예전 의사들과 같지 않은 것이다.[6]

푸코는 임상의학의 새로운 점을 이해하기 위해 전염병이 자유주의에 제기하는 정치적 문제를 내보이고, 또 의사들에 의한 의학 경영의 독점 제도를 짚어 본다. 의학 용어의 '합리적 언어'로의 변이를 이해하기 위해 그는 **말과 사물**의 분리 이전에 위치하려 애쓰고, 또 현대의 '근원적 경험'을 밝혀내고자 애쓴다. '해부-임상적' 방법은 의학적 인지의 기저로서의 죽음에 대한 새로운 **이해**에 입각하여

병과 악의 동일시를 없앤다. 그것은——실증의학을 가능케 하는——공간 · 언어 · 죽음이 연접되는 **구조**이다. 그 뜻과 그 구고조는 제도들과 개념들의 재조직 속에서만 정치적으로 명백해진다.

기관들

대혁명 초기에는 성직자들의 수입이 재정적 뒷받침을 하고 '치료의 성직자'가 관리하는 무상의학을 꿈꾸었다. 323년 콘스탄티누스 황제의 그리스도교 개종 이후로 국가는 영혼 구제에 전념했다——국가는 이제 육체의 건강을 걱정하게 된다.[7]

마를리의 법령(1707)에서 혁명적 토론에 이르기까지, "한 나라의 의학적 의식이 그 나라의 시민 의식이나 도덕적 의식만큼 자괄적일 수 있다"고 생각할 만한 자유주의자는 한 사람도 없다. 결국 공화력 11년 제6월(풍월) 19일의 법은 두 단계의 계급, 즉 시험(해부 등등의)과 임상 실습을 통과한 **의사들**, 그리고 교육 기간이 더 짧거나 실무 출신인 **건강 담당 공무원**을 계획하면서, 의학에 그 의학이 유지해 온 '자유롭고 보장된' 직업이란 지위를 부여한다. 미셸 푸코는 이 모든 점으로부터 두 가지 '결정적 정보를' 얻어낸다——1) 구식 동업조합주의 모델과 의료 행위의 통제를 피하기 위해 **지식 · 경험 · 청렴함**에 기초한 의사의 능력주의가 대두된다. 2) 푸르크루아가 말하듯 몸이 조금 불편하게 된 건장한 백성을 간호하기 위해서는 '이론에 깊고 박식할'[8] 필요가 전혀 없으므로 의사와 건강 담당 공무원의 차이는 사회 계층적 차이와 겹쳐진다(…).

그런데 부르주아 계층이 이렇게 **정치적** 문제를 해결한다 하거라도, 임상이라는 개념은 여전히 계약주의적 자유주의에 **도덕적** 근제를 제기한다――병들었으나 자유로운 인간이 가난해서 병원의 원조를 구한다는 단순한 사실 때문에 관찰의 대상이 될 수 있는가? 그 대답은 지식·부·타인들의 동정으로만 질병을 치료할 수 있으므로, 고통은 구경거리가 될 수 있고 되어야 한다는 것이다. 그래서 부자는 가난한 자의 치료비를 지불하는 게 이롭고, 가난한 자는 검진에 몸을 맡기는 게 이로운 것이다. "임상적 시각 덕택으로 도움을 제공하는 데는 대가가 있게 된다." 그러나(…) 산부의 수치심은? 코펜하겐의 임상병원은 미혼의 여자들만 받아들이는데, 그녀들은 "자비를 베풀 상태는 아닐지라도(…) 적어도 좋은 의사들을 만들어 내는 데 기여하여 후원자들에게 받은 것 이상으로 은혜를 갚는다."[9]

의학적 시각은 이렇게 더 이상 완결되어 대학에 보존되는 지식이 아니다. 또 의료 행위도 단지 의사와 환자의 만남이 아니다. 이제 건강해진 사회에서 그것들은 병에 대한 의학의 승리라는 신화에 속한다. 전염병은 많은 관찰과 도살장·염색 공장 등등의 규제를 필요하게 만든다――의학은(**단과대학과 신설 왕립의학회**간의 갈등의 흔적이 남아 있는) **정치적 지위**를 얻는다. 18세기에 의학은 **건강**에 의거했고, 그래서 환자에게 **스스로를** 치료할 가능성을 남겨두었었다. 19세기 의학은 표준화에 따른다――그래서 생자(生者)에 대한 **인식**이 중점적으로 된다. 푸코는 캉길렘[10]의 정상과 병적인 것 사이의 구분을 일반화시킨다.

단체나 사회의 삶, 인종의 삶, 혹은 '심리적 삶' 까지 이야기가 될 때, 유기체적 존재의 내부적 구조뿐만이 아니라 정상과 병적인 것이라는 양극성을 생각해야 할 것이다.

의학은 사회적·정치적 관행이므로 개별 학회의 개방적 주제는 환상이다. 《광기의 역사》에 주제화되어 있는 고전 시대와 피넬 시대의 차이를 다시 보게 된다——미치광이가 고전 시대에는 아직 주체였고, 또 환자는 치료되었는데——미치광이는 정신병적 지식의 **대상**이 되었고, 환자는 **비정상으로** 되었다. 그런데 생명과학의 연장선에서 그 개념들과 이 정상과 병적인 것의 대립을 비유적으로 받아들이면서 인간의 과학이 세워졌다——1966년 《말과 사물》이 그 결과를 보여 주게 된다.

원시 임상의학과 임상의학

첫 임상의학학교는 레이덴 병원에서 1658년 시작된다——그리고 에든버러에서 빈까지 임상의학 교수직을 설립한 것은 부르하베의 제자들이다. 그들은 런던·옥스퍼드·케임브리지·더블린·괴팅겐·파도바에서 모방되었고, 코펜하겐에서는 출산 임상병원이 문을 열었다. 파리에서는 계획이 실패했고, 임상의학 교육은 먼저 근인병원에 만들어졌다. 그러나 푸코는 18세기에 특유한 이 원시 임상의학을 엄밀한 의미의 임상의학과 구별한다——원시 임상의학은 **이미** 구조가 짜여진 병리학 영역에 따라 병례를 모은다. 환자는 교수가——발견하는 게 아니라——제시하고 학생이 **해독하려** 애쓰는 병의 **사례**일 뿐이다. 혹 처방이 실패하면 입 다물고 보기만 한다——이같은 지식의 **시험**이 지식의 **구성**을 가능케 하지는 않는다. 반대로 임상 실습에서는 환자에게 병명을 붙이는 게 아니라 병든 조직체를 조사 집계하여 지식을 구성해 내는 것이 관건이다.

푸코는 **일별**(一瞥)에 기초한 사색으로 자신의 개념들을 만들어 내면서 의학적 **판단**의 신화를 파괴한다.

　종(種)의 의학이 사라진 후, 임상 의사의 시각은 확인하는 것으로
만족하지 않고 계산적으로 된다. 더 이상 병의 **본질**은 없고, 증상은
'출현 법칙 현상'[11]일 뿐이다. 현상들끼리 연결하고, 그것들의 총체
와 그 총체의 형태를 **구성하는 것**이 문제이다. 그 구성을 위해 의학
적 지식은 언어학적 모델에 따라 개념들을 만들어 내는 것이리라.
푸코는 콩디약[12]의 《인간 인식의 기원에 관한 시론》을 임상의학의
구성과 비교한다[13]──철학자에게나 임상 의사에게나 세상은 언어
이다. 우선 **일정한** 언어이다. 더 이상 중세 의사들이 그들의 동업조
합을 보호하기 위해 사용한 라틴어가 아니고, 자연 문법에 대한 단
순한 수학적 껍질도 아니며, 현대 의학의 유전 기호 체계로 된 형식
화된 언어도 아니다. 하지만 하나의 **언어**이며, 그래서 구(舊)의학의
붕괴 이후 어떤 의학적 비전(秘典)이라는 것이 재구성될 수 있었음
이 이해된다. 의학적 시각의 순수성은 사물 자체가 말하는 언어를
들을 수 있게 해주는 그런 침묵과 관련된다. 의학적 담론의 아직 해
석학적인 이 이해에는 "순수 언어 활동이라 할 순수 시각에 대한 대
신화가──말을 한다는 눈(…), 듣는 시각과 보는 시각──지배하
고 있다." 의사의 **일별이** 형성되는 언어와 관련하여.[14]

　제도화된 병원 구조 속에서 의학적 지식의 구성은, 그러니까 현명
한 관찰들을 개념적으로 사색하는 의학적 판단의 창의적 자율성에
서 비롯되는 것이리라──그런데 이 사색과 관련하여 푸코는 **신화**
를 이야기한다. 실제적·의학적 사색이 단순히 편재된 다양한 자료
들에서 비롯된 자유로운 개념적 발명이 아니라, 죽음과의 특별한 관
계를 전제로 하기 때문이다. 다시 말하면 현대 의학적 지식의 이론
적 주제는 칸트적인 현명한 이해가 아니라 죽음의 이해이다──하
이데거적 **현존(Dasein)** 같은 것이라고 말해도 글을 그리 왜곡하는 것
은 아닐 것이다.

해부학적 임상의학의 탄생: 시체와 세포 조직(비샤와 브루새)

　　서양 의학 역사의 대변혁은 임상 경험이 해부학적 임상의학으로 된 순간에 시작된다.

　일별은 임상 지식의 확고 부동한 요소가 아니다——비샤·브루새와 함께 **해부학적** 지식이 그것에 현대적 위상을 부여하게 된다.
　우선 구제도하의 소위 말하는 시체 해부 금지가 사라져야 한다——마를리 법령은(1707) 병원 원장들이 교수들에게 시체를 제공하는 것을 금했다! 모르가니(《해부학 연구에 바탕을 둔 질병의 원인과 발병 장소에 관하여》, 1760)와 비샤(《막(膜)에 관한 논문》, 1800: 《해부학 개론》, 1801) 사이에는 지식과 몽매주의의 차이가 아니라 '지식의 두 가지 모습' 이라는 차이가 있다. 비샤는 기관 중심의 병의 정체라는 원칙과 절연하고 **세포 조직**의 개념으로 향한다——더 이상 머리·가슴 등의 병들을 말하지 않게 된다. 세포 조직은 라부아지에[15]의 화학 분석과 유사한 의학적 분석을 위한 실재 재료이다. 그래서 증상들의 시간성과 세포 조직들의 공간성을 교차시켜서 죽음에 위상을 부여해야 한다.
　죽음은 삶의 종말이었다. **괴사(壞死)**는 살아 있는 신체 속에서 임종보다 훨씬 이전에 시작되어, 그후 오랫동안 '버티고 있는 삶의 작은 섬들을 해체시키러' 오는 미세한 죽음들 속에서 계속되는 과정이다. 죽음은 더 이상 절대적인 적이 아니라 삶을 죽음에의 노출과 저항으로 생각할 수 있게 해주는 작동 개념이다. 이 생기론은 더 이상 에피쿠로스의 물질론이나 데카르트적 기계론의 반대 명제가 아닌데, 왜냐하면 그것은 더 이상 아리스토텔레스와 같이 조직체의 형태로서의 삶이 아니라 삶의 표현으로서의 조직체를 정의하기 때문이다. 죽음(la mort)은 더 이상 죽음을 연상시키는 것(le macabre)이 아니다——병적인 것(le morbide)이 19세기의 상상계를 떠돈다. 인간은 병이 들었기 때문에 죽는 게 아니라 죽을 운명이기 때문에 병들 수 있다. 퇴화, **조직체의 활동**에 따른 노쇠가 평생을 따라다닌다. **또 시체 해부는 병의 인식을 가능케 한다**. 푸코는 시체 해부 보고서의 '굉장한 형식적 아름다움'을 강조하면서 인용한다(…).

제스처는(예를 들어 맥짚기) 이제 읽는 법(그 유명한 일별)뿐만 아니라 청진기로 상징된 **청진**도 필요로 한다. 의사의 눈·손·귀는 이제 푸코가 '가시적·비가시적인 것'이라 명명하면서, 그의 독특한 언어로 묘사하는 인지적·인식론적 새 **구조**에 속한다.

발견한다는 것은 더 이상 무질서 속에서 마침내 근본적 일관성을 읽어내는 것이 아니라, 언어의 거품선을 좀더 멀리 밀어내어 일상적인 말에는 이미 그렇지 않지만 아직 인지의 빛에는 열려 있는 그 모래 지대에 닿게 하는 것이다(…). 라에네크[16]가 인지의 역사상 최초로 경성암(硬性癌)의 막연한 덩어리로부터 의학적 경화증이 걸린 간을 분명히 보게 해준 것처럼 보게 해주는 작업(…).

그런데 해부학적 임상의학은 브루새의 작품이기도 하다.

브루새가 자락(刺絡)하면서, 또 교감(交感)의학에 되돌아오면서 어떻게 의학 발전을 가능케 하는지 단번에는 잘 보이지 않는다(…). 그는 해군의 위생 장교이고, 피넬의 제자이다. 다시 군인이 된 그는 나폴레옹 원정중에 대대적으로 시체 해부를 실시한다. 1808년의 개론에서 그는 열과 염증 사이의 병리학적 정체성(正體性)에 대한 전(前) 임상의학적 개념을 다시 사용하지만, **비샤의 세포 조직 원리를 참고**

하여 거기에 새로운 의미를——조직체 손상 표면을 찾을 의무——
부여한다. 염증은 어떤 세포 조직에서 자란다. 더 이상 어떤 종(種)의
징후가 아니다. 그러나 브루새는 비샤의 생기론을 무너뜨린다——
조직체는 (외부적 혹은 내부적) 자극 요인들과 관련되어서만 앓는다.
실증주의적 의학의 문턱에 도달하게 된 것이다.

결 론

《임상의학의 탄생》은 관념의 역사라는 '아주 혼란스러운' 영역에
고고학적 방법이 자리잡게 한다. 이 책에서 우리는 박식하고 논전
적이며 시인이기도 한 푸코를 만난다.
　의학적 인본주의는 '이해하는 머리 없는 현상학들이 그들 개념적
사막의 모래에 [뒤섞는]' 그 유명한 개별 학회로 임상의학을 묘사하
는가? 자유의학은 '개별 계약과 인간 대 인간으로 한 묵시적 협약'
에 의거하는 열린 시장을 위해 이 개념을 원용하는가? 푸코는 임상
의학 출현의 **역사적** 조건들, 임상의학의 가능성·경험·합리성의
'구체적 **선험**'을 제시하면서 답한다. 그는 과학의 **비역사적인** 선험
적 조건들을 찾는 칸트적 비판과 '논평의 불가피성'을 다같이 거부
한다. 그는 그의 고고학적 방법에 따라 담론적 사실들을 '차츰 체계
를 형성해 가는 사건들과, 기능적 부분들'로 다루기 시작한다. 그러
나 그의 '체계'나 '구조'의 개념이 '의미'나 '경험'의 개념을 아직
금하지 않는다. 푸코는 시인들을 다시 읽고, 공(空), 신들의 죽음에
대면하게 되는 횔덜린과 릴케에 있는 서정주의를 언급하는 것으로
끝을 맺는다. 유한성은 더 이상 무한의 부정이 아니고, '건강은 구
원을 대신한다.' 의학은 자신이 내쫓는 죽음을 곱씹는다.

그런데 이 책의 글은 루셀적 의미로 시적이다. 루셀의 《아프리카에 대한 인상(印象)》은 첫 문장인 '늙은 약탈자의 띠 위의 백묵 글씨(les lettres du blanc sur la, bande du vieux pillard)'에서 마지막 문장인 '낡은 당구대 쿠션 위의 백묵 글씨(Les lettres du blanc sur la bande du vieux billard)'[17]로 옮겨간다. 거의 동음어인 이 두 문장 사이에 작가는 이야기의 전부를 펼친다. 이 방법에서 푸코의 흥미를 끄는 사실은, 그것이 루셀로 하여금 낱말들이 전의적(轉義的) 공간에서 '움직이게' 하고 '그것들의 크나큰 자유,' 즉 한 인간의 탄생이나 죽음을 다같이 주재하고[18] 또 언어를 도발하는 **우연**을 '작용하게'[19] 만들면서 글을 쓰게 해준다는 점이다. 《임상의학의 탄생》과 같은 날 출간한——그 점에 주목했다——그 책에서 푸코는 "루셀의 '이성 결여,' 그의 터무니없는 말장난, 강박적 골몰, 그의 맹랑한 고안물들은 아마도 우리 세계의 이성과 통한다"라고 쓴다. 정말 그래서 '우리의 이치에 맞는 이야기'는 '기호놀이'[20]의 결과 중 하나일 뿐일 것이다라고 쓴다.

푸코의 글은 은근히 루셀적인 면을 가지고 있다——《임상의학의 탄생》은 '그 차이가 미미하면서도 완전한'[21] 두 개의 의학 텍스트에 관한 것으로 시작된다. 폼(1769)과 바일(1825)의 텍스트는 50년 간격을 두지만 모든 게 변해 있다. 책은 전자에서 후자로 옮겨감을 이야기한다. 그리고 의학적 변화는, 루셀의 책들이 신들의 죽음에 관련된 불안에 근거하듯이 새로운 죽음, 즉 죽음을 연상시키는 것에서 병적인 것으로 옮겨감의 발견에서 비롯된다. 《임상의학의 탄생》은 어떤 비과학적 경험에서 비롯된 것이리라. 과학의 전(前)이성적 기원, 역사의 우연적 흐름——구조적 변화에 잠재해 있는 사건을 출발로, 시대는 종(種)의 의학에서 임상 입원으로, 그리고 조직학으로 전향되어 버린다. 이러한 푸코는, 하이데거가 존재의 역사를 말하며 시인들에게서 배움을 얻으면서 논했던 현상학의 형태에 아직 가까이 있다.

비판들

《광기의 역사》에 관한 설명 후 제시한 방법에 따라 이제 우리는 《임상의학의 탄생》에 관한 몇 가지 판단을 시도해 보려 한다.

1) 자신의 책에 대한 푸코의 판단은, 의학에 대한 그의 이해의 변화와 그 자신의 작업의 흐름과 연결되어 있다. 평론가들이 부당하게도 소홀히 했던 63년의 책 이후에도 의학은 계속 그의 관심을 끈다. (예를 들어 1973-74년의 강의 요약만 눈여겨보더라도 충분히 알 수 있다.[22]) 1975년의 책과 그 이후 여러 해에 걸친 생명 정치에 관한 강의들에서 보여 주는 건강, 인구, 또 마지막의 성(性)이라는 주제들은 사실 임상의학의 밑바탕, 인문과학의 모델, 또 분야별 표준화의 주요 개념으로서의 정상과 병적임의 차이에서 바로 비롯된다. 우리는 이 점을 그후의 책들에서 확인할 것인데, 병원 건축에 관한 어느 공동 작업의 조용한 발표를 반기면서 했던 캉길렘[23]의 기사가 그 영속성을 증명한다.[24]

그러나 그러한 영속성 외에 판단은 변화한다. 죽음과 병에 대한 관심은 서정적 약동의 형태로 나타났었다. 그런데 《지식의 고고학》에서(1969) 푸코는 그러한 '어떤 원시적이고 기초적이며 어렴풋이 겨우 표현되는 경험'[25]의 유혹과, '생각하고 인식하며 또 그렇다고 말하는 주체'를 떠올리게 하는 듯한 '의학적 시각'[26]이라는 표현을 비판한다. 달리 말하면 《임상의학의 탄생》은 1969년 아직 고고학이기는 하지만 더 이상 '의학적 시각'의 고고학은 아니다. 《말과 사물》

이 인본주의를 제거했으므로 이론적이고 실제적인 **결정**의 특수한 사례들은 더 이상 '인간적' 기층을 참고하지 않는다──죽음에 대한 시각이나 기본 경험이 임상의학의 출현을 파악할 수 없다. 그러나 푸코는 마치 새로운 의학적 지능의 기초에 죽음을 향한 주체를(하이데거의 현존(Dasein)) 둘지 구조를(개념망과 제도적 재편성) 둘지 망설이기라도 하는 듯이, 1972년 재판에서는 책의 구조주의적 일면을 지워 버린다.[27]

1976년에는 죽음이 더 이상 이 책의 결론에서 보이는 시적-형이상학적 차원에서 접근되는 게 아니라 정치-사회적 차원에서 접근될 것이다──병원은 죽는 곳이었는데 임상의학과 함께 건강의 공간으로 된다.[28] 그래서 푸코는 '생명 정치' 문제를 특히 《감시와 처벌》(신체들의 경영)과 《앎에의 의지》(인구·성·건강)에서 제시하게 된다. 계층간의 관계가 문화를 결정한다는 마르크스주의 성서의 설명은 충분치가 않다[29]──실업이 새로운 병원 제도를 가능케 하고, 이후자는 또 세포 조직이란 개념의 형성을 가능케 하는 것이 분명하지만, 의학적 개념이 경제적 상황의 한 '표현'이라고 말할 수는 없다.[30] 그러므로 한편으로는 경제적·사회적 형태의 방향, 다른 한편으로는 담론적 방향의 두 유형의 연구를 해야 한다.

1984년 푸코는 '병원 구조'와 '존재론적 구조'의 관계에 대해 이야기한다.[31] 1971년 그는 그의 작업은, 두 구조 사이의 관계 분석이 빠졌으므로──마르크스주의가 내세우듯──어떤 **이론**을 제시하지는 않는다고 했었다.[32] 《말과 사물》의 출간 이후, 그는 임상의학은 골상학(가짜 의학)이나 미생물학(진짜 과학) 같은 진짜 혹은 가짜인 과학이 아니라 하나의 '담론적 기능'[33]이라고 생각한다. 의학은 사회적·경제적·정치적·역사적 관행, 그리고 다른 '담론들'에 영향을 미치는 담론들간의 변화들에 관련된다. 《임상의학의 탄생》은 그 변화들을 연구하지는 않으며, **하나의** 의학적 시각의 고고학이지 결정적이고 완전한 **절대적** 고고학은 아니다.[34]

　1977년에 볼 때 63년의 책은 **권력** 관계를 분석한다. 60년대에 우파는 통치권·법이라는 말로, 좌파는 국가 기구들이라는 말로 문제를 제시하는데, 이 책은 자본주의의 상승과 관련된 질병 현상을 밝혀낸다.[35] 1984년에 볼 때 이 책은 더 이상 권력들은 그다지 연구하지 않고, 인간 주체가 의학적 인식의 대상으로 됨을 연구한다. 그것이 《광기의 역사》는 정신병적 인식의 대상으로, 그리고 《감시와 처벌》은 형벌의 대상으로 됨을 연구했던 것처럼.[36] 그가 '**계몽**은 무엇인가?'[37]라고 '감히' 제목은 달지 않은, 1978년의 강연회에서 읽을 수 있는 자신의 작업에 관한 비판주의자적 재해석은, 그래서 63년의 책에 새로운 차원을 부여한다.

　2) 푸코는 《광기의 역사》를 반정신병학을 위한 도구 상자용으로 두었었다――그와는 반대로 《임상의학의 탄생》이 "다른 의학에 반대되는 하나의 의학으로, 의학의 부재에 반대되는 의학으로" 해석되는 것은 거부한다.[38] 이 책은 건강이 아직 '고상한'[39] 이론적 문제가 되지 않았던 70년대 이전에는 거의 읽혀지지 않았다. 그후 그는 반(反)의학과 신체의 해방을 만나게 된다. 그런데 푸코는 세밀한 설문의 엄격성을 거치면서 **신좌익**의 열기로 들끓던 그 여러 해 동안 일리히 독자들의 혼동과는 거리를 둘 수 있게 된다.[40] 인류는 더 이상 재생산 혹은 생명의 유지에 만족하는 것이 아니라, 변화를 주도할 수 있게 되기 시작한다는 사실에 대한 의식이 70년대에 생기게 된다. 새로운 의학 지식이 "역사 자체의 차원에서(…) 위험하다"는 의식――그래서 그것이(그 지식) "자연과의 비기술적 화해 덕분에 극단적이고 목가적인 거부"[41] 이상의 가치가 있다. 푸코는 그러한 문

제의 진지함이 모호한 공상으로 사라지는 것을 용납하지 않으며, 그래서 자선주의자들의 선량한 가슴에서 오는 초보적 반(反)지식주의를 규탄하게 된다.[42]

G. 캉길렘의 '갈리앵' 시리즈에 출간된 책(푸코의 《임상의학의 탄생》)은 아주 다양한 분야의 의사들에 의해 읽혀졌다. 라캉은 책에 대해 좋은 평을 한다.[43] 《웰컴 역사의학 문고》의 포인터는 《과학의 역사》에 서평을 싣는다. 교수자격시험 심사위원회 의장 자리에 캉길렘 후임으로 가게 될 전직 의사 프랑수아 다고녜는 몇 가지 점들에 의문을 나타내고 방법상 약간의 거리를 두는데——무엇보다도 **국립청년의사회**의 회원이며, **공산주의학생연합**에서 인정받는 열성분자인 베르나르 쿠시네르 덕분에 책은 의사들의 사색을 활성화시켜 주게 된다.

주로 쿠시네르 집에서 열정적인 모임을 계속하는 동안, 국립청년의사회는 한장 한장씩 책을 읽고 그에 대해 토론했다.[44]

80년대 90년대의 의학 정책에 있어서 푸코 책의 해석과 영향에 대해 세밀하게 연구하는 일이 필요할 것 같다. 여기서는 다음의 몇 가지를 언급하는 것으로 그치려 한다——**좌파 공동 계획안**의 현실화를 준비하던 1978년 9월 학회 때 푸코는 구역의학에 관한 토론에만 참석했고, 1982년 9월에는 바르샤바에서 있었던 **세계의 의사들**의 마지막 임무를 위해 B. 쿠시네르와 S. 시뇨레[45]를 동행했으며, 그리고 그의 마지막 정치 단체는 아마도 폴란드 · 레바논 · 아프가니스탄 등에 관한 정보 활동과 행동을 위해 타르니에 병원에 모였던 **타르니에 아카데미**(그 중에는 특히 쿠시네르 · 글뤽스만)[46]였다.

3) 푸코는 일반적이고 막연한 개념으로 멍청한 머리를 위해 잡담을 윤색하기보다는 직접 들은 정보를 출발점으로 생각하는 것을 더 좋아했다. 이 점에 있어서 책의 전문성과 꼼꼼함은 아주 칭찬받을 만하다.

우리는 이렇게 푸코의 생각이 자리잡아 가는 것을 본다——긍정적 의미로 받아들여진(더 이상 무한의 부정으로서가 아닌) 유한성은 정신병학과 임상의학의 부상(浮上)에 수반되는 이성 결여, 죽음의 경험이다. 이 **경험**의 역사적 우연성에 관한 이해에 있어서 푸코는 실존주의적 해석과 구조주의적 해석 중간에 있는 듯하다. 광기에 대한 르네상스적 찬사, 광기에 대한 고전적 감시, 아르토나 니체에 아직 남아 있는 광적인 비극에는 모든 딱딱해진 관계 이전의 **형제애**의 느낌, 같은 **인간**끼리의 공감 같은 것이 있다. 그런데 개별 학회의 자유주의적 환상에 대한 비판에서는, 그리고 정신병학과 임상의학이라는 공표된 인도주의의 사회-정치적 조망에서는 관계의 즉각성이 계산된 환상으로 이해된다.

그러므로 푸코의 사색은 애매하다——그것은 '구조주의적'[47] 방향으로 출발하면서, 또 횔덜린 독서와 루소의 글을 통해 사색된 개인적 질병과 죽음의 '강렬한 경험'[48]에 의존하기도 한다.

의학이 **표준화하면**서부터 푸코는 해부-임상학적인 것을 넘어서는 것의(표준화, 의사들의 정치-사회적 역할) 거부와, 의학 정책면에서 지도적 자세 사이에서 망설이는 듯 보인다. 한편으로는 근본적인 개인주의적 자세——의사는 개인을 치료해야지 표준화해서는 안 된다——다른 한편으로는 사회-민주주의적 의학 논리에서(영국의 비버리지안, 프랑스의 사회 보장[49]) 큰 약학 단체들에 의한 환자들과 의사들의 도구화에 관련된 '좌파' 의식 등이다. 그런데 푸코는 거기서 의학적 인본주의나 자유주의에 대한 조롱에 머무른다. 그의 부정적 비판은 인류의 유전자 생산이 어떤 방향을 취해야 할지, 어떤 기준에서 그것이 행해져야 할지 말해 주지 않는다——또한 그것의 금지를 주장하지도 않는다. 그런데 인류의 변천은 자연에 의한 자급자족적 다스림에서 인간 이성의 자율성으로 넘어가고 있다. 이제부터 생물학적 변천을 지배하는 것은, 푸코가 보았듯이 (인간의) 이성이다. 그러므로 이 새로운 정치 시대에 대해 생각하는 것이 시급하다. 정부가 계산적 이성에 복종할 것인가(인구, 사회 보험들, 약학 단체들의 이득 관리), 그렇지 않으면 무제약적 실천 이성이 정책을 결정해 버릴 수 있을 것인가?

　푸코는 어려운 점을 보게는 해주지만, 자유를 자유 의지의 데카르트적 의미로 이해함으로써 자율의 문제를 제기할 수가 없다.

4

말과 사물: 인문과학의 고고학
(1966)

이 훌륭한 책은 **인간의 죽음**이라는, 이론이 아주 분분한 **구조주의적** 학설을 주장하는데, '마치 바다 경계선에서의 모래 얼굴처럼' 지워지는 그 유명한 인간의 모습으로 끝을 맺는다. 서문은 보르헤스[1]의 글을 책의 출발점으로 제시하고, 서론에서는 벨라스케스[2]의 〈시녀들〉[3]을 분석한다. 보르헤스가 이야기하는 심상찮은 중국의 백과사전에서 푸코는 우리에게 이질적인 듯이 보이는 구성 요소들에 있는 통일성의 기묘함에 주목한다.[4] 마찬가지로 그는 우리 문화에서 예전에는 지식으로 인정되던 것이 오류나 공상으로 떨어지는 점을 눈여겨본다. 그리고 푸코는 〈시녀들〉에 대한 멋진 분석을 하면서 '고전적 재현의 재현'을 본다.

재현의 출현[5]은 르네상스 시대와 고전 시대의 경계선으로 이해되어 있고——그리고 인간의 탄생을 수반하는 그것의 사라짐은 현대로 넘어오는 것으로 이해되어 있다. 책은 가까운 과거의 시대 구분, 구조주의 선언, 인본주의의 파괴를 담고 있다. 푸코는 언어·박물학·부(富)의 분석 이론들을 통해 고찰된 고전 시대와—— '재현의 시대'——문헌학·경제학·생물학의 발달과 관련 있는 현대를—— '인간'의 시대——대립시킨다. 이 대립, 혹은 재현의 후퇴에 뒤이은 현대의 인간 출현은 세 가지 고전적 지식과 세 가지 현대적 학문 사이의 연속성을 불가능하게 한다.

그러나 이 책이 단지 학문의 역사일 뿐인 것도, 또 어쩌면 특별히 그런 것도 아니다. '인간'이라는 범주 그리고 현대 인본주의의 역사적 사라짐이 묘사되어 있고, **또한 요망되어 있기도** 하다. 사르트르의 이름을 드러내며 하는 공격은 인쇄판에서 삭제되었으나[6] 사르트르가 그것을 모른 건 아니었다(…). 전문 역사학자들과(마르크 블로크·뤼시앵 페브르·조르주 뒤메질) 광기 및 임상의학에 관한 푸코의 저서들에 의거해서——특히 사르트르의 《변증법적 이성 비판》(1960)에서 보이는——역사에 대한 신화를 죽이는 것이 관건이었다.

60년대 **구조주의**는(라캉·알튀세·바르트) 후설의 현상학이나 인본주의적 마르크스주의를 거부한다. 사르트르에서 실존주의는 인본주의로 자처하고, 마르크스가 굳어지거나 푸석해진 이후로 철학은 졸고 있다. 반대로 구조주의는 '현대 지식을 걱정하는 깨어 있는 의식'으로 소개되어 있다. 알튀세는 공산주의 사상을 일깨우려 함으로써 마오쩌둥주의를 가능케 했는데, 푸코는 칸트 이후로 **인류학적 잠**에 빠져 있는 현대 사상을 일깨우려 한다. 그러한 '일깨우기'의 초점을 이해하기 위해서 우리는 세 개의 기초 개념을(구조, 에피스테메, 고고학) 정의한 후, 간단하게 이 역사적 논문의 골자를 복원해 보고자 한다.

구 조

한편으로 '구조'라는 단어는 동식물 연구의 테두리 안에서 17세기에 생각된 개념을 지칭한다. "박물학의 가능 조건은 사물과 언어가 재현에 공통으로 속하는 것인데," 그 사실은 이 보기·말하기의 공동체에 대한 정의를 내포한다. 뷔퐁과 린네는 그들의 대립에도 불구하고 인지를 위한 동일한 '도표'를——색깔 없는 시선, 미각이나 기타 감각들의 배제——인정한다. 이 시각의 특권은 가시적 형태의 보존을 생성을 통해 이해하기 위한 용도인 현미경의 고전 시대적 사용에서 확인된다. 모든 감각적 무게가 제거된, 단조롭기 그지없는 식물이나 동물의 관찰은, 식물학자들이 그 **구조**라고 부르는 네 가지 변수인 수·모양·비율·상태에 따른 체계적 시각을 전제로 한다.

구조는 가시적인 것을 제한하고 걸러서 언어로 옮겨 적을 수 있게 한다. 동물이나 식물의 가시성(可視性)은 구조를 통해, 그것을 받아들이는 담론 속으로 모두 옮겨간다.

다른 한편으로 구조는 《말과 사물》의 **독자에게는** 기초 개념이다. 아마도 (식물학자들의) 자연적 구조와 (자신이 연구하는) 문화적 구조의 혼동을 피하기 위해, 푸코는 '구조'라는 단어를 전혀 쓰지 않고 기하학적이고 건축학적인 은유를——철학적 공간·사변형·삼면각·직사각형·크기·체계——사용한다. 그는 고전 시대의 '기본 사변형'을 묘사하면서 **도표**나 **체계**를 말한다. 용어는 완전히 정해져 있지 않은데, **체계**의 개념이 꼭 공간을 내포하지는 않더라도 대부분의 푸코의 은유는——'폐쇄' '열린 것' '새로운 철학 공간'——그것을 가정한다.

그러나 그는 '구조주의'의 이름 아래 각각의 '유일한 필연적 조직망'에 대한 그의 작업을 요약하고, 그것을 두 개의 도표로 제시한다. 그 도표들은 한 시대에 대한 이해 가능성을 푸코의 담론 속에 모두 옮겨 놓는 고고학적 구조를 제공한다(…).

에피스테메

우리는 박물학으로서의 고전적 지식과 생물학으로서의 현대 과학 사이에는 연속성이 없음을 시사했다. 푸코의 방법에 의하면 진보 또한 없다. 영향이나 진보를 말하게 되면 학문의 역사상의 문제를 잘못 제기하는 것이 된다. 그 막연한 연속성이나 그 목적성과 반대로 각 '에피스테메(épistémè)'(앎 혹은 과학)의 독창성을 알아내야 한다. 예를 들어 뷔퐁(1707-1788)은, 뱀에 관한 정확한 묘사에다 우화 · 해부학 · 신화를 뒤섞는 알드로반디[7]에게 나타나는 **전설적** 무질서에 놀란다. 그러나 푸코는 뷔퐁의 놀람을 **반복하는** 대신 두 사람 모두를 똑같이 훌륭한 관찰자들이라고, '시각의 정확성과 사물의 합리성을' 똑같이 고수한다고——그렇지만 그들은 동일한 에피스테메에 속하지는 않는다고——말한다. 전자(뷔퐁)에게 자연은 **씌어져** 있는 것이고, 그로 인해서 중간 해설이라는 막연한 과업으로서의 **논평**의 형태가 있게 되는 것이다. 고전 시대에는 자연이 **정돈되면**서 **질서**의 **에피스테메**가 **해석**의 **에피스테메**를 대신한다.

르네상스 시대, 고전 시대, 현대, 현상황, 이런 역사적 순간들은 그들의 에피스테메의 구조에 의해 특징지어진다. 그래서 삶 · 자연 · 인간은 호기심에 수동적으로 닿게 되는 중립의 영역이 아니다. 한 시대를 이해하기 위해서는 그 시대의 의견들을 이야기하는 것으로(견해론) 충분치 않고, "보기에는 모순적인 동시적 의견들을, 그 확실성으로 작용 가능케 하는 조직망을 지닌 생각의 일반 **체계를 복원해야** 한다. 그 조직망은 토론이나 문제의 가능 조건들을 정의하며, 앎의 역사성의 전달자이기도 하다."

예를 들어 푸코는 '비(非)진화론'과 '진화론'은 세상에 대한 두 가지 철학적 세계관이 아니라, 고전 시대의 고고학적 조직망 속의 두 가지 동시적 요구 사항이라는 것을 보여 준다.

고고학

단 하나의 **에피스테메**가 한 문화 내에서 어느 주어진 한순간에 모든 인식의 가능 조건들을 정의한다. 그것이 시대의 **역사적 선험**이다. 칸트는 중세 용어 '선험적으로(a priori)'에 어떤 인식의 가능 조건들이라는 새로운 의미를 부여했다. 그는 '선험적으로'라는 것으로 ——예를 들면 뉴턴이 그것 없이는 만유인력을 상상하지 못할 그런 공동의 범주 같은——(이론적 혹은 실제적) 인식 행위의 비역사적 구조들을 뜻한다. 푸코는 용어의 뜻을 역사화하여 바꾸어 놓는다. **선험은**

> 어떤 시대에, 어떤 앎의 가능 영역을 경험에서 부각시켜 거기 나타난 대상들의 존재 방식을 정의하며, 일상적 시각을 이론적 힘으로 무장시키고, 또 사물에 관해 옳다고 인정받는 담론을 할 수 있는 조건들을 정의하는 것이다.

그러니까 일반 문법과 일반 역사를 가능케 하는 동일한 고전적·고고학적 조직망은 부(富)의 분석이 세워지는 '토대'이다. 고고학적 방법은 이 역사적 **선험**의 **구조**를 드러내기 위해서 부의 고전적 분석에서 정치경제학의 '조각이나 부분들을' 찾는 '회고적 읽기'를 거부해야 한다. 보기에 동떨어진 것 같은 세 분야들, **화폐와 가치 이론, 박물학, 일반 문법**은 실제로는 '칸트의 비판' 이전의 동일한 세계에 속한다.

에피스테메는 이데아적 혹은 개념적 현실(플라톤·아리스토텔레스)이 아니다. 왜냐하면 그것은 지고의 존재가 아니라 선험에 속하기 때문이다. 이 선험은 비역사적 형태(칸트)가 아니다. 인간은 각 시대마다 에피스테메의 일반적 구조에 의해, 예를 들면 17세기에는 **재현**과 **광기**의 위상에 의해 한정되는 역사적 가능성들의 집합을 갖는다. 그러나 어떤 에피스테메의 역사적 존재는 그 생산자나 주체의 사회적 혹은 심리적 상황에 귀착될 수 없다. 푸코는 문화에 대한 '번역주의적' 해석을 거부한다——중농주의자들이 지주들을 대표했고, 반면 그들의 이론적 상대자들이('공리주의자들') 상인들과 기업인들을 대표했다고 말하는 것은 불충분하다.

만약 어떤 사회 단체에 소속됨이 항상 누구누구가 이쪽보다는 저쪽 사고 체계를 선택했다는 것을 설명할 수 있다 하더라도, 그 체계가 사고되기 위한 조건은 결코 그 단체의 존재에 있지 않다.

그러므로 여러 권력과 여러 이해 관계의 투쟁 속의 여론의 움직임을 재현하는 **견해론**(doxologie)과 보기에는 대립되는 지식들을 '일관성 있는 동시적 형태상으로 사고하는 것이 가능케 한' 조건들을 찾는 **고고학**(archéologie)을 구별해야 한다. 푸코는 이제 '경험'이라는 이름 아래 그가 혼동했던 두 개념을——구조 즉 고고학이 드러내 보이는 필연성의 역사적 조직망과 사회적으로 조건지어진 표면상의 자유, 도표상의 한 가능성의 우연적 선택——구별한다. 그러나 하나의 **에피스테메**에서 다른 **에피스테메**로 가는 불연속적 이동은 이해되어야 할 것으로 남는다.

구조주의

17,8세기 에피스테메의 구조는 일람표에서 요약 되풀이된다. (나는 동형의 구성 요소들을 강조한다.)

부(富)의 분석은 박물학이나 일반 문법과 동일한 배치를 따른다 (…). 교환 체계에서, 부의 각 부분이 다른 부를 표시하게 해주거나 그것들에 의해 표시되게 해주는 판에서 가치는 동사이자 명사, 연결 능력이자 분석 원리, 할당이자 분할법이다. 그러니까 부(富)의 분석에서 가치는, 박물학에서 구조의 위치와 정확하게 같은 위치를 차지한다(…). 화폐 가치 이론은 일반 문법에서 어근과 동작 언어의 분석 형태로 나타나는 것(지시 기능), 또 비유와 의미의 점차적 변화 형태로 나타나는 것(파생 기능)과 일치한다(…). 그러므로 고전적 사고에서는 박물학의 체계들과 화폐나 상업 이론들이 언어 자체와 동일한 가능 조건들을 갖는다고 할 수 있다.[8]

그러나 세 가지 체계가 정확히 일치하지는 않는다──무질서한 언어는 사전이나 백과 사전의 기술(技術)을 전제하지만, 자연의 질서와 부(富)의 질서는 생물들과 가치의 평범한 존재에서 나타난다. 그렇지만 생물계 구성 요소들의 동질성에 대한 문제는 보통 명사의 가능성에 대한 문제와 '동형'이다.

그런데 푸코는 18세기말 즈음에 일어나는 '변화'와 고전 시대에 특징적인 언어 · 자연 · 부(富)의 '질서'에 대해서 말한다. 약간은 마치 천문학에서 어떤 물리적 법칙이 특이한 현상들과(일 · 월식 등) 태양계를 상상할 수 있게 해주듯이, 변화와 질서가 어떤 동일한 구조를 따른다고 생각될 수도 있을 것이다. 그렇게 되면 문화적 공간과 역사적 시간, 질서와 변화가 같은 차원에 놓여질 수 있으리라——그 두 요소가 구조적 **선험**을 구성하리라. 그런데 그러면 틀렸다는 것이다. 사실 '구조주의'는 **한 시대의 주요 특성들을 하나의 도표에 체계화하면서 그 시대를 공간화시키고, 그래서 역사를 한 도표에서 다른 도표로 넘어가는 것으로** 생각하는 방식이다. 하나의 상(像)이 시대의 정체성을 키우고 뒤이어 아직 비어 있는 한 칸, 도표 속의 가능한 한 칸의 펼침일 뿐인 뚜렷한 단절('변이')이 따르는 동안 새로움의 시간의 중지 같은 것:

> 문헌학·생물학·정치경제학은 일반 문법·박물학·부(富)의 분석의 자리가 아니라 그러한 지식들이 존재하지 않는 곳에, 그것들이 남기는 빈 공간에, 그것들의 이론적인 큼직한 부분들을 갈라 놓던 존재론적 연속의 웅성거림이 메우던 골 깊은 곳에서 구성된다.[9]

고전 시대에 현대성의 고안 가능성은 유한하다. 마찬가지로 푸코는 현대성의 토대를 탐지하면서 현재의 철학적 상황을 나타내고, 미래를 열고 싶어할 것이다. 독자들은 도표 속의 빈칸의 '선택'이 자유에 속하는지, 아니면 구조적 결정론에 속하는지 궁금해할 수 있으리라. 하지만 우선 실제적 변화들에 대한 분석을 살펴보자.

고고학상의 두 가지 사건: 재현의 출현과 사라짐

르네상스 시대는 고전 시대와 그 **질서**에 자리를 넘겼다. (르네상스 시대에) 자연이 말하던 언어는 (고전 시대에는) 물러나서 문학 **혹은**

이성이 된다. 지식의 데카르트적 재조직은 유추적으로 계급을 나눈 (유한한) 세계에 대한 무한한 **되읽기**를 무한한 동질성의 우주에 대한 수학적 **분석**으로 대체한다. 17세기 **보편 수학**은 대수학의 기호들을 사용해서 단순한 자연을 정리하며, **분류학**은 기호 체계를 사용해서 복잡한 자연을 정리하고, **생성설**은 경험적 결과에 입각해서 질서의 구조를 분석한다. 이 세 가지 요소는 '도표의 기초 공간'의 고안을 필요로 한다. 그런데 일반 문법·박물학·부(富)의 분석은 기호 체계로서는 고전주의 시대에 속하며, **기계론**이나 **수리적인 처리**가 아니라——**보편 수학**에 속한다. 모든 척도에 선행하는 이러한 라이프니츠적 **정돈**과의 관련은, 고전적 에피스테메의 주춧돌이 된다.

그러다 1775년 1825년 사이 고전적 질서는 역사에——헤겔에서 니체까지 철학이 사고하려 애쓰는 과정(Geschichte)에, 그리고 역사학자들의 인식이 겨냥하는, 사건들에 관한 경험적 학문(Histoire)에—— 자리를 넘긴다. 고전 시대의 끝은 '대략 1795-1800년경 서로 연결되는 연속적인 두 단계'로 진행된다. 고고학은 그 시대들간의 **단절**을 보여 준다. 그것은 박물학이 생물학으로, 부(富)의 분석이 정치경제학으로 되어 버린 게 아닌 것처럼 일반 문법이 더 이상 문헌학으로 되어 버린 게 아님을 보여 준다. 이 세 개의 짝들 가운데 앞의 말은 질서의 시대에 속하고, 뒤의 말은 역사의 시대에 속한다. 이 두 개의 에피스테메간의 차이는 줄일 수가 없다. 17세기와 18세기의 사람들은 부(富)·자연·언어들을 **재현**에 입각하여 사고한다.

언어는 낱말들에 의한 재현일 뿐이다. 자연은 존재들에 의한 재현일 뿐이다. 필요는 필요의 재현일 뿐이다.

그런데 18세기말 즈음에 이 세 개의 **별개** 분야에서 **같은** 사건이

일어났다.

  미세한, 그러나 아주 중요한 서양 사상을 온통 뒤집어 놓는 틈[이
생겨났다]: 재현은 그 자체를 출발로, 그 자체의 고유한 펼침 속에서
자기 자신에 그것을 겹치는 방식으로 그것의 다양한 구성 요소들을
통일할 관계를 설립하는 능력을 잃었다.[10]

  이 사실로 인해 고전적 에피스테메의 구조는 끝나게 된다——사
물은 그에 고유한 조직을 가지게 되어 주관적 재현과는 구별되어야
할 것으로 된다. 한 시대를 뒤집는 **사건**이 어떤 의식적 **결정**이나 **선
택**이 아니라 **미세한 틈**(클리나멘(clinamen; 역행점))[11]임을 기억해 두
자. 이제 사건을 세 분야 각각에서 살펴보도록 하자.

a) 일반 문법에서 문헌학으로

  고전 시대는 말과 사물을 분리해서 언어를 재현의 특수한 경우로
만들게 된다. 눈은——**다만**——보도록, 귀는 듣도록만 된다. 그러
나 역사 시대에 언어는 더 이상 재현 체계에 의존하지 않는다——
언어는 "아주 일정한 그 뿌리로 행위·상태·의지를 나타낸다." 보
프[12]의 분석들은 훔볼트[13]의 ergon(생산품)과 energéia(활동)의 구별을
가능케 한다——언어는 생산품이 아니다. 언어는 더 이상 어떤 문
명의 인식 수준이 아니라 "그 인식이 생기게 하고, 그것이 활기를
띠게 하며, 그 속에서 자기를 알아볼 수 있는 민중의 정신"을 나타
낸다. 조직체가 자체를 유지시켜 주는 기능들을 자체의 일관성으로
표현하듯이, 마찬가지로 언어는 민중의 삶을 유지시켜 주는 근본
의지를 가시화하고——말하는 능력을 민중에게 부여한다. 자신의

'자유 운명'을 책임지고 말하는 것은 바로 **민중**이며, 그림이나 레누아르가 포착하려 한 것도 그 민중의 술렁임이다. 이 문헌학적 주제에 '강한 정치적 반향'이 있었다는 것은 잘 알려져 있다(…).

이렇게 언어는 생물 · 부(富) · 사건들과 함께 연구할 **대상**이 된다. 그런데 **형식화 · 해석 · 문학**에 의해 "언어를 순수 대상의 위치로 귀결시키는 그 언어의 균등화가 보상받게 된다." 불[14]에서 러셀까지 상징적 논리는 언어의 특수성들과는 별도로 사상의 보편적 관련성들을 찾아내려 애쓴다. 그리고 **문학**은——"이 낱말은 갓 생겨났다"——완전히 자동사적 기능에 몰두한다——문학은 고전 시대의 모든 가치들로부터(기호 · 쾌락 · 자연스러움 · 참) 떨어져 나온다. 문학은 자신의 고유 공간에 '그것의 유희적 부인(否認)을 굳혀 줄 모든 것'(어처구니없는 것, 추한 것, 불가능한 것)을 생겨나게 한다. 현시대 문화에서 **언어의 회복**은, 한편으로는 '실증적 내용들의 조직화 가능성과 불가능성'을 보여 주는 형식상의 연구인 이 '순수 이성 비판의 두번째 비판'에, 다른 한편으로는 '유한성의 기본적 형태들을 그것들의 경험적 활기참으로' 돋보이게 하는 루셀 · 아르토 · 카프카 · 바타유 · 블랑쇼의 문학에 있다. 이렇게 이해된 문학은 "서양 문화가 19세기초 스스로에게 부여한 필요성에 따라 서양 문화의 엄격한 주름펴기"이다.

격자 구조를 남용해서가 아니라 《말과 사물》 자체가 바로 이 주름펴기 내에 놓인다고 말할 수 있다——**글로 씌어진** 책의 한도 내에서, 그것은 인본주의에 대한 자신의 고유한 부인(否認) 공간을 생겨나게 한다. 자체의 구조주의 한도 내에서 이 책은 형식상의 불변형을 끌어내려 애쓴다.

b) 박물학에서 생물학으로, 부(富)의 분석에서 경제학으로

《임상의학의 탄생》에서 브루새는 역설적으로 비샤를 능가한다. 푸코는 여기서 안이한 연속들에 대해 유사한 전복을 행한다——퀴비에[15]는 비진화론자이고, 반면 사상사적으로 라마르크가 진화론을 예감하는데도 푸코는 "퀴비에의 작품이 미래의 생물학에 훨씬 앞서 뚜렷이 드러난다"고 간주한다. 그것은 **생명 조건**이라는 개념이 퀴비에를 시작으로, **존재 가능성**이라는 개념 쪽에 의거하던 생물과학의 역사적 선험(a priori)을 전적으로 새롭게 하기 때문이다. 라마르크의 변형은 고전적 박물학의 연속성에 입각하여 사고되는데, 반면 퀴비에는 '생명에 고유한 역사성'을 발견하게 해줌으로써 생물 형태들의 근원적 불연속성을 도입한다. 처음부터 퀴비에에게 생물은 그것의 역사를 가능케 하는 생명의 조건으로 사고된다. 그와 마찬가지로 "부(富) 또한 리카도[16]의 시대에 아직 경제사로 표현되지 않던 역사성의 위상을 얻었다." 푸코는 시간의 흐름과 함께 지식을 풍부히 할 그런 이성의 직선적 진보를 부정한다…….

애덤 스미스[17]에게 일은 일반 동의어이다——모든 상품은 특정한 일을 나타내고, 또 그 반대도 성립한다. 그러나 리카도는 생산으로서의 일과 고용주가 산 상품으로서의 일을 구별하는데, 그럼으로써 생산으로서의 일이 모든 가치의 원천이라고 말할 수 있게 해준다. 가치는 교환에서 기호이기를 그치면서 상품이 된다. 이렇게 생산 이론은 유통 이론에 앞서고, (부(富)는 축적되므로) 역사적 시간은 경제 속에 도입되게 된다. 게다가 중농주의 주장이 뒤집어진다——"대지의 표면적 관대함은 그의 증가하는 탐욕에 의한 것뿐이고" 인구가 증가함에 따라, 어기면 죽는다는 조건 아래 더욱더 많은 일을 요구한다. 칸트에 의해 밝혀진 인류학적 유한성이 근본적으로 된다——무감각한 자연을 마주하여 "경제를 가능케 하고, 필수적으로 만드는 것은 결핍이라는 영원하고 근본적인 상황이다." 결국 이 가치와 생산의 동일화는, 지대(地代)가 농사일이 더 힘들어지는 범위 내에서만 존재한다는, 그리고 "결국 지대는 오르고 일군들의 보수는 고정 상태인 바로 그런 범위 내에서만 고용주들의 이익이 줄어들 것"이라는 결과를 갖는다. 거기에서 출발하여 푸코는 리카도와 마르크스의 분석들의 공통성을 진지하게 생각할 수 있게 되고——그래서 (1966년의 정치경제 상황에서는) 우상파괴주의적인 몇몇 문장들을 쓸 수 있게 된다.

마르크스주의 조망

마르크스주의는 '우리 시대의 초월할 수 없는 역사'(사르트르의 표현)이기보다는 인류학과 역사의 관계에 대해 고고학적으로 가능한 두 가지 해석 중의 하나일 뿐이다. 19세기의 에피스테메상 경제에는 리카도의 비관론이나 마르크스의 혁명적 약속밖에 있을 수 없었다.
전자에게 역사는 인구 안정으로 결핍이 자체적으로 줄어드는 날 '잔잔해질 것이며,' 일도 정확히 필요에 맞추어지게 될 것이다. 반대로 후자에게 역사는 인간이 원초적 결핍을 극복하는 것을 허락하지 않고, "인간으로 하여금 필수 불가결한 것 이상으로 얻지도 못하면서 살기 위해 일하고 생산하도록 강요하여 필요의 압박만 두드러지게 하고 결핍을 증가시킨다." 죽을 지경의 배고픔과 가난을 경험하는 계층은 역사에 의해 만들어지며, "역사의 결과나 그 형태를 띠지 않는 유한성의 상실"을 사물의 자연적 속성으로 돌릴 수는 없다.
고전 시대에 박물학이 분류학의 연속 공간과 삽화적 사건들의 불연속적 시간을 전제하면서('비진화론'과 '진화론'으로 잘못 불리는) 두 가지 인식론적 가능성을 생기게 하는 것과 마찬가지로, 마르크스도 19세기 가능성의 도표에서 한 칸을 차지하는 것이 보인다.

아마도 리카도의 '비관론'과 마르크스의 혁명적 약속간의 양자 택일은 중요하지 않을 것이다(…). 마르크스주의는 19세기 사상에 있어서 마치 제 물의 물고기 같다——즉 다른 데서는 어디에서건 숨이 멎는다(…). [그것이 불러일으키는] 토론들이 약간의 파도를 일렁이게 해서 표면에 주름을 그려 봐야 헛일이다——그것은 아이들 연못에 이는 풍랑일 뿐이다(…).

알튀세의 가르침과는 반대로 마르크스는 서양 지식에 어떤 '단절'도 가져오지 않았다. 그래서 '인본주의들에 지친 선량한 의지를 되살리기 위해' 19세기 고유의 에피스테메 경향이 맡았을 역할이 비웃음을 살 수도 있다(…).

한[18] 인문과학의 고고학(부제)

인문과학은 위치를 가리기 어려운 '구름으로' 나누어진다. 그것은 인간을 파악하는 것이 특별히 어려워서가 아니다. 어려움은 인문과학의 대상의 높은 비중이나 인간의 짚을 수 없는 신비에서가 아니라——특수한 고고학적 입장에서 온다.

물리학에서 **보편 수학**의 후퇴는 수학의 새로운 응용들을 가져온다——그것은 생물학으로 하여금 자율성을 갖게 해주고, 그 실증성을 (수학과의 관계에서가 아니라) 기관(器官)과 기능 사이의 관계 분석에 관련시켜 정의하게 해준다. 마찬가지로 "인간이 스스로 지식의 대상이 되는 것을 가능케 한 것"은 **보편 수학**의 후퇴이지 수학의 진보가 아니다. 그러나 예를 들어 생리학이 인문과학에 속하지 않으므로 인간이 살면서 일하고 교환하기만 하는 경험적 대상인 것은 아니다.

자신이 완전히 속하는, 자신의 전존재를 가로지르는 삶의 내부로부터, 그 덕분으로 살면서 또 삶을 정확하게 상상할 수 있는 그 기이한 능력을 그로부터 얻어오는 표현들을 이루어내는 살아 있는 사람, 그것이 인문과학의 인간이다.

마찬가지로 인문과학은 작업과 언어에 있어서 인간이 '속성상' 어떤지를 분석하는 게 아니라, 자신이 살아서 일하며 말함을 그가 알도록 해주는 것을 분석한다. 그러므로 심리학·사회학 그리고 문학 연구의 고유성은 어떤 내용에 대한 지식에 있는 것이 아니라, 그 자체들에도 또한 적용될 수 있는 (심리학의 심리학…) '중복 위치에' 혹은 표면적 효과가 '흐릿하고 부정확하며 불분명한' 인상인 '하위–인식론적' 위치에 있다. 인문과학은 '재현의 우위를 피할' 수는 없었고, 고전적 지식처럼 그 속에 자리하지만 동일한 **에피스테메**에 속하지는 않는다. 그래서 1) 철학하기 위해 인문과학을 빌려 쓸 때마다 사람들은 '18세기 철학을 흉내낸다.' 2) 이 인문과학은 '항상 일종의 초월적 유동성으로 고무되며' 분명해지거나 일반화되려 하기보다는 신비를 파헤치려 한다.

그러므로 인문과학에 고유한 것은 그 대상(사람)이 아니라, 그것이 그러한 대상을 취할 수 있게 해주는 인식론적 면모이다. 인문과학은 화학이나 의학과 동일한 에피스테메에 속하며, "유사 과학적 공상 [혹은] 가짜 과학——이것들은 전혀 과학이 아니다——"이 아니다. 과학적 인식의 '형식적 기준을' 가지고 있지는 않지만, "그럼에도 그것은 지식의 실증 분야에 속한다(…). 인문과학은 그 고유한 형태로 다른 과학들과 나란히 동일한 고고학적 토대 위에서 앎의 **다른** 면모들을 구성하며," 과학적 모델들을 무의식적 차원으로 옮기고, 기능적 개념들을 (어떤 학문에서) 옮겨와서 그것들에 '이미지의 역할'만을 하기도 한다. 인간은 **과학**의 대상이 될 수 없는 그러한 **앎**의 영역이다.

앞의 사항은 심리학·사회학 그리고 문학에 해당된다. 푸코는 '인문과학' 모두를 검토하지는 않는다——예를 들어 지리학은 빠져 있다. 또 역사로 말할 것 같으면, **인간**이 **역사적으로** 되면서부터는 주체와 대상 사이에서 '오고감'을 반복하고 있다. 반대로 심리학과 인류학은 전혀 인간이라는 개념을 필요로 하지 않는다. 레비 스트로스에 따르면 "그 둘은 인간을 분해시킨다"고 한다. 프로이트-마르크스주의 성서와 결별하고, "한 사회의 메커니즘이나 형태를 공동 환상의 억압·징벌과 동일시하지 않을" 그런 인류학을 푸코는 원한다. '문화적 무의식의 체계'로서 신화의 의미, 필요의 충족과 규범을 위한 '형태상의 구조들' 전체를 발견할 그런 인류학, 그리고 무의식 '그 자체가 하나의 형태상의 구조이다' 라는 것을 발견함으로써 인류학과 만나게 될 그런 정신분석학. 이 **구조주의적** 계획은 라캉·레비 스트로스·뒤메질을 참고하면서 《감시와 처벌》과 《앎에의 의지》에서도 나타나게 된다.

인간의 죽음과 사고의 깨어남

르네상스 시대의 '인본주의'와 고전 시대의 '이성주의'는 인간들에게 특권을 부여하지만, **유한성**을 무한에 부적절한 것으로서 부정적으로 이해하기 때문에 인간을 사고할 수는 없다. 예를 들어 데카르트의 제3의 《성찰》에서, 주체는 신이란 무한한 개념의 부정으로서만 자신의 유한성을 의식할 수 있다.

고전적 유한성은 신체·필요·언어, 그리고 이런 것들에 대해 사람들이 가질 수 있는 국한된 인식과 같은 그런 부정적 형태들을 설명한다. 현대 사상에서는 (고유한 존재, 역사성, 그리고 법칙이 있는) 삶·생산·일의 실증성이, 그들의 부정적 상호 관계로서 인식의 국한된 특성을 정당화한다.

고전 시대에 **인간**은 존재할 수 없다. 인종, 필요 혹은 욕망, 상상력과 기억은 생각할 수 있었지만 인간에 대한 **인식론적** 의식은 없었다. 인간에 대한 과학은 존재할 수 없었다. 우리가 최초의 부인할 수 없는 신비한 인간을 보는 자리에서 고전 사상은 재현과 사물의 **공통 담론**의 힘을 주시했다. 그래서 **시간**이 삶, 경제적 가치, 언어 속에 도입되게 되었을 때, 재현의 특권이 사라질 때, 재현은 경험적 개인 쪽에서 "이제 사물 자체에 속하는 어떤 질서의 현상이——어쩌면 그보다 덜한 외형이——" 된다.

그리하여 인간은 동일한 변화 속에서 재현의 주체이자 낯선—— 생물학적 진화, 경제학의 법칙들, 역사를 담고 있는 언어들의 생산품으로서 낯선——대상이 되는 것이다. 인간의 유한성은 영원의 결함이었다——인간은 신이 아닌 피조물이었다. 유한성이 실증적으로 됨으로써 인간은 인간일 뿐이다. 유한성은 그 자체로 되돌려질 뿐이다. 인간은 이 '경험적-초월적 낯선 겹'으로 인문과학의 경험적 대상이자 모든 인식의 최고 주체이다.

인간이 영원히 신비스러운 존재는 아님을 알 수 있다. 그것은 그것을 가능케 한 **에피스테메**처럼, 최근의——그리고 잠정적인——발견이다.

인류학은—— '인류학적 잠'——현대성의 철학적 명증(明證)이 되었다. 푸코는 대사건의 날짜를, 세 가지 비판적 질문들을(**나는 무얼 알 수 있나? 나는 무얼 해야 하나? 나는 무얼 바랄 수 있나?**) 칸트가 '자기 쪽으로'[19] 끌어가는 한 질문: 인간은 무엇인가?에 결부시켰던 논리학 강의로 정한다. 칸트가 강의 속에 끼워넣은 이 '전(前)-비판적' 질문은 "《순수 이성 비판》이 구분했던 경험적인 것과 초월적인 것의 혼동"을 가져온다.

칸트는 흄이 경험의 토대를 보여 줌으로써 자신을 '독단적 잠' (즉 라이프니츠적 잠)[20]에서 깨웠다고 이야기한다. 푸코는 칸트의 표현을 현재화한다. 즉 그의 '웃음'은 사르트르나 동시대의 철학을 '인류학적 잠'에서 깨울 것이다——"아직 인간에 대해, 그의 지배에 대해, 또 그의 해방에 대해 말하고 싶은 모든 사람들에게, 본질적으로 인간이 무엇인지에 대해 아직도 질문을 제기하는 모든 사람들에게, 진리에 접근하기 위해 자신으로부터 출발하기를 바라는 모든 사람들에게(…)" 여러 가지 지식들과 관행들의 실증성을 보여 주면서.

푸코가 인본주의를 제일 먼저 반박한 사람은 아니다. 현대 사상은 인류학적 잠에서 깨어나려 애쓴다. '존재에 대한 근원적 사고' (하이데거)로, 혹은 "사고의 한계성을 되묻고 그러면서 이성에 대한 전반적 비판 계획을 되살리고자"(러셀 · 비트겐슈타인 · 카르나프 등) 노력하면서. 푸코는 그 두 축에 따라 해석될 수 있다——전자에 따르면 **에피스테메**들은 존재의 시대들이고, 후자에 따르면 그것들은 인식의 **선험적** 구조들이다. 그렇지만 책의 주요 출전은 니체이다.

하이데거적 비애도, 논리학자들의 냉정함도 아니다——푸코의 행동은 니체와 언어 회복의 뒤를 잇는다. 니체는 처음으로 "동시대 사상이 몰두하는 인류학 뿌리뽑기"의 노력을——**철학적 웃음**과 불가분인, '즉 상당 부분 조용한' 노력을——경험했다. 이 웃음은 무지에 대한 경멸의 관학적 형태인데, 관학적 진지함에 대한 경멸의 니체적 형태에서 배가된다(…).

우리는 아직도 "칸트의 비판이 철학의 의무로 규정한 유한성의 사고"에 따라 사고한다——우리는 경제적(리카도)·생물학적(퀴비에)·철학적(보프) 지식들의 형태로 사고하며, 그러기 위해서 우리는 인간을 필요로 한다. 니체에 의해 알려진 새로운 사실은 신의 죽음과 그 살인자의 종말, "웃음짓는 인간의 얼굴이 터짐, 그리고 가면들의 반송"이다. 그것은 횔덜린·헤겔·포이어바흐 혹은 마르크스를 **알리는 게 아니다.** 그것은 "신들이 피해 사라져 버린 이 땅 위에 안정적인 거주를 확립하는 것"**도 아니다.** "질문 제기의 가능함으로 분명 미래의 사상으로 향하는" 그런 질문들을 통해 고고학은 인간이 거대 담론(Discours)의 소멸에서 나타났으며, 현재 언어의 회복은 어쩌면 그를 '그 고요한 비존재'로 돌려보낼 것이라고 암시한다. 만약 어떤 사건이 현대 에피스테메의 경향을 사라지게 한다면, "그렇다면 인간은 바다 경계선에서의 모래 얼굴처럼 지워지리라고 확실히 단언할 수 있다."

결론: 우리 시대의 가장 중요한 선택

현상학은 전후의 반체제 철학에서, 실증주의나 마르크스주의에 앞서 첫번째 자리를 차지한다. 현상학은 50년대 프랑스에서는 후설의 작품을 이어가는 사르트르와 메를로 퐁티, 그리고 하이데거의 인본주의에 관한 편지의 수신자 보프레이다. 그런데 푸코에 따르면 **사**

물 자체로 돌아가자는 현상학적 제안은 체험된 것의 묘사와 미사고자(未思考者, l'impensé)의 존재론으로 나누어진다. 경험의 분석은 어쩔 수 없이 경험론적이며, 고고학은 현대 사상에서 다양한 이름들(헤겔의 그 자체(an sich), 쇼펜하우어의 무의식(Unbewusste), 마르크스의 소외된 인간, 후설의 함축(l'implicite))을 취하는 미사고자(未思考者)가 **인간**의 분신, 그의 타자(他者)임을 이해하게 해준다.

그러므로 실증주의와 종말론의 진정한 반박은 (사실은 그것들을 정착시키면서 오히려 공고히 하는) 체험으로 돌아가는 게 아니다. 만약 그 반박이 실제로 있을 수 있다면, 우리의 모든 사고를 역사적으로 가능케 한 것과 너무나 일치하지 않아서 분명 엉뚱하게 보일 그런 질문에서 비롯될 것이다. 그 질문은 정말 인간이 존재하는지에 의문을 갖는 것이리라.

이 질문은 니체와 칸트를 다시 읽으며 다루어야 한다. 푸코에 의하면 칸트의 비판이 우리 현대성의 문턱을 표한다. 칸트의 비판은 결합의 무한한 운동에 따라 재현을 따지는 것이 아니라 재현들의 형성을 이해하기 위한 **구조**를 밝혀낸다. 그것은 '재현의 공간 바깥에서' 사고한다. 푸코는 이런 움직임에 속하지만, 그의 문학 이해는 칸트적 구조주의를 깊이 파고들지 않고 인류학을 반박하는 쪽으로 간다.

(칸트의) 비판은 18세기 철학들의 환상을 보여 주면서 19세기의 삶·의지·언어에 관한 형이상학들의 가능성을 열어 주고, 그 환상이 감추고 있는 철학적 주제를 비판하게 해준다. 그러나 푸코는 칸트의 모델을 따르면서, 오성이라는 범주의 구조에 입각하는 그 비판적 제한을 이해하려 애쓰지는 않는다.[21] 그는 오히려 19세기 형이상

학들에 맞세워 그것들의 불확실한 용어로서 고고학을 위치시킨다. 물론 리카도·콩트 혹은 마르크스처럼 니체도 19세기에 고유한 고고학적 조직망의 구성 요소들을 다시 썼다——거기서 시간의 종말은 신의 죽음이 되고, 인간이란 주제는 초인간으로 탈바꿈하며, 역사의 연속성은 영원한 반복을 한다. 그러나 그는 그 형태들을 '불-태운다.' 그는 그린다.

그것들의 불타 버린 나머지로, 어쩌면 믿기 어려운 기이한 얼굴들을. 그리하여 최후의 방화를 드세게 하는 것인지, 아니면 새벽을 알리는 것인지 정확히 알 수 없는 빛 속에서, 현대 사상의 공간이라 할 것이 열리는 게 보인다.

푸코의 문체 자체는 논리학자들의 스콜라학파적 엄격성보다는 시인들(그 중에는 니체도 포함시켜야 한다)의 문체에 더 가깝다. 그럼에도 그는 현대 상황에 관련된 주장을 **명확하게 표현한다**——재현 이론이 사라지면서 담론의 고전적 분석은 문법적 형태들의 경험적 인식과 유한성의 분석법으로 나뉜다. 그로부터 **인간 존재와 언어 존재의 관계에 대한 답 없는 몇 가지 질문들이 비롯된다.** 두 가지 가능성: 인간 존재와 언어 존재를 최초의 단일성 속에서 사색하거나, 아니면 '지울 수 없는 구멍'을 파서

언어 존재가 문제가 될 모든 인류학, 인간의 고유 존재를 접하려거나 나타내 보이려거나 해방시키려 할 언어 혹은 의미 개념 전부를 공상으로 돌릴 것이다. 어쩌면 거기에 우리 시대의 가장 중요한 철학적 선택이 뿌리내릴 것이다. 미래적 사색의 실험 속에서만 가능한 선택. 왜냐하면 아무것도 우리에게 어떤 쪽으로 길이 열릴지 미리 말해

줄 수 없기 때문이다.

뒤에 오는 책들을 읽으면 푸코가 사실은 **선택**을 하는 게 아니라, 역설적으로 두 가지 가능성을 '불태우면서' 두루 거치는 듯한 인상을 받는다——《지식의 고고학》에서는 문법과 논리를 제외시키는 언어 존재에 대한 **언표** 이론 쪽의 이해를 읽을 수 있다. 《감시와 처벌》《앎에의 의지》에서는 정신의 유형적 형성을 짚어내는 신체와 정신에 대한 이해, 그리고 정상과 병적인 것의 차이의 심화에서 신체의 자기 관심——즉 인본주의를 초월한 형벌·건강·성을 통한 인간 존재의 분석을 읽을 수 있다. 그런데《성의 역사》의 마지막 두 권은 **고고학**[22]을 버리고, 이전의 책들을 독특하게 해주던 그런 불타는 **문체**도 더 이상 보여 주지 않는다.[23] 푸코는 마치 두 가지 가능성을 **불태운** 다음, 다른 것으로 넘어가는 듯하다.

이 1966년의 책이 보여 주는 '철학적 선택'에 대한 설명은, 그러니까 그러한 버리기들에도 불구하고 저자명과 《성의 역사》계획안의 제목이 남아 있으므로 완전하지 않다. 그래서 푸코가 어떤 논리를 따르는지를 밝히는 것, 즉 그가 어떤 실재적 철학 **구조 내**에서 사고하는지를 이해하는 것이 필요하다.

비판들

1) 이전의 두 책의 출간이 별로 알려지지 않은 반면, 1966년의 책의 반응은 대단했다.[24]

모든 사람들로부터——《레 탕 모데른》《에스프리》《르 누벨 옵세르바퇴르》, 우파·좌파·중도파로부터——사방에서 난타였다. 2백 부 팔려 할 책이 1만여 부나 팔렸다.[25]

한 그림은 라캉·레비 스트로스·바르트와 함께 '풀밭 위의 식사'를 위해 앉아 있는 푸코를 보여 준다.[26] 마그리트는 그에게——1968년 출간될 평론에서 푸코가 논평을 하게 될——〈**이것은 담뱃대가 아니다**〉라는 자기 그림의 복사본을 첨부한 장문의 편지를 보냈다.[27] 책은 J. –L. 고다르의 영화 《중국 여자》(1967)에서도 언급되고, 시몬 드 보부아르의 한 소설은 그가 유행타는 좌담들에 출연하는 것을 빈정거린다. 그녀 자신 "푸코는 정말 케케묵었다"[28]고 보는데——그것은 캉길렘으로 하여금 "책 위에 쌓인 먼지의 두께로 여류 문인들의 경박성을 잰다"[29]고 말하게 한다(…). 이런 찬사는 물론 P. 뷔르즐랭이 〈지식의 고고학〉이라는 제목으로 1967년 《에스프리》(좌파 그리스도교인들의 잡지)에 발표한 평론에는 해당되지 않는다——저자는 신의 죽음이 단지 **숙명**의 기술주의적 해석에 자리를 양보하는 게 아닐지 염려한다.[30]

사르트르주의자들과 마르크스주의자들에게서 '드골파'라는 규탄과 함께 '기술주의'라는 그 비난을 또 만나게 된다. 구조주의는 주체를 없애면서 정치 참여라는 개념 자체를 무너뜨리고, 역사에 대한 드골파-기술주의적 개념은 시대를 고정시켜 버린다. 역사유물론자들의 놀라운 정치적 반박인즉 '기술주의자들의 이데올로기'[31]는 가능한 것들이 미리 정해져 있으므로 정치 활동을 불가능하게 만든다는 것이다. 푸코는 "부르주아 계층이 마르크스에 대항해 세울 수 있는 최후의 방죽이다!"[32] 캉길렘에 뒤이어 푸코의 대답은 수학의 내적 구조에 관심을 가졌던 카바이예스는 독일군에 저항하다 죽었는데, 참여 철학자들은 아무것도 한 게 없다는 것이었다.[33] 사르트르의 반

박인즉 또한 실은 **지질학** 문제라는――과거 사람들의 **활동**('행동')
에 관한 증언들이 아니라 혁명적 **참여**를 불가능하게 만드는 일련의
부동의 '연속층들' 을 되찾기――것이다. 사르트르에게 푸코의 조망
은 역사적이긴 하지만 "그는 영화를 환등기로, 움직임을 부동의 연
속으로 대치시킨다(…)."[34] 1969년 푸코는 같은 어조로 답한다.

> 늦둥이 한량들에게 '도표' 는(…) '계열들의 열(列)' 이란 것을 알려
> 줘야 하는가? 어쨌든 그건 영화의 생생함을 더 좋아할 나이의 아이
> 들을 아주 실망시킬, 등(燈) 앞에 놓아두는 고정된 작은 상(像)은 전
> 혀 아니다.[35]

그렇지만 푸코는 반박을 진지하게 받아들이고,[36] 사르트르도 말년
에는 초월할 수 없는 마르크스주의란 주장을 버린다. 철학적 · 정치
적 차원에서 사르트르와 대등하게 된 푸코는 그와 함께 구체적인 활
동을 주도하게 되고, (옛 **동지**) 사르트르를 (**정치국**에서 제외된) 가로
디와 뚜렷이 구별하게 된다.[37]

마지막으로 역사적으로 중요한 모리스 클라벨[38]의 비전형적 책읽
기를 언급해야 하는데, 그는 인간의 죽음을――1968년 5월 후――
'신 없는 인간' 의 죽음으로 해석한다.

그런데 그 모든 데서 이 책의 논제들의 세부 사항은 논의되지 않
는다. 인본주의들에 대한 도발적인 표현들을 무시하면――푸코의
〈시녀들〉 읽기를 라캉이 반박하듯――작품이 본질적으로 벨라스케
스나 세르반테스에 관련된 거라고 생각되는데――푸코는 "《돈 키호
테》에서 1620년-1650년경의 과학에서 확인되는 그 기호 체계의 분
해 같은 것을 보여 주는 게 재미있을 뿐이라고"[39] 말한다.

반면 캉길렘은 푸코를 뒤메질 · 레비 스트로스 · 마르티네의 작업

계통에 놓음으로써 구조주의 방법론을 옹호한다——그러나 연구된 지식들의 ‘합리적 가치’의 중립화에 대해서는 약간의 거리를 둔다.[40] 레이몽 아롱[41]은 1967년 3월 자신의 세미나에 푸코를 초대한다. 그렇지만 책이 몽펠리에의 대학에서 강독되기까지는 1968년 5월을 기다려야 하고, 1970년에야 푸코는 퀴비에·라마르크·다윈 등에 관한 자신의 분석을 과학사가들의 비판과 대질시키게 된다.[42] 그는 책의 방향을 다시 확언하고 과학의 역사에 있어서 저자의 부재에 관한 짤막한 고찰, 그리고 죽음·성·역사에 관한 과학적 주제의 등장과 함께 ‘과학사 분야에서 일어난 변화’[43]의 결과로서의 인본주의에 관한 상세한 설명을 거기에 덧붙여 보완한다.

2) 푸코의 자신의 책에 대한 판단은 그것의 수용과 연결된다——그는 구조주의를 지지하다가 그 유행에 대한 역정 섞인 비판으로 넘어간다. 먼저 그는 요령을 흔들어대며 신앙 없는 사람들을 자극해 고함치게 만드는 ‘구조주의의 미사 시동(侍童)’으로 자신을 그린다.[44] 책의 출간 직후 그는 현재 철학의 역할은 저자인 푸코 자신이 이미 ‘체계 배후의 체계에 의해 강요되어’[45] 있으므로, “우리의 ‘자유로운’ 사상이 위로 떠올라 잠시 동안 반짝이게 되는 그 밑바탕”을 밝히는 것이라고 지적하면서 ‘레비 스트로스·라캉·뒤메질의’ 발견에 결정론적 해석을 단다. 또 그는 1967년에는 ‘시간의 경건한 후예들’(사르트르)과 ‘공간의 맹렬한 주민들’[46]을 대립시키면서 구조주의를 후자에 분류한다.

그렇지만 그는 “구조와 관련된 용어들로 구조주의 탄생 자체”[47]를 분석하려고 함으로써 나름의 거리를 두기 시작한다. 1969년 그는 “생산적일 수 있었으나, [그러나] 이제는 배우나 장돌뱅이들에 의해 주도될 뿐인”[48] 구조주의를 위한 투쟁을 계속하기를 거부한다. 결국

이 옆걸음은 대립으로 이어진다. 1967년 먼저 (포르투갈어로) 출간된 책의 1969년 프랑스어판은, 그가 하는 것이 "정확히는 구조주의 문제와 관련되지(…) 않는다"[49]고 **덧붙인다**. 그는 책 속에 '구조'[50]라는 단어가 쓰인 적이 없으며, 자기보다 더 '반구조주의자는 없다고 주장하기까지 한다![51] '저자'에 관한 유명한 강연 후, "구조주의에 관한 모든 안이한 생각들을 [자기와] 관련짓지 말아 달라고"[52] 청한다. 1970년 영어판에서 또 부인하고,[53] 그리고 1972년에는 구조주의라고 "멍청하거나 순진한 사람들만이——그 이름이 피아제라 하더라도——주장할 수 있다"고 그는 공언한다.[54]

1974년 그는 들뢰즈·리오타르·가타리 또 자신은 '결코 구조분석을'[55] 하지 않는다고 말한다. 1977년 일본에서 그는 "나의 구조주의 책으로 간주되는 《말과 사물》에서 '구조'라는 단어가 한번도 사용되지 않는다는 점을(…)"[56] 어느 논평가도 주목하지 않았다고 유감스러워하면서 공간적 은유는 거기서 '대상으로' 연구되었다고 주장한다![57] 1984년 그는 "사람들이 [그의] 역사적 연구에서, 피할 수 없는 결정론의 긍정을 볼 수도 있었다는 점을 확인하고 경악했다"[58]고 하며, 또 《광기의 역사》를 반정신의학적 방향으로 해석한다.

그러므로 자신이 경배했던 것을 불태우는 결과를 가져오는 그의 독창성 추구를 강조해 보이면서 푸코를 댄디주의로 비난하는 것도 가능하리라.[59] 그러나 그가 '장돌뱅이'들과 간격을 유지하기 위해 하는 옆걸음이 단지 돋보이려는 의지로만 설명될 수는 없다——계속 '작업하는 사람들'[60] 축에 드는 것이 관건이라고 한다면. 한편으로는 방송 매체들의 잡담과 (비록 그가 공급원이 될지라도) 간격을 두고 엄격성을 유지하는 것이 관건이고, 다른 한편으로는 그의 급격한 변화들에서 생각의 논리를 가정해 볼 수도 있다——그러면 거기에 푸코 **사상**의 내부 문제에 대한 중대한 지표가 있으리라. 혹시 우리가

'체계 배후의 체계'을 밝혀낼 수 있게 된다면, 우리는 어쩌면 그의 활동 과정의 논리와 그의 부정(否定)의 맹렬함을 이해할 수 있게 될 것이다.

그렇다고 해서 구조주의와의 언어상의 결렬이 문화적 이해상의 근본적 결렬을 가져오지는 않는다. 1960-66년까지 푸코는 **구조**를 이야기하고 **에피스테메**를 소개하며, 70년대에는 **장치**를 소개한다. 각 개념이 앞의 개념을 대체하여 **이전시킨다**고 말할 수 있겠지만 그보다는 그는 이름을 바꾸어서 더 철저히 파고든다는 인상을 준다. 그래서 1977년 그는 "장치라는 것으로, 나는 주어진 어떤 역사적 순간에 어떤 위급함에 답하는 중요한 기능을 가진——말하자면——일종의 형성 구조 같은 것을 뜻한다"는 것을 인쇄되어 나가게 둔다. 이 정의는 《광기의 역사》와 《앎에의 의지》의 분석 내용의 고찰로 이어지고, **대화 상대자가 제안하는 표현을 푸코가 인정하게 된다**—— "그러니까 장치는 이형질의 구성 요소들로 된 구조에 의해서만이 아니라 또한 특정한 생성 과정에 의해 정의된다."[61] '형성,' 그것은 구조(고고학)이자 생성(계보학)이다.

《말과 사물》은 어떻게 미세한 간격들이 하나의 에피스테메의 자리잡음과 사라짐을 가능케 하는지 보여 주었고, 그 생성과 구조의 이해를 '구조주의'라고 명명했다. 그의 반(反)인본주의에 한결같이 있는 것은 실제 생각들의 비효율성에 대한 느낌이다. 하버마스는 위대한 한 칸트주의자의 붓끝에서, 또 푸코는 스토아 철학의 보편적 가치를 추구하는 한 선구자의 붓끝에서 나치적 글들을 발견했다.

그런 어떠한 것도 물론 스토아 철학이나 칸트 사상을 비난하지 않는다. 그러나 가장 '훌륭한' 이론들이 끔찍한 정치적 선택들을 제일 효과적으로 방어하는 건 아니다.[62]

책에 대한 그의 판단들 또한 달라진다. 푸코에 의하면, 그 냉소적 제목하의 '비극적' 측면을 본 것은 이폴리트 혼자일 거라고 한다.[63] 출간 직후 푸코는 사르트르와의 대립을 강조한다.

> 나는 [이론, 제도, 종교적 정당화, 관례를 가능케 하는 공통된] 그 지식을 실제적-무기력한 것의 관점에서 설명하려고 애쓰기보다는 '이론적-활동적'인 것이라 명명할 수 있을 것을 분석해 보려 애쓴다.[64]

그러나 결국은 사르트르의 반박이 결실을 보았고, 그는 그 다음 책의 일부를 거기에 답하기 위해 쓰게 된다.[65]

첫 자기 비판은 고고학을 구조주의보다는 계보학 쪽으로 끌고 가는 니체[66]에게 부여된 '아주 특혜적인, 초역사적인 애매한 위상'을 겨냥한다. 여기서 푸코는 두 가지 양립하기 어려운 것을 말하고 있다——1) 주장하고 있는 구조주의는 계보학적 방향으로 읽혀야 하는 (즉 정신 상태의 형성에 대한 역사적 이해로 '현재의 진단'[67]을 겨냥하는) 책의 기본 방향과 다르다. 2) 니체적 관점론은[68] 책의 '약점'이다.

예를 들면 1970년 영어판 서문은 '고전과학'의 대량 묘사들로 해석될 수 있는 구절들에 대한 '엄중히' '국부적인' 읽기[69]와 현상학적 혹은 초월적 의식의 참조 없는 역사주의적 읽기[70]를 요청한다.

그 다음책의 출간 후 그는 《말과 사물》이 "어떤 점에서는 너무 이론적이고 어떤 점에서는 충분히 이론적이지 못했으며,"[71] 자신에게 **고고학**에 대한 방법적 사색이 부족했고, 또 자신이 '전(前)담론적 실재 자체들'[72]을 나타나게 하지 못했다고 평가한다.

1977년 푸코는 60년대에 아직 혼동되던 **권력** 개념의 두 가지 뜻을, 즉 '과학에 외부로부터 무게를 가하는' 그것과——예를 들면 제도들——책이 밝혀내려 하는——과학적으로 받아들여질 수 있기 위해 언표들은 어떻게 **다스려지는가?**── '과학적 언표들의 내부적 권력 체제'[73]를 구별한다. 《말과 사물》은 진실의 여러 상이한 체제들을 설명하지 못하고 구별해 묘사하기만 한다는 것이다.

> 내 작업에서 빠졌던 것은 이 담론 체제의 문제였다(…). 나는 그것을 지나치게 체계성, 이론적 형태, 혹은 계열체 같은 것과 혼동하고 있었다. 《광기의 역사》와 《말과 사물》의 합류점에는 두 가지 아주 다른 측면 아래 내가 아직 잘 분리시키지 못했던 권력이라는 중심 문제가 있었다.[74]

70년대 중반부터 그 두 가지 측면은, 권력에 대한 중도파적 정의(定義=하나의 결정 기관을 구속할 수 있는 다른 하나의 결정 기관: 교황과 신도, 나폴레옹과 시민 등등)를 피할 수 있게 해주는 '장치'라는 포괄적 개념 아래 명백히 되는 듯하다. 에피스테메는 그리하여 여러 개 가운데 하나의 장치, 하나의 '특수하게 담론적인 장치'[75]이다. 이 책이 구조주의적이지 않다면, 그것은 구조주의 분석에 고유한 시간의 결빙과는 반대로 책이 "과학적 담론 내의 권력 메커니즘들의 **역사**를 논하기 때문이다──어떤 특정한 시기에 생명·박물학·경제학에 대한 과학적 담론을 제기하려면 어떠한 규칙을 따라야 하는가?"[76] '정신' '사고 방식' 혹은 '이데올로기' 같은 개념들은 막연한데──또 변증법적 유물론은 객설(客說)──반면 "즉각적으로 이해 가능한 도식들로 지식을 유기적으로 구조화하는 것(…)"[77]이 문제라면, 그 도식들을 영원한 무의식적 범주들로 해석해서는 안 되고, **투쟁들**을 돌아볼 수 있게 해주는 구체적 형태들로 해석해야 한다. 그때부터 **사건**의 개념이 역사에서 자리를 되찾을 수 있게 되고, 푸코는 구조주의적 공간 은유를 재도입할 수 있게 된다.

과정으로 분석된 특수한 사건 주위로 하나의 '다각형,' 아니면 면의 수가 미정인 하나의 '이해의 다면체'를 세울 것(…).[78]

그러니까 '인간의 죽음'이란 주제는 자연주의적이며 본질주의자적인 해석을 거부하고——자연적 인간을 만들어 내거나(제2의 자연 상태에 대한 루소적 향수) 인간의 본질을 그것을 왜곡시키는 자본주의로부터 해방시키는 것이 (마르크스의 인본주의적 해석) 문제가 아니다——인간의 역사적 자기 생산에 관련시켜 이해되어야 한다. 우리인 것을 파괴하고 '완전히 다른 것,' "존재하지 않으며 그것이/그가(il) 무엇인지 우리가 알 수 없는 그런 무엇인가"[79]를 창조해 내는 것이 문제다. 이와 같은 관점에서 보면 푸코가 자신의 방향들과 결별함은 그 미래 열기에 속한다. 그러나 이 책〔《말과 사물》〕은 유명한 표현 아래 인간의 과학이 그 약속을 지키지 않는다는 **확인**과 동시적인 주체성의 **이전(移轉)**을 혼동했다.

사람들은, 대상들을 만들면서 동시에 그를(그들을) 이전시키고 변형시키며 변화시키고, 주체로 변모시키는 어떤 과정에 끊임없이 참여한다.[80]

그래서 이 책은 대상으로서의 주체 인식의 구성에 관한 '비판적' 연구와 관련지어 이해되어야 한다.[81]

나는 인간 주체가 어떻게 진실 게임에 가담하게 되는지를 알고자 애썼다. 그것이 과학의 형태를 지녔건 과학적 모델에 따르는 진실 게임이건, 아니면 제도들이나 단속 관행들에서 볼 수 있는 것과 같은 그런 진실 게임이건. 그게 나의 작업 《말과 사물》의 주제인데, 거기

서 나는 과학적 담론에서 어떻게 인간 주체가 말하고 움직이며 일하
는 주체로 정의되는지를 보여 주려 했다.[82]

66년의 이 책은 작업의 막바지에 이르면 더 이상 구조주의 선언
이 아니라 한 **저자**의(참고: "나는 보려고 했다") '인간 주체'에 관한
사색이다(…). 하지만 그 내용의 의미적 재구상과 함께 거리 유지가
있다 해도, 그의 첫 책에 관계되는 거부와 같은 무조건적 거부는 아
니다.[83]

3)《말과 사물》의 문제는 흥미롭고, 자료의 정확성 또한 돋보인다.
하지만 책의 세부 사항을 다시 들추지 않고도 경제의 위상(과학인
가?)에 관련된 애매성과 몇몇 분석들의 착오를 지적할 수 있겠다.
나는 네 가지 이의를 제기하고자 한다.

a) 우선 세 가지 반박 상기: 1) 역사적 검토를 통해 보면 "단 하나
의 **에피스테메**가 어느 문화, 어느 주어진 기간의 모든 지식의 가
능 조건들을 정의한다"[84]고 주장하는 것은 불가능하다──파라켈수
스[85]의 외징(外徵) 이론은 해부학을 설립하는[86] A. 베살리우스[87]에 의
한 그것의 거부와 동일한 **에피스테메**에 속하지 않으며, 뷔퐁이 경
의를 표하는 블롱의 분류학을 알드로반디의 놀라운 기형학과 대조
시키기는 어렵다.[88] 2) 반대로 시대들간의 완전한 결렬은 없다──
"갈릴레오 · 뉴턴 · 아인슈타인으로 이어짐은 식물계통학에서 투른
포르[89] · 린네 · 엥글러의 이어짐에서 보는 것과 유사한 그런 결렬을
보이지 않는다."[90] 3) 마지막으로 화학에서 '염소(炎素; phlogisti-
que)'[91]를 둘러싼 분쟁은 에피스테메의 변화보다는 과학의 사회학에
속한다.[92] 그렇긴 하지만 이 반박들은 어떤 관점에서는 푸코에 의해

인정될 것이다.

b) 그런데 언어의 위상과 관련된 난해성을 시작으로 해서 책의 **문체**를 문제삼을 수도 있으리라. '우리가 아직도 처해 있는 상황'(말과 사물의 분리)의 원인이 되는 고전 시대의 재조직 이후, 문학은 "일종의 '반–담론'을 형성하면서, 또 언어의 재현적 혹은 의미적 기능에서, 16세기 이후로 잊혀진 언어의 총체적 존재로 거슬러 올라감으로써만"[93] 자율적으로 존재할 수 있을 것이다. 《말과 사물》에서 문학에 부여된 이 전복적 기능은 1961년의 논문에서 나타난, 탈(脫)이성으로 단순화시킬 수 없는, 광적 시인들(네르발 · 아르토)의 광적인 비극의 유지와 일치한다.

그런데 에피스테메들이 서로 단절 · 분리되어 있다면, 고전적 재현의 세계에 고대의 특징이 어떻게 남아 있을 수 있는지, 또 그것이 어떻게 사라졌다 다시 올 수 있는지(즉 '언어의 회복') 알 수가 없다. 그 특징이 니체의 잠언들과 루셀의 열광적 영감에서 어떻게――지극히 어려운 경험을 유지하지 않고서야(문체 그것은 사람이다…)――푸코의 산문으로 넘어갈 수 있을까? 또 그 시적 경험이 여러 시대에 걸쳐 있다면, 왜 과학적 실험에도 또한 비역사적 측면이 없을 것인가? 만약 반대로 **에피스테메들**간의 단절을 고집한다면, **도표**――고전 시대의 중심적 · 인식론적 개념이 아닌가?――라는 푸코의 개념이 어떤 위상을 갖는지 잘 알 수가 없다.

c) 다른 한편 반인본주의는 인본주의와 동일한 개념에 따라 사고된다.

푸코의 두 가지 주요 출전은 칸트와 니체이다. 니체는 칸트가 만든 선험 개념의 역사화를 가능케 하고, 그래서 (이성의 형태들 쪽이 아닌 기록 쪽의) 인식의 한계에 대한 고고학적 묘사를 할 수 있게 해 준다. 푸코는 칸트에서 비판적 사색과 인류학 강의를 구별하고, 또 현대 사상은 인류학적 잠에 **반(反)하여** 비판적 깨어나기를 반복할 수 있으리라고 암시한다. 그는 70년대말의 글들에서 이러한 입장에 아주 명료한 의미를 부여하게 된다.[94] 니체에게서 그는 (초인간의 모습으로) 인류학적 주제의 고수를 확인하지만 관점론이 모든 확고부동한 형태들을 **불태운다**고 간주한다. 그는 분명히 이 백열(白熱)하는 계통에다 구조주의적 언표의 차가움과는 상반되는 자신의 비판 태도를 위치시킨다.

그러나 《순수 이성 비판》이 우리 현대성의 문턱이라면, 푸코가 전(前)비판적 사상가들의 형이상학적 환상에 도로 빠지는 건 아닌가? 니체의 초인 인용이 비록 '불탄다' 할지라도 인류학적 신조와 결별하는 것인가? **푸코의 의견처럼** 《순수 이성 비판》이 이미 이 칸트 이후의 일탈을 앞서 반박했다면, 왜 인류학적 잠과 니체적 사상의 깨어남의 가장자리에 머무를 것인가? 비판적 사색의 현대성은 재현의 형성 과정을 이해하기 위한 **구조들**을 찾아내는 것이다. 푸코는 무엇보다 그런 움직임에 속한다. 그러나 《광기의 역사》에서 그의 생각에 활기를 띠게 하는 상징과, 또——과학에는 그것을 거부하면서—— 역사를 넘나드는 그의 문학 활용은 그가 인류학에 대한 **비판적** 반박을 계속하는 것을 허용치 않는다.

흄의 비판은 칸트로 하여금 철학을 **과학의 확실한 길 위로**——비판적 사색을 통해——들게 했다.[95] 그런데 한 강의에서 쾨니히스베르크의 교수[96]는 **모든 체계적 엄격성을 떠나**[97] 세 가지 비판적 질문[98]에 인류학적 문제를 덧붙여 《비판》(의 저자)의 작업을 요약했다. 비판적 사색의 연습을 시도하려면, 쾨니히스베르크의 교수의 인본주의적 일탈, 피히테나 마르크스에게서 혹은 《존재와 무》의 사르트르, 또 그후 《변증법적 이성 비판》의 사르트르에게서 나타나는 그런 일탈을 인정치 않아야 한다. 그것은 오성의 범주[99]에 입각한 사색과, 또 《변증법적 이성 비판》[100]의 편지에 따라 실천법의 언표에서 인간의 배제를 전제한다.

그러나 푸코의 방향은 그렇지가 않다.――비판적 사색의 엄격성을 따르지 않게 되면서 그는 그것에 의해 밝혀진 환상의 영향을 받게 된다.

사실 푸코의 구조주의는, 일별이 (《임상의학의 탄생》에서) 푸코의 고고학을 특징지을 수 있고 《광기의 역사》가 자유의 데카르트적 개념에 의존했던 것과 마찬가지로, 고전식물학 이후의 구조 개념을 이미지의 형태로 도입한다. 푸코의 현대성 비판은 전(前)비판적으로 보이며, 원시 그리스도교적 책읽기는 이성주의적 현대성 이전의 형제애의 경험을 찾는 것이리라.

그런데 푸코에게 신의 섭리의 시대는 끝났다. 한 시대를 뒤엎는 **사건은 미세한 격차**[101]이지 어떤 **결정**이나 의식적 **선택**이 아니다. 미래가 불확정적이라 하더라도 그것은 인간적 유한성과 신의 계시의 무한성 사이의 거리에서 오는 것도, 자아(**ego**)의 자유나, 내일의 해전을 결정하는 전략가들의 책임에서 오는 것도 아니다. 푸코가 구조주의에 반대하여 내세우는 자유는, 우연히 나타나는 구조들 내부에서('격차') 작용할 수 있을 것이다.[102] **상황**들의 정확한 분석과 함께 하는 상황 속의 자유…….

그런데 칸트의 《판단력 비판》(§70)은 메커니즘과 합목적성 사이의 갈등이 구조적 · 선험적으로 불가피함을 보여 준다. 반대로 푸코는 비(非)진화론과 진화론 사이의 갈등에서 박물학의 두 가지 과학적 요구의 발전을 보면서,[103] 그것을 어떤 **역사적 선험**에 관련짓는다. 그러니까 우리는 범주가 역사적으로 이해되느냐(푸코), 아니면 시간과는 별개로 이해되느냐에 따라서(칸트) **역사적 선험**에 관한 두 가지 이해를 할 수 있게 된다.[104] 우리는 이 분리를 《지식의 고고학》에서 다시 보게 되겠지만, **선험적** 구조들의 비역사적 해석에 따라 푸코의 존재론은 니체의 존재론처럼 **우연류(類)의 합목적성에 의한 이상주의들**[105]——불연속적인, 주체가 없는 과정들——편에 위치시켜야 한다고 우선 말할 수 있을 것이다. 이 지적은 미셸 푸코를 지배하는 '체계 배후의 체계'에 대해 우리가 철학적 고고학에 따라 사고해 보려는 결심의 시작 단계가 되리라.

d) 결국 그렇게 잘 다루어진 책에서 푸코는 자신의 윤리적 유형학을 수정해야 할 필요성을 느낀다.

> 종교적 도덕성 외에 서양은 확실히 두 가지 형태의 윤리만을 경험했다. 옛 윤리는 (스토아 철학과 에피쿠로스주의 형태로) 세상의 질서와 연접되어 있었다(…). 반대로, 비(非)사고된 것을 되찾기 위해 모든 명령이 사고와 사고의 움직임 내부에 머무르는(…) 만큼 현대 윤리는 어떤 도덕성도 표현하지 않는다.

우주적 질서에 관한 고대 인용에서 플라톤과 아리스토텔레스가 빠진 것이 놀랍다. 그러나 중요한 것은 주(註)에 있다.

> 칸트 때가 둘 사이[옛 윤리와 현대 윤리]의 전환점이 된다——그것은 주체가 이성 있는 자로서 보편적인 자기 고유의 법칙을 자기 자신에게 부여한다는 사실의 발견이다.[106]

'전환점'으로서의 **자율**에 대한 이러한 이해는 '실천철학의 출발점'[107]이라는 헤겔의 모델을 다시 쓰는 것이다. 차이점은 헤겔이 현대 정부에서 이성의 실현을 보는 데 반해, 푸코는 리카도와 마르크스를 고고학적으로 조망함에도 불구하고 거기서 아이러니컬하게도, 혹은 비극적으로, 냉혹한 세상을 보는 것이다.[108] 그런데 자율은 어떻게 받아들여야 하나? 헤겔적 화해를 반박하면서 무슨 이유로 고대와 현대 사이의 전환점으로서의 자율의 해석을 고수하는가?

플라톤·아리스토텔레스·세네카를 다시 읽게 되면서(1984) 푸코는 자율에 반대하여(…) 규범적 존재론의 파괴라는 비판적 명령을 고수하려 애쓴다. 인본주의의 형태(자기 관심)를 재도입하면서 그는《판단력 비판》의 앞부분의 뜻을 왜곡하는 것에서 시작하여,《실천 이성 비판》에서 분석된 자율에 대립하여 '존재의 미학' 이라는 주제를 사용한다(…).

푸코 사상의 반동적 일관성이 어렴풋이 보이기 시작한다.

5

지식의 고고학
(1969)

 푸코는 이 책을 읽기가 '꽤 어렵다고'[1] 본다——어쩌면 그것을 쓰는 데 평소와 다른 작업이 그에게 요구되었기 때문이리라. 사실 그는 앞의 책들에서 따랐던 방법론을 분명히 밝히면서 사르트르의 반박에 대답한다——그는 이전에는 방법이나 대화에 신경을 쓰지 않으면서 (광기·의학·인문과학을) 조망하고 (현대 세계의 인본주의를) 공격했다. 이 책은 **한 질문에 대한 대답**이라는 기사와 인식론 모임과의 토론이라는 두 가지 중요한 개입으로 준비되었다.[2]

 《광기의 역사》에서, 그리고 《임상의학의 탄생》에서 나는 아직 내가 하는 것을 보지 못하고 있었다. 《말과 사물》에서는 한쪽 눈은 열려 있었고, 다른 한쪽 눈은 닫혀 있었다(…). 마침내 《지식의 고고학》에서 나는 내가 말하고 있는 정확한 지점을 분명히 하려 애썼다.[3]

 그 지점은 갈등적이다. 구조적 방법론은 '역사의 이데올로기적 사용을 한탄하는' 반응을 불러일으켰다. 세계관들로 표현된 포괄적 역사는 마르크스에 의해 단행된 중심 벗어나기에 답한다. '선험적 철학의 용어로 표현된' 니체 해석은 망치를 든 철학자에 의해 시작된 계보학에 답한다. 사르트르는 정신분석학·언어학·민속학의 연구에 자유의 길들의 이해를 대립시켰다. 이 모든 '보수주의적' 반응

들은 '평온한 잠'을 노린다. 푸코는 그러한 반응들을 우스워했다
——이제 그는 그 이유를 설명하는 것이다.

그는 과학의 역사를 세 가지 유형으로 구별한다. 1) 형식화된 과학
의 테두리에 드는 **회귀적 분석**——예를 들어 M. 세르는 그리스의
궁극법을 적분학의 단순한 모델로 간주한다. 2) **인식론적 분석**은 바
슐라르에서 G. 캉길렘까지 하나의 과학이 그것의 구성 과정에서 만
나게 되는 장애물들을 이야기한다. 3) 그리고 **고고학적 역사**,《말과
사물》적 의미의 **에피스테메**의 분석. 이전 것들과는 달리 이런 유형
의 과학의 역사는, 활동을 하면서 장애물을 만나거나 역사를 넘나들
그런 초월적 주체가 아닌 '역사적 과정들'에 과학적 사실을 연관시
킨다. 고고학은 과학의 분야들이 아니라 문턱들을 묘사한다.

문턱들

푸코는 네 개의 문턱을——담론의 실행이 개별화될 때는 **실증성**
의 문턱, 언표들의 작용이 암암리에 그 지식을 명명할 때는 **인식론
화**의 문턱, 지식이 명제 성립의 형식적 기준들에 따를 때는 **과학성**
의 문턱, 그 과학적 담론이 그것의 공리화를 정의할 수 있을 때는
형식화의 문턱——구별한다. 그러나 이 다양한 문턱들의 연속적 통
과가 모든 걸 알기 위해 꼭 필요한 것은 아니다. "어떤 경우에는 실
증성의 문턱을 인식론화의 그것보다 훨씬 전에 넘는다(…). 그러나
이 두 문턱이 시간상 혼동되는 경우가 있을 수 있거나" 혹은 과학성
의 문턱들이 한 실증성에서 다른 실증성으로의 이전에 연결되는 수
도 있다. 수학은 네 개의 문턱들을 "단번에 뛰어넘은 유일한 담론
실행"인데, 그래서 "최초 수학자의 최초 동작에서 역사상으로 줄곧

펼쳐지는, 문제시된다 해도 반복되고 순화되기 위해서일 뿐인 관념성의 성립을 우리가 보게 된 것이다." 푸코는 《순수 이성 비판》을 암시하고, '과학의 확실한 길'[4] 위에 수학을 두었던 '계시'를 환기시킨다.

푸코는 역사성의 **개별적** 형태들을 찾아내기 위해 모든 과학의 탄생과 변천의 원형으로 수학자들을 택하려 하지 않는다. 그건 '역사적-초월적 분석의 권리'를 연장하는 것이리라……. 수학은 형식적 엄격성을 겨냥하는 과학적 담론을 위한 모델이지 고고학자 역사가를 위한 것이 아니다. 후자는 과학의 실제적 변천에 대해 질문을 던지면서 **실증성들을** 찾아내야 한다. 《말과 사물》은 박물학이 "그 견고함과 독립성으로 생명에 관한 통일된 학문의 성립을 배제했다"는 것을 보여 주며, 《광기의 역사》는 광기에 대한 담론의 실행이 의학, 행정 규칙, 문학 작품, 정치적 계획에 작용했다는 것을 보여 준다. 실증성은 과학이 아니다. 그러나 그것은 과학을 배제하지 않는다——《임상의학의 탄생》은 과학이 아닌 임상실험의학이 "생리학·화학 혹은 미생물학 같은 완전히 갖추어진 과학들간의 명확한 관계를 확립시켰고, 게다가 가짜 의학이라고 하기엔 지나치다 싶을 병리학적인 분석 담론 같은 그런 담론들을 생기게도 했다."

의학·문법·경제학에 관련된 네 가지 가정은——대상, 발화 행위의 스타일, 일관된 개념들의 영속성, 주제들의 지속성——거부된다. 푸코는 자신의 책들이 그 가정들을 어떻게 무효로 만드는지 상기시킨다——'광기'라는 대상은 17세기에서 19세기로 가면서 동일하지 않고, 임상적 묘사는 바뀌어 삶과 죽음에 대한 가정들과 함께 하나의 의학적 구성 요소일 뿐이며, 문법에서는 이질적이거나 양립 불가능한 새로운 개념들이 나타나고, 진보주의적 주제가 두 가지 유형의 담론에 입각하여 세기에 걸쳐 지속되거나, 중농주의와 실용주의라는 반대 개념들이 경제에서는 동일한 개념 체계에 의거한다. 어떤 담론의 개별화는 주제들에서보다는 한 벌의 정해진 개념들로 '여러 다른 판들을 벌이는' 가능성에서 찾아야 한다. 고고학은 '그러한 분산 자체들을 묘사하고' 싶어한다. '너무 무거운 단어들'(과학·이데올로기, 이론·객관성의 영역)을 피해 푸코는 **담론 형성의 형성 규칙**들을 찾는 쪽을 더 좋아한다. 그가 조사 집계하는 다양한 담론 분야에서 "아마도 아주 더듬거리는 식으로, 특히 처음에는 충분한 방법적 확인 없이 담론 형성을 그 전반적 차원에서, 그 고유한 특성들에 따라 매번 묘사하는 것이 관건이었다." 그러나 분석의 난점은 매번 동일하지 않으므로 푸코는 지난 4세기의 일반 이론을 다시 세우겠다고 주장하지 (혹은 더 이상……) 않는다.

그의 책들에서는 '담론의 회절 가능한 점들을 밝히는 것,' 가능한 것들 중에서 '결정의 특수 사례,' 즉 "어떤 주어진 담론에서 가능할 수 있었을 것이나(…) 더 높은 차원 혹은 더 넓은 외연의 담론의 성운(星雲)에 의해 배제되는 다량의 언표들을(…) 허용하거나 배제하는 결정 원리를 구성하는" 관계 작용을 묘사하는 것이 관건이었다. 역사적·초월적 주제가 거부되었으므로 **이렇게 이해된 결정은** (베유·사르트르 등이 의미하는) '인간' 의, 혹은 (하이데거가 의미하는) '존재' 의 신비로운 능력이 아니라 구조들간의 만남의 우연이다. 선택이라는 의인간론적(擬人間論的) 개념은 배제되어 있다. 물론《광기의 역사》와《임상의학의 탄생》에서 '원시적이고 기초적이며 희미한, 겨우 드러난 어떤 경험' 이란 주제, 혹은 '의학적 시각' 이란 표현은 '생각하고, 인지하며, 그것을 말하는 주체' 와 관련되는 듯했다. 푸코는 아직 자연과 자유 사이의 갈등 속에서 생각하고 있었던 것이다.

《말과 사물》은 그러한 인본주의의 잔재를 없애려 하였고, 그래서

결정의 특수 사례는 더 이상 한 주체와 관련되는 것이 아니라 관계를 이루는 담론의 **실행들**에 관련된다. 이렇게 실증성들로서의 언표들을 묘사함은, 아직 말이 어떤 물질성에도 개입되지 않은 시작 순간에 대한 연구의 (데카르트−후설적 혹은 하이데거적) 파토스에 대립된다. 1969년 푸코는 광기의 경험에 관련하여 그가 1961년에 했던 그리 방법론적이지 못한 횔덜린이나 니체 인용을 비판한다.

나는 낙천적 실증론자이다, 나는 그래서 쉬이 동의한다.[5]

전(前)개념적인 것

대상은 '복잡한 관계 다발'로 된 **실증적** 조건들 아래 존재하기 때문에 인식론적 장애물이 제거되기를 기다리지 않는다. 과학적 대상의 출현과 그것의 다른 대상들과의 병치 사이에 가능한 그 관계들은 제도들·기술들 등등 사이의 '일차적' 관계들과 혼동해서는 안되는 **담론상의** 관계들이다. 그 관계들은 언어나 상황의 특성을 나타내지 않으며, '담론의 경계에' 있다. 담론의 실행은 그것이 말하는 대상들을 체계적으로 **형성한다.** 담론은 기호들 **이상**이다. 말이나 사물이 담론의 형성을 정의해 주지 않는 것처럼, 마찬가지로 발화 행위는 주체성에 관련될 수 없다. 그 주체성이 초월적이든 사회적이든 심리적이든간에. 전(前)개념적인 것은 주관적이지 않다.

전개념적인 것은 "(담론들의 단계에서) 가장 피상적 단계에서, 거기에 실제적으로 응용되어 나타난 규칙들의 집합"이다. 그것은 역사의 후미진 곳에 위치하는 고갈되지 않는 **선험적인** 것은 아니다. 고고학은 더 이상 외부적 해석이 아니라 개념들이 떠오르는 지점인 담론의 차원에서 질문들을 제기한다. 고고학은 "발화 행위의 다양성을 개념의 일관성에, 또 이 후자를 초역사적 관념성의 조용한 명상(초월적 주체)에 종속시키지 않는다." 반대로 고고학은 비모순의 순수 목적을 개념적 양립성과 비양립성으로 뒤얽힌 조직망에 다시 놓고, 그 뒤얽힘을 담론 실행의 특성을 나타내는 규칙들에 결부시킨다. 고고학은 규칙의 근거를 어떤 주체의 활동에 두지 않고, 이 후자를 사전(事前)의 규칙 집합에 담기게 한다. 부동의, 비역사적 지평의 초월적 주제를 반박하면서 고고학자는 명백한 개념적 유희로부터 물러나 위치하며, 언표들이 어떤 유형의 담론에서 어떻게 서로서로 연결되어 있는지 묘사한다. 그는 "글과 책 · 작품들에 걸쳐 있는 그 언표들의 익명의 분산을" 묘사한다.

그러니까 한 언어의 **가능한** 언표들의 형성 규칙들을 찾는 것이 아니라 **실제적으로** 표현된 언표들의 독창성을 묻는 것이 관건이다. "어째서 이 자리에 이런 언표가 나타나고, 다른 것은 안 나타나는가?" 문법이나 어휘 보고(寶庫)가 다량으로 허용할 듯한데 비해 실제적 언표들이 **드묾에 놀라는 것이다**——사실 억제나 배제가 아니라 고안의 빈약함이 있다. 말 · 제도 · 기술에 공통된다고 추정되는 '뜻'에 입각하여 의미 구성 요소들을 **해석하는** 대신, 고고학은 언표들의 실증적 희귀성을 연구하고——그것이 파생시키는 횡령 행위들, 즉 뜻의 증폭으로 언표의 빈곤함을 보상하는 주석, 그리고 그 희귀한 재산을 앗아 가려는 '정치적 투쟁'을 밝혀낸다.

그러므로 언표적 분석은 역사적으로 정신 상태의 변화, **로고스**에 의한 정신 집중(헤겔), 이성에 의한 목적론(신칸트주의) 혹은 차연(差延; différance)(데리다)의 이름으로 나타나는 어떤 '기본적 주체성'의 참조 없이 행해진다. 그것은 언표들의 **영역**, '소문'을 '(의존적이지만) 자립적'인, 사고의 막연한 시기를 따르지 않는 실행 분야로 다룬다.

그것은 읽기/흔적/해독/기억 체계를 부인하고, 반대로 **잔류성**(물질적·제도적 보존)·**추가성**(유클리드의 정식들은 기도나 법률학 혹은 부르바키[6]의 정식들처럼 추가되지 않는다) 그리고 **회귀성**(언표는 **자신의** 과거를 구성한다)을 찾는다.

언표, 문장, 명제, 비언어적 행위

언표는 구조가 아니다(…). 그것은 고유하게 기호에 속하는 실재 기능이고, 또 그 기호들이 '뜻을 갖는 것인지' 아닌지, 그것들이 어떤 규칙을 따라 연결되거나 병렬되는지, 어떤 것의 기호들인지, 그리고 어떤 종류의 행위가 그것들의 (말로, 혹은 글로 된) 표현에 의해 영향을 받았는지를 분석을 통해서나 본능적으로 결정 내릴 수 있게 해 주는 실재 기능이다.

이러한 정의는 논리학자들이나 문법학자들이나 분석철학자들의 정의들과는 다르다——언표는 **명제**(proposition)·**문장**(phrase) 혹은 **비언어적 행위**(acte illocutoire)가 아니다. 그래서 언표의 주체는 의미의 다양한 구성 요소들의 의도적 생산자와 동일시될 수가 없다. 소설에서는 화자와 저자를 구별해야 하고, 수학 개론에서 머리말 문장의 주체의 위치는(책의 이론적·교육적 주변 상황 등을 설명하는) 저자만이 차지할 수 있는 데 반하여, 명제는 기억력이 아니라 기능을 지닌 개인이란 의미의 어떤 주체든 허용한다——"그러한 언표의 주체는 그 요구 사항들과 그 가능성들의 집합으로 정의해야 한다. 또 그를 실제로 작업을 했을 것이고, 어느 시기에 실수나 흠 없이 살 것이며, 진짜 명제들을 자신의 의식의 지평 속에 모두 내재화했을 그런 개인으로 묘사해서는 안 된다…….” 그러나 개론의 전반에 걸쳐 기능이 동일하지 않다——언어 협약을 규정함은 발화자(發話者)에 의해 외치(外置)된 대상을 구성하는 것과 같지가 않다. 언표의 주체는 “상이한 개인들로 채워질 수 있는 정해진 빈 자리”이다.

결국 언표적 기능은 “연결된 분야의 존재 없이는 기능할 수 없는데” 반면 문장이나 명제는 맥락 없이 고립되어 존재할 수 있다. 어떤 언표는 항상 어떤 연속 내에 있고, “일반적 언표, 자유로운, 중립적인, 독립된 언표는 없다.” 동일한 문장이 어떤 대화중 말해지는가, 아니면 어떤 소설 속에 쓰여지는가에 따라 그것은 동일한 언표가 아니다. “언표의 좌표들과 물질적 위상은 그것의 고유 성격의 일부이다.” 그러나 특수한 사건인 **발화 행위**(énonciation)와 **언표**(énoncé)는 구별해야 한다——어떤 책의 여러 사본들은 동일한 언표 작용이다. “사본이나 출판의 수가 어떠하든간에, 그것이 사용할 수 있는 다양한 내용들이 어떠하든지간에.” 마찬가지로 헌법 · 유언 혹은 종교적 계시는 언표들이고, 반면 그것들의 재생산은 동일한 언표들의 새로운 발화 행위들일 뿐이다. 언표는 ‘반복 가능한 물질성’ 내에 존재하는 반면, 발화 행위는 공간적 · 시간적 사건이다. 이 반복 가능성은 ‘안정 범위’ 혹은 ‘사용 범위’를 전제한다.

이렇게 언표는 **있다**(il y a)라는 것처럼 명백하지 않다. 그것은 문장이나 명제에 주어진 것의 특성을 나타내는 게 아니라 “그러한 것들이 주어졌다는 사실, 그리고 그러한 것들이 주어진 방식”의 특성을 나타낸다. 그것은 ‘언어’가 있다는 그 사실이다. 언표는 지시하는 것, 주체의 위치, 연결 범위, 물질성을 요구한다. 담론 형성이란 문법적이거나 논리적이거나 심리적이지 않은 관계들로 된 하나의 언표들의 집단이다. 담론의 형성들에 대한 분석의 네 가지 방향은 대상, 주체의 위치, 개념, 전략적 선택 이 네 가지의 형성을 겨냥한다.

사르트르의 반박: 환등기냐, 영화냐?

고고학은 역사의 움직임을 '부동성들의 연속'[7]으로 대치시키는가?

푸코는 사르트르의 베르그송적 반박에 대답한다——형성 체계들이 비록 인간의 사고도 아니고 제도의 유희도 아니지만, '부동성의 덩어리들'인 것도 아니다. **담론 형성은 시간을 동결시키는 게 아니라 시간적 과정들을 정리한다.** 시간적 계열간의 이 대응은 언어를 초월하여 "주체의 자유와 인류의 노고, 혹은 초월적 목적지의 서곡이 펼쳐질 수 있으리라는 것을" 전제하지 않는다. 언표가 논리적이고 언어학적인 차원이 아니라는 점이 옳다 하더라도, 그것은

> 복구된 초월성도 아니고, 닿을 수 없는 기원의 방향으로 다시 열린 길도 아니며, 인간에 의한 자신의 고유한 의미들의 구성도 아니다(…). 언표 분석의 가능성이 만약 이루어진다면, 그것은 특정한 형태의 철학적 담론이 모든 언어 분석들에 대립시키는 초월적 축받이를 제거할 수 있게 해야 한다.

우리는 그래서 역사적 **시간**의 푸코적 의미를 이해할 수 있게 된다. 고고학은 담론들을 **서류들**처럼 취급하는 해석 분야가 아니라 담론을 **기념물**로 취급하는 하나의 묘사이다. 그것은 의견에서 과학으로 연속 단계로 나아가는 그런 견해론이 전혀 아니다. 그건 '작품을 적절한 분할법으로' 간주하지 않는다. 그것은 "말해진 것을, 그것의 정

체성(正體性) 자체와 닿으면서 반복하려고" 애쓰지 않는다. 그것은
어떤 진실이 처음으로 확실하던 "그 축제일 아침의 빛을 재현하려고
애쓰지 않는다." 그것은 시조 성인(聖人)들의 명단을 만들지 않는다
——그것은 "아주 독창성 없는 그들의 모든 후예들이나 그들의 선
구자들 가운데 이런저런 이들에게 동일한 방식으로 나타나는" 담론
의 실행과 규칙성을 찾아낸다. 이렇게 되자 혁명의 개념은(칸트적 의
미이건 마르크스적 의미이건) 모든 의미를 잃거나 의미를 달리한다.

어떤 발견이나 일반 원리의 표현, 혹은 어떤 계획의 정의가 담론의
역사에 새로운 단계를 대대적으로 연다고 더 이상 말할 수 없다. 그
에 입각하여 모든 것이 조직되고, 모든 것이 가능해지고 필요해지며,
모든 것이 다시 시작하기 위해 소멸하는 그 절대적 기원 혹은 완전한
변혁 지점을 찾을 필요도 더 이상 없다.

고전 시대의 특징인 재현의 대두나 소멸처럼 **고고학적 경계들**이
완전한 변혁 **지점들**이라고 생각할 수도 있었으리라.[8] 이제 푸코는
《말과 사물》에서 자본의 분석, 일반 문법, 박물학의 대조가 "그것들
속의 **상호 담론적 면모**를 알아보게" 해준다고 말한다——그러나 그
면모가 동시대의 화학 · 우주론 · 수학에도 똑같이 유효한 세계관으
로 이해되어서는 안 된다고 말한다. **하나의** '상호 실증성 지대'는
개별적이며, "조직망들의 수가 미리 정해진 게 아니다. 분석을 통해
서만 그것들이 존재하는지 볼 수 있다(…). 그러므로 고고학이 향하
는 지평은 **어떤** 과학도, **어떤** 합리성도, **어떤** 정신 상태도, **어떤** 문
화도 아니다. 그것은 경계와 교차점들이 단번에 정해질 수 없는 상호
실증성의 얽힘이다." **고전 시대**는 그 통일성과 그 빈 형태를 모든 담
론에 강요하는 하나의 도형이 아니라 "연속성들, 불연속성들과 실증

성들에 내재하는 변화들의 얽힘에 부여할 수 있는 이름이다……."
그것은 세계를 이끄는 의식이 아니다.

　의식-인식-과학의 축을 답파하는 대신 고고학은 담론의 실행-지
식-과학의 축을 답파하고, 분석의 평형점을 지식에서, 즉 주체가 필
연적으로 설정되고 종속되어 (초월적 활동으로서나, 경험적 의식으로
서나) 결코 집행인으로 나타날 수 없는 분야에서 발견한다.

그러나 고고학이 '차례로 사라지는 고정된 상(像)들의 유희'에 역
사를 고정시키는 것은 아닌가? 푸코는 언표를 표현할 때마다 규칙
들이 변하지는 않는다고 사르트르에게 대답한다. 담론의 유동성은,
"일시적으로 중립적인 관계들이나 분기점들이 있으며, 정해진 일시
적 방향을 지닌 다른 것들도 존재하고, 그러므로 고고학은 순전히
논리적인 동시성의 도표를 모델로 삼거나 사건들의 직선적 연속을
모델로 삼는 게 아니라, 필연적으로 연속적인 관계들과 그렇지 않은
다른 관계들간의 교차를 보여 주려 한다"는 사실을 고려하면서 "그
유동성이 시작되는 차원을——사건적 **연결 장치**의 차원이라 말할
수 있을 것——벗길" 수 있을 때만 이해될 수 있다.
　역사를 '구조화하는 것'이 관건이 아닐지라도 말의 직선적 모델
과 의식의 흐름들의 모델에서 '벗어나는 것'이 필요하다.

　역설적일지 몰라도 담론의 형성은 의식의 흐름, 혹은 언어의 직선
성과 동일한 역사성의 모델을 갖지 않는다.

고고학은 차이점들을 분석해야 하는 것이지, 그것들을 만들어 내
거나 극복해야 하는 게 아니다. 그렇기 때문에 그것은 그것들을 창

조나 자각의 모델과 대조하지 않으며, '변화의 강한 힘'을 기원하는 게 아니라 '변화를 구성하는 변형 체계를 세우려 노력하며,' **단절과 연속성을 파악하려 애쓰고, 전반적 관계 변형이 반드시 모든 구성 요소들의 변형을 포함하는 것이 아님을 인정한다.** 단절과 비합리성을 혼동하는 모든 '역사나 시간의 광장 공포증 환자들'에게 푸코는 연속체의 풍부한 활용이 "그를 시간의 외부 경계로, 원초적 수동성 쪽으로 밀어내면서 중립화시킨다고 말한다."

대화 형태의 결론

책을 끝맺는 대화는 푸코가 1969년에 이해할 만한 그런 철학적 양자 택일을 제시한다.

　—— **상대:** 당신은 그럭저럭 '구조주의'의 딱지를 떼어 버렸고(⋯) 아주 무람없이 당신의 무능력을 방법론으로 변장시켰다.

　—— **푸코:** 당신은 아무에게도 향하지 않는 언어를 생각할 수 있다는 것, "과학적 담론들을 그것들을 무엇에다 구성적 활동으로 관련시키지 않고 분석할 수 있다는 것(⋯), 그래서 이성의 발전의 매듭을 풀고 모든 주체성의 색인에서 사고의 역사를 해방할 수 있다는 것을" 인정하지 않는다. 당신은 (신화나 라신의 비극 연구에서) "분석을 역류시키기 위해, 그것들을 가능케 하는 담론의 형태들에까지 거슬러 올라가기 위해, 그리고 오늘 우리가 말하고 있는 지점 자체를 문제삼기 위해" 구조적 방법론의 성공을 받아들일 수 있다는 것을 인정하지 않는다. "주체성이 감추어지는 그런 분석들의 역사는 제 편에 자기 고유의 초월성을 지닌다."

—— 상대: 고고학적 진실들을 확립하는 이성의 초월적 할당은 무엇인가? "그것들(고고학적 진실들) 모르게 그것들을 관통하는 역사적 목적지는 무엇이며, 그것들을 가능케 하는 조건들을 그것들이 보지 못하게 되는 것은 어떤 어리석음에서인가? 그것들의 초보적 실증주의는 어떤 형이상학적 울타리 속에 갇히는가?"

—— 푸코: 우선 중요한 건 '모든 초월적 자기 도취'가 사라진, 목적 없는 익명의 불연속성을 도입하여 "사고의 역사를 그 초월적 예속에서 해방시키는 것"이었다. 사고의 역사를 "그것이 갇혀 있던, 잃었다 되찾은 그 기원의 테두리에서 해방해야 했다. 칸트 이후로 이성적 역학이, 후설 이후로 수학적 이상이, 메를로 퐁티 이후로는 인지된 세계의 의미들이 더 이상 갖지 못하는 초월적 순간의 그 계시적 역할을, 사고의 역사가 가질 수 없었다는 것을 보여 주어야 했다……."9) "우리가 오래 전부터 겪고 있는, 증폭되어 가기만 하는 위기——칸트 이후 철학이 동일시한 그 초월적 사색이 관련되는 위기(…), 그 모든 의문들을 인간의 존재에 관한 질문에 정돈시켜 실제에 대한 분석을 피하게 만드는 인류학적 사고가 관련되는, 모든 인본주의적 이데올로기가 관련되는, 결국——특히——주체의 위상이 관련되는 위기를" 밝혀내야 했다.

그때부터 '나의 담론'이 나오는 '지점'이 나를 난처하게 했는데, 왜냐하면 그것은 '그것이 기댈 수 있는 바닥을 피하기' 때문이다라고 푸코는 썼다.

역사인가, 철학인가? 차이점들을 **만드는** 담론은 "망각을 거두고, 말해진 것들의 속 깊은 곳, 그것들이 침묵하는 곳에서 (그것들의 경험적 창조이건 그것들에 기원을 부여하는 초월적 행위이건) 그것들의 탄생의 순간을 되찾는 그것이 역할이 아니다." 그것은 현재의 차이를 만듦으로써 역사적 가능성을 열기 때문에 기존 개념으로는 역사적이지도 철학적이지도 않다. 사실 그것은 담론이 변화시키는 주체의——그가 푸코라 할지라도——주권에 종속되지 않는다.

말한다는 것은 뭔가 한다는 것(…), 조건들을(…) 포함하고 또 규칙들을 지니는, 대가를 지불하는 복잡한 행동을 행한다는 것이다.

그래서 고고학자와 그의 상대의 대화는 도덕적 형태로 끝맺어진다.

고고학자가 묻는다. 사람들이 어떤 관행, 그것의 조건들, 그것의 규칙들, 그것의 역사적 변형들에 관해 말할 때 당신으로 하여금 의식이란 표현으로 대답하게 만드는 그 두려움은 도대체 무엇인가? (…) 이 질문에는 정치적인 대답만이 있는 것으로 나는 생각한다. 오늘은 여기서 그만 미해결 상태로 두자. 어쩌면 다른 방식으로 이 질문을 다시 제기해야 할 것이다.

푸코는 다른 가능한 고고학들의 윤곽을——성(性), 그림, '자각이라는 심리적 문제'를 제기할 필요가 없을 정치적 지식——그려 본다. 그는 이제 전환기의 구성 요소들을 갖추고 있다——언표는 즉각적으로 정치적이고, 그것이 《감시와 처벌》을 가능케 하며, 성의 고고학은 그 이전의 고고학들이 **이론**의 조망이었듯 **윤리**의 조망인 것이리라. 그러니까 《감시와 처벌》은 과도기의 책——새로운 지역적·경험적 조사이면서, 동시에 이론에 대한 고고학적 이해에서 실제의 이해로 가는 통로——이어야 하는 것이리라.

비판들

1) 이 책에 대한 반향은 거의 없었고, 푸코는 책을 곧 잊어버린 듯하다. 책의 출간 당시 그는 이 책을 앞의 책들의 부정확성과 경솔함의 교정,[10] '수정 완성,'[11] 작업 노선의 표지(標識) 설치로 간주했다——그리고 그는 **고고학**이라는 말의 의미를—— '오래된 것의 묘사'[12]——정확히 한다.

1971년 그는 자신의 사고 과정을 사실주의적 단순함에서 비판적 사색으로의 이동으로 이야기한다.

> [《광기의 역사》와 《임상의학의 탄생》에서] 내가 보았던 특징들은 연구된 자료 자체 속에 있는 것이지, 나의 관점의 특수성 속에 있는 것은 아니라고 생각했다.[13]

담론의 가능 조건에 대한 이러한 회고는 우선 《말과 사물》에서 에피스테메들의 일관성을 밝혀내는 것으로 행해지고, 《지식의 고고학》은 이 밝혀냄의 이해이다.

> 그것은 이론도 방법론도 아니고, [그것은] 내가 다루었던 그 대상들이 드러나게 하기 위해 내가 위치해야 했던 수준을 확인하려는 시도이다…….[14]

그러나 어떤 지식의 고고학, 지식과 지식들의 형성과 지식에 관련된 역사적 조건들의 관계를 분명히 하는 것이[15]——즉 이론이——빠졌고, 연구의 착수를 위한 방법도 빠져 있다.[16] 달리 말하면 **푸코**

의 작업들은, 그가 경험을 함께한 과도기 상황의 이론적 연구(정신병학, 의학, 형벌 체제)[17]이거나, 혹은 이미 한 작업에 대한 자기 이해라는 의미에서 항상 자서전적이리라. 그러므로 푸코의 반성적 순간은 칸트적이라기보다는 데카르트적이리라——그의 '개인적인'[18] 사고 체계의 자각이지 자기 (고유) 담론의, 그리고 그 담론을 **위한**[19] 이론적이고 방법적인 구조들의 이해는 아니다.

그러나 이 '개인적인'을 현상학적 분석에서의 경험으로 이해해서는 안 된다——여전히 "주체를 자신으로부터 떼어내는 한계 체험"[20]이 관건이다. 이러한 자기떨치기가 책에서 당당히 요구되어 있다.

> 나에게 내가 누구인지 묻지 말고, 또 꼭 같은 상태로 머무르라고 하지 마시오.[21]

어떤 창조 활동에서 진정하게 자기에서 자기로(=자기 **자신**) 몰두한다는 게 아니라(플로베르 등), 자기와의 관계를 어떤 활동에 연결한다는 것이다. 사르트르의 《말》(1963)은 사르트르의 의식이 편안함을 느끼는 서재의 친숙함으로 시작하고, 푸코의 의식은 그보다 바깥에서 편해지려 한다고 말할 수 있다. (역설적으로 푸코가 사르트르보다 더 현학적인 자료를 가졌지만 말이다.) 진정함이란 **자아**의 초월성의 한 양태일(자기 자신에 **적절한** 관계) 뿐이다. 푸코는 자신과 이중의 관계를 갖는다. 즉 그는 책들을 써가면서, 혹은 그의 대담들에서도 자신이 했던 것을 재검토하고 다시 정의한다. 더욱더 적절한——그러나 반대로 한계 체험에 뿌리박힌 자기 떨치기에 근거하는 글쓰기의 현재 뒤에 오는——자기 이해를 겨냥하면서.[22]

자신의 작업을 비판적으로 재정의하면서 그는 《(지식의) 고고학》을 《임상의학(의 탄생)》과 동일한 축에 속하는 계보학적 시기로 해석한다.

　　우리가 우리 인식의 주체로 될 수 있게 해주는, 우리 자신에 대한 역사적 존재론이다.[23]

　뒤늦은 이 재해석에서(1983·1984) 이전에 아주 구별되었던 그 두 권의 책이 비교되고, 반대로 이전에는 항상《고고학》에 비교되었던 《말과 사물》이 잊혀진 것이 이상스럽다.

　2) 앞의 자기 해석은 초월적 사색의 거부가 관학적 작업보다는 자서전적인 것에 관련됨을 보여 주는데, 이 점은 고고학 주요 개념들의 정의상의 대체적 일관성을 설명해 준다.[24]
　카르납은 물리학을 최대한 논리화하려 했으나 초월적인 것을 없애지는 못했다. '낙천적 실증주의자' 푸코는 카르납과는 반대로 최대한 역사화하려 했으나 "초월적인 것의 무시할 수 없는 그 잔재를 언젠가 마주하게 될 가능성을 없앨" 수가 없다.[25] 에피스테메의 범주들은 "가능하면 초월적인 것에 자리를 최소한 내주기 위해" 역사적으로 구성된 것이다.[26] 그러나 푸코는 언표의 주체가 "상이한 개인들로 채워질 수 있는 정해진 빈 자리"[27]라고 쓸 수밖에 없었으며, 또한 이 자리를 차지할 수 있는 **개체**는 아무 집합에나 속하는 구성 요소가 아니다——푸코는 '인간 개체'를 생각하는 게 틀림없다……. 그의 개체는 식탁이나 아침별이 될 수 없으며, 유클리드의 평면이나 개구리 생식의 특성들을 이해할 수 있어야 한다! 그러니까 꼭 인간은 아닐지라도 본래 종합적인 지각의 주체이어야 한다……. 그것은 만약 아무 개체나 빈 자리를 차지할 수 없다면, 보편적 이해의 구조를(오성의 범주?) 분명히 가져야 하는 것이다. 그러므로 **언표**

들은 문장·명제 혹은 비언어적 행위로부터——그것들의 고유 학문 분야에서 적절성을 갖는 개념들——만이 아니라, '논리적 물리학의 다양한 차원을 가능케 하는'[28] 원리로부터도 구별된다. 이러한 조건들 속에서 고고학적 방법론은 역사적 연구를 풍부하게 만들고, 그의 이전의 책들에서 시인들을 언급할 때 아직 남아 있던 그런 체험의 현상학적 파토스를 없앨 수 있다. 그러나 그것이 구조의 초월적 사색을 없앨 수는 없다.

다른 한편으로 고고학은 사고의 역사와 잘 구별되지 않는다. 이 후자는 "진리가 오류를 어떻게 벗어나는지, 의식이 그 연속적 잠에서 어떻게 깨어났는지를 보여 준다."[29] 그리고 고고학은 인류학적 잠에서 깨어남을 목표로 한다…….

그렇지만 《말과 사물》은 '칸트'라는 이름에서, 인식의 가능한 구조적 조건들을 사색하는 《비판》의 저자와 이 사색의 전(前)비판적·인류학적 해석을 하는 쾨니히스베르크의 교수를 구별했다.[30] 《비판》의 주체는 빈 자리, 다른 제약들이 따르는 프러시아대학의 교수직과 구별되는 '저자'로서의 기능이다. 그러나 《고고학》에서 푸코는 경험적인 것과 초월적인 것의 구별을 중시하지 않고, '칸트'의 이름 아래 그 두 가지 주체의 변수를 혼동함으로써 자신이 고발하는 혼동의 희생자인 듯 보인다. 푸코의 반대는 애매해서(인류학화된 초월적 주체에 반대, 범주적 구조에 반대)——그가 원하지만, 본질적으로 그를 벗어나는——그의 작품의 정치적 활용이 불명료할 염려가 있으며, 그리고 반(反)인본주의에서 비이성주의로, 논리적 물리학 또한 발전되는 징계 사회의 파괴에서 고대 신화의 회복으로 차례로 넘어갈 염려가 있다.

결국 《고고학》이 초월적 사색을 부인했다면, 푸코는 '대학 제도로서의 철학'에 관련된 보편적 인식의 입장을 거부하고(1976), 《말과 사물》의 부제: '**한** 인문과학의 고고학'을 강조한다.[31] 이 재해석은 관학적 진지성의 니체적 파괴에서 최종 결과를 얻는다[32]——어떤 관행, 힘의 행사, 특정한 '투쟁들'[33](의학, 정신병학, 형벌 제도)을 활기를 띠게 하는 '정열'[34]에 입각하여 제도·지식을 조망할 것. 그러나 이 입장의 한계는, 담론에서는 '초역사적' 니체 고증의 과대 평가이며——그리고 실제에 있어서는 푸코가 뱅센에서 겪었던 혼란스러운 소요이다.[35]

푸코 **담론**의 **관학적** 입장의 한계는 이렇게 푸코에 의해 내보여진다——그는 '초역사적' 가치가 없다고 확언하면서 그것을 내세우고, 또 강의의 불가능성도 경험한다. 이 비타협성과 이 유동성의 가속화에 논리적으로 뒤따르는 것은 책들의 쪽수가 줄어드는 것이고, 잡지·일간지 기사, 라디오·텔레비전 방송 보도, **속보**로 대치되는 것이다.

푸코가 씁쓸하게 확인하는 것이다.[36]

6

감시와 처벌: 감옥의 탄생
(1975)

이 책은 한 사형수의 신체에 관한 글로 시작된다. 1757년 다미앵은 공개적으로 능지처참되었고, 그의 유해는 불태워졌다. 그 전에 '가슴 · 팔 · 허벅지 · 장딴지에는' 집게로 가해진 상처에 녹인 납이 부어졌다……. 19세기에는 처형자의 신체가 더 이상 그와 같지 않았다——기상에서 취침까지 감옥에서의 그의 하루는 '북소리'로 틀이 잡힌다. 처형이 사라지고 공간과 시간의 꼼꼼한 감독이 그것을 대신하는 것에 인본주의자는 기뻐하리라. 그런데 푸코는 형벌 제도의 인간화와 인간의 인식이 동일한 논리에 속한다는 것, 또 현대의 권력 관계에서 신체의 변형이 인문과학에 의한 영혼의 인식을 가능케 한다는 것을 보여 준다. 이 인문과학은 앞의 연구들에서 이미 특별히 조망되었는데, 푸코는 《광기의 역사》에서 **정신병자**의 발명을 그가 기뻐하지 않았던 것만큼이나 **죄수**의 발명을 기뻐하지 않을 것이다.

이 책의 목적: 현대의 영혼과 새로운 판단 능력의 상관 관계의 역사——처벌력이 그 근거로 삼고, 그 합리화나 규칙을 얻으며, 그 영향력을 펼치고, 그 과도한 특이성을 가리는 현재의 과학적 · 법률적 복합체의 계보학.

현대 형벌 제도의 인간화?

구제도 아래서 모든 범죄는 군주의 위엄을 모독하는 것이었고, 체형의 '의식(儀式)'은 그의 빛나는 '군사적' 승리를 보여 주었다. 그로 인해 고통의 양이 세밀하게 정해지는 죄인의 극적인 처형이 있게 된다. 그로 인해 그의 영혼을 구하는 게 관건인 그 진실의 순간에 관중의 호기심이 있게 된다. 실정법은 그런 힘으로 표현되었다——그러나 왕의 특권의 초월성은 사면권으로 표현되었다……. 그런데 18세기에 들어 법률가들과 철학자들이 낸 진정서들에서——벌은 제일 말단의 살인자에게서도 그의 '인간성'을 존중해야 한다는——용기의 소리가 퍼져 나왔다. 그러나 푸코는 현대에 체형이 사라진 것이 '인간화'를 뜻하는지 의심한다…….

사실 어떤 사형수들의 저항은 '어떠한 힘으로도 굽힐 수 없었던 힘'을 보여 준다. 겁에 질린 관객, 왕권 보좌의 자격으로 소환된 백성은 때로는 반란을 일으키거나 그 사형수들을 영웅시한다. 백성의 참석은 이미 모호한 데가 있는데, 왜냐하면 더 이상 잃을 게 전혀 없는 이가 자기 재판관들·법·권력과 종교를 저주하는 것을 들어 보려고도 오기 때문이다. 백성들은, 특히 죄인이 형평에 어긋나는 지나친 형을 받는 하녀일 때는 복수하려고 오기도 한다. 18세기의 개혁가들이 두려워한 것은 체벌의 잔인성보다는 범죄자들과 백성들간의 '연대감'이었다. 그래서 그러한 표출은 감옥 속에서, 또 그 표출에 관한 이야기는 잡보란의 침침한 풍경 속으로 사라지게 한 것이리라.

동시에 비준법주의는 신체의 공격에서 재산의 횡령으로 가고, 그래서 정의는 "이제부터 계급의 정의라는 부르주아적 형세를 보인다."[1] 사회 단체의 더욱 치밀한 행정 분배에서 '잠재 의식'[2]의 변화가 이루어진다. 사법 기구를 개혁해야 하고, 왕의 '과잉 권력'에 의한 기능 장애를 없애야 하며, 새로운 원칙에 입각한 새로운 처벌법을 정해야 한다. 다양한 이해의 교차점에서 '권력의 새로운 경제학'이 확립된다. 더 잘 벌주기 위해서는 재판관을 그의 법률 제정의 권리에서 벗어나게 해야 한다.

그러므로 체형의 비판은 사형수의 인간성에 감동됨의 표현이 아니라 군주의 무한한 권력에 대한 비판이다. 그것은 백성들에게 항상 꿈틀거리고 있는 비준법주의를 단계적으로 벌해야 한다는 필요성이다.

사회 계약의 이론은 이 새로운 권력 전략을 표현하게 해준다. 시민은 사회 계약에서 계약자로 추정되므로 범죄자는 적보다 더 나쁘다── '가슴의 담론'이 그 끔찍스러움을 경감시키는 그런 행위를 하는 배반자이다. 그러나 형리(刑吏)의 악착스러움과 사형수의 유순함 사이에 개입되는 서정성은 관객들과 재판관들의…… 냉혹함을 알려 준다!

배반자나 괴물일 수도 있는 범죄자에게 '인간적' 처벌만을 행해야 한다는 원칙은 거기에 뿌리를 둔다.

그러니까 장래성에 따라, 그 자체의 규모보다는 그 반복 가능성에 따라 형을 계산해야 한다. 벌함은 아주 계산된 효과를 다루는 기술이다. 쇠사슬로 구속하려는 멍청한 전제주의 대신 새로운 정치는 자기 국민들을 그들 자신의 생각의 사슬로 다스린다.

뇌의 물렁한 섬유질 위에 가장 튼튼한 제국들의 굳건한 기반이 세워진다."[3]

처벌의 기술은 서로 충돌하는 힘들과 서로 연결되는 이미지들의 경험적 계산에 속한다. 르 펠티에가 1791년 위법 행위와 처벌간의 관계의 정확성을 요구할 때는, 더 이상 **침해자**에 따라서가 아니라 **침해**(상황과 의도)에 따라 벌을 조절하는 것이 문제로 된다.

죄수의 공간과 시간

제러미 벤담은 1791년 《원형 감옥》을 출간한다. 푸코는 그 설계도를 감옥의 모델로 간주한다. 구제도하에서 법은 신성 혹은 왕의 통치권에 근거했다. 벤담(1748-1832)은 법을 유용성의 (혹은 유해성의) 원칙 위에 세우면서 입법 이론을 새로이 했다——돈이 자유 시장에서 쾌락을 조절하는 것과 마찬가지로 법은 개인들 사이의 교류를 다스린다. 법을 존중하지 않는 사람들은 감옥에 가게 된다.

두 개의 창문이 뚫린 감방이 있는 환형의 건물, 원형 감옥의 주위로 감시인은——눈에 띄지 않으면서——중앙 탑에서 죄수들을 관찰할 수 있다. 그 죄수들은 감방의 벽들을 사이에 두고 서로 떨어져 있다. 그들은 항상 보일 수 있는 상태에 있다. 죄수는 "정보의 대상이지 어떤 대화의 주체는 결코" 아니다. 중요한 건 그가 실제로 관찰되었다는 게 아니라 누구에 의해서나, 어떤 이유로나 그렇게 될 수 있다는 것이다. 감옥의 새 건축은 왕의 거실이 감시인의 탑이 되고 '동물이 인간으로 대치된 것'의 차이를 빼면, 르 보가 베르사유를 위해 지었던 동물원의 모델을 새로이 하거나 재현한다.

이 모델 외에 또 역사적으로 실재하는 감옥이 있다……. 암스테르담의 라스피스에서는(1596) 억류 기간이 태도로 결정되고 노동은 의무적이며 시간표가 엄격히 정해져 있고, 헨트에서는 경제적 필요성에 따라 형벌 노동이 기획된다. 한웨이의 '개혁소'에서는(1775) 고립이 추가되고——필라델피아(월넛 스트리트, 1790)에서는 **퀘이커교도**들이 형벌의 비공개, 종교적 훈계와 수감원의 영혼 교육이 추가된다. 감옥은 저지른 죄보다는 차라리 죄수의 영혼이 참고 분야가 되는 지식 기구이다. 벤담의 감옥은 피넬의 요양원처럼 표준화하기 위해 가둔다.

감옥의 역사적 상황

마르크스의 방법론을 따라 푸코는 처벌 체제를 신체의 '경제학'에 재위치시킨다——"자본주의 경제 발전은 징계권의 특수한 양식을 초래했다."

18세기의 인구 급증은 유동 인구의 증가를 가져온다. '규율들'은 인간과 생산 기구들의——**산업적** 상품 생산, **학교 교육의** 지식 생산, '**병원의** 건강 생산,' **군사적** 파괴 생산——증가를 조정한다. 규율들은 신체의 정치적 힘을 줄이고, 그것의 실리적 힘을 증대시킨다. 그러기 위해서는 신체를 복종시킬 줄 **알아야** 한다. 이 **정치적 신체**의 역사를 만들기 위해 푸코는 칸토로비치의 두 신체에 관한 분석을 뒤집는다.[4] 군주제가 그리스도 연구의 주제에 따라 왕의 신체를 둘로 나누었던 것처럼, 부르주아 세계의 '감옥망'은 마찬가지로 죄인의 신체에서 하나의 비신체적인 것——현대적 영혼——을 만들어 내어 그것을 둘로 나눈다.

영혼이 환상이라거나 이데올로기적 결과라고 말해서는 안 되리라. 그것은 존재하고 현실성을 띠며, 신체의 주위에, 표면에, 내부에, 벌받는 사람들에게——더 일반적으로는 감시당하는 사람들, 훈련받고 교화되는 사람들에게, 미치광이들·어린이들·초등학생들·식민지 사람들에게, 생산 기구에 묶인 사람들, 일생 동안 감시당하는 사람들에게(…)——행해지는 힘의 작용으로 끊임없이 생겨난다(…). 이 참고 대상-현실 위에 여러 가지 개념들이——심리 현상, 주체성, 인격, 의식 등——세워졌다(…). 그 위에 가학적 기술과 담론들이 세워졌고, 또 그에 입각하여 인본주의의 도덕적 요구가 유효하게 되었다(…). 사람들이 우리에게 말하는, 우리에게 해방하라고 청하는 사람은 이미 그 사람 자체가 자기보다 훨씬 더 심층적인 구속의 결과이다(…). 정치적 해부학의 결과이며 도구인 영혼, 몸의 감옥 영혼.

감옥과 현대 국가: '랑슬로 대신 슈레버'[5]

그러나 감옥이 특수한 인구에만 해당되는 모델과 현실인 것은 아니다. 그것은 일반화시킬 수 있는 모델이다. 현대 사회에서 "감옥은 감옥들 같은 공장·학교·병사(兵舍)·병원 등과 닮았다."

권력과 생산을 **강화시키는** 그 메커니즘들은 반대 세력들을 **막아버리던** 왕권의 기능과는 다르다. 그것들은 징계 기관이 증가할 때, 학교와 자선 기관들이 사회를 깊이 관찰하고 감시할 수 있게 할 때, **경찰의** '얼굴 없는 시선이' 모든 것에 닿아야 할 때 나타난다. 원형감시주의(Panoptisme)에서 "실재적 예속은 허구적 관계에서 역학적으로 생긴다. 그래서 죄인이 선한 행동을 하게 만들고, 미치광이를 진정시키며, 노동자를 일하게 만들고 초등학생을 착하게 하고, 환자가 진단서를 따르게 하려고 완력에 호소할 필요가 없다." 원형감시주의는 의학적·교육적·형벌적·기술적 처리를 실험 가능케 해주고 온순한 신체들을 만들어 낸다.

　복종될 수 있고 이용당할 수 있으며, 변화·개선될 수 있는 신체는
온순하다.

　온순한 신체들은 아주 잘 분류되며 그 활동이 감시되고, 그 형성
은 체계화되며 그 힘들은 합성된다.

　규율은 더 이상 멍청한 전제주의의 총체적 구속이 아니고 "잔꾀
들, 미묘한 조정들, 밝히기 부끄러운 인색함, 대단찮은 강제"를 합
한 것이다. 요컨대 사변적인 대략적 검토가 이성의 잔꾀들을 읽으
려 하는 그 세심한 '악의' 이다.[6] 푸코에 의하면 헤겔은 '이 세상의
영혼,' 황제를 언급하면서 세부의 종교적·군사적 전통(J. B. 드 라
살[7]과 삭스 원수[8]) 없이는 엄격하게 규율 중심의 현대 국가가 이해될
수 없음을 잊고 있다. 군사적·의학적·학교 교육적·산업적 제도
들을 통해서 뿐만 아니라 식민지화·노예화 그리고 유아기의 보살
핌, "그런 하찮은 것들에 [의해] 아마도 현대 인본주의의 인간은 태
어났다." 만약 전쟁이 또 다른 방법으로 지속되는 정치라면, 현대
국가의 정치는 전반적 의지의 배양보다는 '자동적 온순함' 을 겨냥
하는 사회의 전반적 군사화에 의거한다. 예수회 수사단의 고대 인용
에서, 계몽주의 시대의 로마 모델에서(공화주의적 자유와 군사적인 규
율) 나폴레옹 체제의 전조를 보아야 한다……. 감옥은 '복종하는 개
인들' 의 형성을 겨냥하는 사회 **속에** 존재한다.

　징계 사회는 **울타리**(병사(兵舍)·기숙사·공장·병원·군항) 원칙
위에서 기능한다. 그러나 가두는 것만으로는 충분치 않고, 실재적이
고 상징적인 공간 **분할 방식**으로——일시적 구성 요소들이 유기적
으로 구성되고 자본화되는 과정인, 군인이나 학생의 교육 **계획안에**

따라서 각 개인을 위해 정확히 한 자리, 감방의 기능적 암호화, **계급**에 따른 개인 분류——테두리를 지어야 한다. 1666년 3월 15일, 루이 14세는 그의 첫 군대 사열을 한다——이 엄청난 행위는 '유럽 전체를 불안하게' 했다고 푸코는 쓴다.

검사(檢査)는——병원·학교·병사(兵舍)에서——개인에 대해 알 수 있게 한다. '문서의 힘'의 정치적 기능이 뒤바뀐다. 즉 미래의 기억을 위한 성전을 만드는 게 아니라 현재 사용을 위한 **비상용**의 평범한 개인을 만드는 게 관건이다.

우리 사회는 공연 사회가 아니라 감시의 사회이다.

어린이·환자·미치광이·범죄인은 한 일에 의해서가 아니라 차이에 의해 특징지어진다. 랑슬로[9]는 더 이상 이야기되지 않고 슈레버가 이야기된다. 이렇게 심리학적·정신병학적·정신분석학적 이해는 성인에게 남아 있는 어린아이 같은 면, 환자 같은 면 등이 무엇인가를 묻는다. 개인은 사회 계약을 구성하는 한 원자의 이데올로기적 표현일 뿐 아니라 규율의 실재 산물이기도 하다.

만약 원형 감옥이 "'인간 정신의 역사' 상 한 사건"이라면, 그건 그것의 억압적 측면 때문이 아니다. 적의——외부적 혹은 반란적——병력에 대한 왕의 승리는 성장력의 억압이라는 표현으로 이해될 수 있었다. 그런데 세상은 변했다.

개인의 고귀한 총체가 우리 사회의 질서로 절단되거나 억압되거나 변질되지는 않았지만, 개인은 수많은 힘들과 신체들의 전략에 따라 거기서 공들여 생산된다…….[10]

그러므로 권력의 결과를 (예를 들어 배척이라는) 부정적 표현으로 묘사하기를 그쳐야 한다. **징계 기관 전체가 권력이지만, 아무도 그것을 물건처럼 지니지 않는다.** 그것은 "교묘하게 '물리적인' 만큼 보기에는 더욱 덜 '유형적'"이게 해주는 자신의 고유한 메커니즘들로 유지된다. 거기에는 어디에나 표준화하는 제재가 따른다.

우리는 교수-심판, 의사-심판, 교육자-심판, '복지 사원'-심판의 사회에 산다. 모두가 규범의 보편성이 지배하도록 만든다.

동일성 내에 차별화를 가져옴으로써 형식적 평등 내부에서 쉽게 기능하는 힘이—— '사범 학교의 건립'이 그 상징이자 중요한 한 부분이기도 한 규범의 힘——말씀과 성서·법·전통 곁에 자리잡는다.

현대 도덕의 계보학

중세의 심문은 실험적 방법론에서 나왔다.(베이컨[11]) 인간에 대한 과학은 계몽 시대의 징계 심리에서 왔다.

우리 '인류'가 한 세기 이상 매혹을 느끼고 있는 이 과학은, 여러 학문들과 그 탐구들의 곰상스럽고 냉혹한 꼼꼼함에 그 기술적 모태를 갖는다. 심리학·정신병학·교육학·범죄학 그리고 다른 여러 가지 신기한 인식들에 대하면, 그 탐구들은 동물들·식물들 혹은 대지의 고요한 앎에 대한 심문의 가공할 힘에 어쩌면 해당되는 그런 것인지 모른다."

논쟁의 우르릉거림: 인간의 죽음, 인문학, 반항

감옥은 '완전하고 엄격한 기관'이다. 즉 특수화된 기관들과는(학교·병원·작업장·군대) 달리 감옥은 도처에 규율이다. 감옥은 자유의(상업 사회에서는 **시간**으로 계산되는 이 보편적인 부) 박탈이며, **또한** (기한 종료 이전에 풀려날 수 있는) 죄수들의 개별 징벌이다. 현대의 법전이 사법권에서 박탈한 독단이 감옥의 자율 원칙에 따라 징벌하는 쪽에서 되살아난다. 그 뿌리는 간수들의 폭력이나 행정적 독재에 있는 게 아니라 "감옥이 '유용한' 것이기를 요구하는 바로 그 사실, 자유의 박탈이 처음부터 긍정적인 기술적 역할을 하고 개인들에게 변화를 가져오게 해야 했던 사실에" 있다. **그런데 감옥이 범죄자를 만들어 낸다.**

푸코는 자기 행위의 법률적 주체인 위반자와 범죄학 전기의 대상인 범죄자를 대립시킨다. 고전 시대 이전과 이후를 특징짓고, 임상 의학 이전과 이후를 특징짓는 똑같은 주체/대상의 차이가 보인다. 범죄자들과 그들 부류에 대한 '실증적' 인식은 범법 행위와 그 배경의 법률적 죄과 결정과는 아주 다르고——또한 (행위의 위법성을 지울 수 있게 해주는) 광기의 의학적 인식과도 구별된다. 징벌 규율은 그렇게 범인의 영혼을 만들어 낸 것이다.

감옥을 피하기 위해서라고 사람들이 믿는 척하는 그 모든 메커니즘들과 기관들을 상당한 비율의 죄인들의 전기(傳記)가 거쳐 간다는 사실에 놀랄 필요가 없다.

이렇게 확장된 감옥 체제는 계약의 법률적 허구가 받아들이게 하지 못했던 것을 대신하면서 ['처벌권의 공상적 양도'] 엄청난 처벌력을 정당화한다.

감옥은 범죄의 비율을 줄이지 않는다. 감옥은 **주위의** 연대감을 자극해서 객관적으로 재범과 범죄를 부추기고, 죄수들의 가족들을 처참한 지경에 이르게 한다. **1백50년 전부터 반복되는 이 비판은 항상 똑같은 답을 얻는다.** 개혁이 실재로 결과를 얻은 적은 없었던 것 같다는 것과, 감옥의 기본 원칙들로 되돌아가서 죄수들의 재교육을 겨냥해야 하리란 것이다. 사실 그러한 감옥의 개혁**과** 실패의 연장은 건축·범죄학과 함께 **감옥 체제**를 구성한다. 이 체제는 비준법주의를 사라지게 하기보다는 그것을 '구속이라는 일반적 전략 속에서' 다룬다. 사실 18세기말 이후로 법의 새로운 엄격성을 감당할 수 없는 농부들과 노동자들의 비준법주의는 "법과 그것을 강요한 계급을 동시에"[12] 문제삼을 수 있다.

범죄는 합법성과 불법성의 **법률적** 대립에 **전술적** 대립을 겹침으로써 사회-정치적 비준법주의를 조정할 수 있게 해준다. 19세기의 청교도주의가 성을 억압할 동안 매춘 조직망은 세금까지 포함한 어마어마한 돈을 끈다——그 이후로 무기·알코올·마약 매매가 그러하듯. 그리고 범죄는 밀고자들·선동자들·비밀 경찰·권력의 예비 군대 등등도 배출한다…….

감옥 중심의 형벌 체제에 의해 강화된 범죄는, 집권 계층의 이익과 권력의 불법적 통로를 위한 비준법주의의 방향 전환을 의미한다.

감옥과 경찰이 하나의 체제를 형성한다면, 죄수들을 제공하고 객관적으로 범죄의 구성을 돕는 재판관들은 "그 체제의 다루기 쉬운 고용인들이다!" 그러한 이유로 경찰서장이 된 그 옛 도형수 비도크와 혁명가가 되지 못해서 **미학적으로** 형사범이 된 소시민 라스네르 같은 주목할 만한 인물들이—— '비준법주의에 대한 범죄의 승리'——있게 된 것이다. 형사 사건의 잡보(雜報)를 다루는 언론은 경찰의 행정 구획을 그럴 듯하게 만들고, 탐정문학은 대중들이 범죄를 멀리하게 한다.

그러나 계급간의 투쟁은 계속된다——대중 신문들은 범죄와 그것을 생산한 죄가 있는 사회를 연관시키고, 대중적인 반대 잡보는 부르주아 계층의 비준법주의를 강조한다. 푸리에주의자들과 또 19세기말의 무정부주의자들은 범죄를, 잠재적으로 미래를 잉태하고 있는 '다시 일어서는 힘' 으로까지 해석했다. 또 그들은 1840년 8월 15일 《라 팔랑주》 신문에서 파렴치한 청년을 자유, 즉 "그의 개별성의 보다 자발적인 펼침, 야성적, 고로 거칠고 외곬인 펼침, 그러나 자연스럽고 본능적인 펼침"에 심취한 것으로 소개하기도 한다.

감옥 체제의 정점에 있는 튼튼한 기관인 감방은 변화될 수 있다. 푸코는 '논쟁의 우르릉거림,' 즉 그의 투쟁 활동과 정치적 삶의 격투를 환기시키면서 그의 책을 느닷없이 중단한다.[13]

비판들

1. 수 용

《광기의 역사》와 《임상의학의 탄생》은 독특하고 개인적인 정신병학과 의학의 경험에—— '로제' 와의 관련, 자기 자신의 죽음과의 관련[14]——의거한다. 푸코는 《광기의 역사》의 정치적 수용에 직접적으로 연루되지 않았다——달리 이미 형성된 반(反)정신병학이 특별한 투쟁를 위해 도구들을 사용한 것이었다. 반대로《감시와 처벌》에서 계속되는 개인적 경험은 바로 집단적인 것이다. 68년 5월이 없었다면 "나는 아마 형벌·감옥·규율 쪽으로 나의 조사를 계속할 용기를 갖지 못했을 것이다."[15] 1971년 2월, 이 책이 있기 4년 전에 푸코는 P. 비달 나케와 J. -M. 도므낙·"법관들·변호사들·의사들·심리학자들"[16] 그리고 D. 드페르와 함께 **감옥에 관한 정보 그룹**을 만들었다.

이 **정보** 그룹은 감옥의 외부와 내부의 단절을 없앤다. 그것은 열성 마오쩌둥주의자들이——고등 교육 학위 소지자들, 즉 A. 제스마르·M. 르 브리스·M. 르 당텍 등을 포함한——변호사석 뒤에 다시 서게 되면서 만들어졌다.[17] 그룹은 수감자들이 한 조사를 출발로 감옥의 현실에 대한 정보를 제공한다. 많은 인사들이 그룹을 가까이 하는데, 그 중에 J. -P. 사르트르와 G. 들뢰즈·C. 모리악도 있다. 푸코가 '대장'[18]이었던 이 그룹의 존재는 1971년과 1972년 서른다섯 번의 감옥 저항 운동을 고무시켰다. 그룹은 S. 리브로제가 이끄는 **죄수들의 행동위원회**에 횃불을 넘기는데, 그는 1974년 푸코로부터 떨어져 나온다. 푸코는 감옥 편에 서서 언론이나 학회에 참여하고, 또 사형에 반대하여 싸운다. 그가 뱅센 약포제조소의 무대에서 경찰 (혹은 재판관) 역할을 하고, 사르트르는——푸코가 반박하는——인민재판소의 개념을 지지하며, Fr. 에발드·P. 빅토르·S. 쥘리는——푸코와 사르트르가 거부하는——좌익의 격렬한 행동을 관용하는 시기이다. 《리베라시옹》의 발간 시기, 푸코가 신체적 충돌 지경까지 갔던 마드리드에서 이브 몽탕·R. 드브레 등과 함께한 스페인 파시즘에 대한 집단 항의의 시기. 또한 그가 모리악·주네와 함께 체포된 시기이다. 부모 살해에 관한 서류를——《나 피에르 리비에르는……》——출간하게 될 '정신병학과 형사법의 관계사(史)……'에 관한 세미나의 시기이다.

《감시와 처벌》은 1975년 2월 출간된다.《마가진 리테레르》의 특별호,《르 몽드》《라 켕젠 리테레르》《르 피가로》《렉스프레스》《르 누벨 옵세르바퇴르》등의 특별 지면과 대담들, 그리고《크리티크》는 한 호를 그에게 할애(에발드 · 들뢰즈 · 메이예르)한다.《레 탕 모데른》은《크리티크》가 거절한 루스탕의 논문을 출간한다……. 프로망제는 푸코의 두 개의 초상을 그리는데 하나는 주제를 위해, 다른 하나는 미래의 법무장관 R. 바뎅테르를 위한 것이었다. 책(《감시와 처벌》)의 학문적 결실과 정치적 효과를 구별하기는 거의 어렵다. 책은 법률가들에 의해 읽혀지고, 감옥의 소요는 두 건의 행정 보고와 여러 건의 사정(查定)을 초래했다. 책과 G. I. P./C. A. P.(감옥에 관한 정보 그룹과 죄수들의 행동위원회)의 활동 결과는 감옥의 개방(언론, 자유 면회실, 규율풀기——긴 머리 등)과 죄수들을 죄의식으로부터 해방한 것이다. 죄수들은 더 이상 속죄의 본보기가 아닐 뿐더러 권리 주장까지 한다.

> 나는 사람을 죽이고, 그만한 형을 받았다. 하지만 그렇다고 겨울에 이불이 없어 추위에 떨어야 하는 건 아니다.[19]

죄수들이 결국 벤담을 이해한 것이다——그들은 투옥을 틀법성과 맞바꾼 것이다…….

80년대 재판관들은 더 이상 감옥 사회의 맹목적인 고용인이 되는 걸 허락하지 않았고, 그래서 모든 사람들을 기소한다.[20] 푸코에 의한 변화로, 1972년에는 브뤼에 안 아르투아에서 일어난 범죄와 관련하여 공증인을 고발하려 하는 예심판사가 한동안 검찰청의 압력에 저항할 수 있었던 일이 생겼다.[21] 그리고 법률에 대한 생각도 발전했다. 예를 들면 피에르 라쿰은 새 형법에서 우선권이 '사회에서 생긴' 규범들과 일치하는 '법의 잘못된 보편성'을 드러내고 있다고 평가한다.[22]

책은 역사가들 사이에서도 효과를 거둔다. 아귀용과 샤르티에·파르주·레오나르·페로·르벨…… 등이 그의 책 전반에 대해 논하고, 최소한 파르주와 페로는 푸코와 함께 연구를 계속한다. 전자는 그들이 함께 작업한 원고를 토대로 《가족의 무질서》를 출간했고,[23] 후자는 벤담의 수필을 출간했다.[24] 벤과 아도 그리고 르 고프는 이 책을 특별히 문제삼지 않고, 푸코의 역사와의 관계에 관심을 가졌다.

푸고의 역사읽기 전체를 보여 준다고 주장하지 않더라도 몇 가지 비판은 할 수 있으리라.

푸코는 《말과 사물》에서 에피스테메라는 이름 아래 한 시대를 그리려 했고, 그러한 총체화의 환상을 이해하고는(《고고학》에서) 장치를 통해 한 시대의 한 지방을 묘사하고자 애썼다. 그가 《감시와 처벌》에서, 부분에서('감옥의 탄생') 전체로('감옥들의 군도') 넘어갈 때 그는 아직 초월적 환상의 피해자이다. 즉 사회적 총체의 뿌리를 파악하는 것이 관건인 듯하다——그런데 곧바로 전문 역사가들이 결과를 반박하게 된다. 방법론으로 말할 것 같으면, 그것이 기능주의적이건 아니건, 책이 "묘사하는 것이 기계인지 기계 장치화인지"(J. 레오나르) 알 수 없고, 동일한 권력 구조가 왜 같은 시기에 계급 구조가 전혀 다른 사회들에 자리잡는지(R. 브라운) 이해가 되지 않는다. 그래서 군대·학교 등의 역사학자들은 푸코의 분석들을 따를 수가 없다.[25]

역사학자들과 가졌던 어느 대담에서 푸코는 그의 작업을 한 **문제**의 연구라고 정의한다. 그의 '감옥의 탄생'에서는 시대의 역사를 이해하는 것이 관건이 아니라 전략 분석의 테두리 내에서 '형벌 체제의 개혁에 운용된 이성적 계산(la ratio)' [26]을 제시하는 것이 관건인 듯하다. [27] 이런 관점에서 원형감시주의는 특정수의 개혁을 감독하는 표상이지 행동들을 무의식적으로 지배하는 실재적 구조(문법)도, '이해'를 가능케 하는 베버의 이상형도, 헤겔 현상학의 도형도, 상부 구조적 이데올로기 효과(마르크스주의)도 아니다.

전략은 순전히 서술적 용어로 생각될 수 있다——하지만 푸코에게 전략은 반대로 개입을——**참여**라고 말하고 싶어진다——허락하는 전장의 묘사이다. 그래서 **악의**[28]라는 개념은, 19세기말에 빈번했던 '달군 쇠로 음핵 태우기' [29]를 의학 혹은 성에 대한 '그의' 역사의 범위 내에서 그가 제시할 수 있게 해준다. 마찬가지로 그는 빈정거리면서——"프랑스에는 수용소는 없지만 생각들이 있다"[30]——한 프랑스인이 1890년 세인트 피터즈버그에서 열린 범죄학 회의에서 러시아인들에게 시베리아 강제노동수용소에 대한 착상을 주었다는 점에 주목한다…….

이런 관점에서 '감옥 군도'라는 표현은 18세기의 사회를 묘사하는 데 있어서라면 분명히 이치에 맞지 않지만, 솔제니친에 의해 묘사된 군도와 서방 자유 사회의 구조 설립 사이의 근접성을 암시하는 데 있어서라면 투쟁의 수사학에 속한다. 푸코에게는 체벌이나 감옥에는 똑같이 합리성이 없다. [31] 피넬의 요양원이 퇴행이었던 것과 마찬가지로, 그에게는 체벌보다 덜 잔인한 감옥 체제가 더 위험히 보인다——두 경우 다 (데카르트적 의미의) 자유스러운 주체는 현대성에 의해 부정된다.

마지막으로 우리는 공산주의자들의 푸코 수용에 내재하는 양면성을 언급하려 한다. 프랑스 공산당은 그의 옛 열성분자들에게 그다지 관대한 적이 없었는데, 푸코도 그것을 경험하게 된다. 여기서 공산주의 출판물에 나타난 그와 관련된 문구들을 다시 들추지는 않겠다.[32] 그보다 자네트 콜롱벨의 책읽기를 자세히 살펴보려 한다.

정식 마르크스주의 출신이며 고등사범학교의 문과 시험 준비 상급반의 예전 선생이던 그녀는 50년대말부터 푸코를 읽고 그를 따르며 투쟁을 한다. 그녀는 《말과 사물》에 관한 그녀의 논문(67년 4월) 이후——그리고 가로디(당시 정치국의 당원)에 반대하여 알튀세와 함께 반(反)인본주의 입장을 취했던 이후——《라 누벨 크리티크》에 글을 싣는 것을 그만둔다. 사르트르에 관한 작업 후, 그녀는 90년대 초를 **기점으로 한** 푸코 작품 읽기를 한다.[33] 형제애의 푸코적(혹은 사르트르적) 의미에 근거하여, 그녀는 《감시와 처벌》에서 만들어진 개념들을 통해 현재를 분석하고 **배척된** 자들의 존재에서 세계화라는 새로운 보편의 특수성의 징후를 본다.

푸코에 입각하여 그녀는 '배척된 자들'의 **편입**이라는 사회-민주적 요청과——그녀에게 그것은 실은 새로운 권력 제도에의 적응 실현이다——거리를 둔다. G. 들뢰즈의 판단에 따르면 "열린 사회의 감시 형태에 비하면, 아주 가혹한 감금들도 우리에게는 달콤하고 온화한 과거에 속하는 듯이 보일 수 있다."[34]

감시의 사회-민주적 확장은 '의사 소통의 보편 개념' 찾기와 나란히 간다.[35]

이런 관점에서 보면 어떻게 보편이 **의사 소통**에서 핵심이 아닌가가 잘 드러난다——통합주의적 공화국의 논리 자체가(플라톤 혹은 남녀공학 학교를 세우는 드골 등) 현재 확장되고 있는 부르주아 계층의 사적 이해 타산과 충돌을 일으킨다. 그래서 부르주아 계층은 지금 자신을 위협하는 보편 제도를 무너뜨리기 위하여——제3공화국 때 규율을 세울 당시에는 공박했던——성직자층과 연합한다. J. 콜롱벨은 **푸코 분석의 전복적인 힘을** 현 상황에서 유지하기 위해 그것을 뒤집어 말하기를, 그러한 조건들에서는 "현 사회에서 징계의 보루들이 후미 부대라기보다는, 어떤 부류에 그 위험이 추정적으로 계산되는, 현 사회의 기능에 필요한 평형추이다"라고 말한다.[36]

운동에서 좋은 기록 숭배는 푸코에 의해 분석된 징계 양산보다도 현재의 요청에 더 잘 맞는 유순한 신체를 만들어 낸다. 그리고 인문학은 "(예속의 의미로 쓰인) 주체로 하여금 그가 자립적이라 믿게 하고, 또 그래서 자기 행동에 책임이 있다고(…) 하는 인적 자원"의 심리-사회-경제적 관리라는 새로운 형태로 현 체제에 참여한다——"'결산하다' '자기 평가하다' '자기 투자하다' 등의 표현은(…) 교육으로 확장되는 그러한 관행들에서 만들어지는 담론에 두드러지게 나타난다."[37] 콜롱벨은 니체의 분석에서의 사제들처럼 자신들의 공격적 원한을 유순한 죄의식으로 바꿔 놓는 '자유주의의 금욕적 사제들'에 관해 말하고 있다.

책은, 분석의 단호함을 망각하고서 푸코의 사상을 '밑에서부터 시작되는' 반박의 불씨가 아닌 '규범철학'으로 만들어 버림으로써 서로가 맞서게 되는 전쟁을 합의상의 규범들로 피하려 하는 프랑수아 에발드나 마르틴 오브리에 대한 비판으로 끝을 맺는다.[38]

이처럼 푸코 글쓰기의 독특한 위치는 다양한 읽기를 가능케 하는 것이 분명하다.

2. 변 화

《감시와 처벌》의 결과 가운데 하나는 푸코가 사드의 텍스트들과 거리를 두기 시작하는 것이리라. 그의 초기 세 권의 책에서 사드는 표준화에 대한 저항의 증인으로 나타난다. 1975년부터 그는 '성(性)의 집달리'[39]가 되고, 그 다음해에는 징후로서 분석이 된다[40]——1977년 형법 개혁 연구를 담당한 정부위원회에 푸코가 우호적으로

답하고, 또 당시의 토론들에 참여하기로 결정함으로써 순전히 비판
적인 자신의 태도를 바꾼 것도 주목할 만하다.[41]

　1978년 푸코는 《감시와 처벌》이 17-18세기 이래의 '권력 생산성
의 기술적 해제' '권력의 새로운 경제학'을 보여 주었다고 평가한
다.[42] 그는 감옥 제도에 대한 역사가 아니라 처벌에 관한 생각의 역
사, '범죄와 벌의 관계의 방법상의 변화……'[43]의 역사를 다룬다.
그는 계보학적으로 "우리가 타인들에게 주체로서 행하고 있는 권력
의 장(場)과 관련된 우리의 관계들에 있어서의 우리 자신에 관한 역
사적 존재학"[44]을 하는 것이리라. 그의 문제는 결국 사람들이 어떻
게 진리의 생산을 통해 자신을(그들 자신과 남들을) 다스리는가——
"어떻게 진짜와 가짜를 나누는 법과 자기 자신과 타인을 다스리는
방법을 서로 연결하는가"[45]와 같은 것을 아는 것이리라. 에피스테메
들이 과학을 공상으로부터 **떼어** 구별하는 것과 마찬가지로 '관행 체
제들'[46]은 이성 있는 사람과 미치광이를, 죄수와 교양인을 떼어 구
별한다. 행동의 틀을 미리 짜버리지만 제도들과는 혼동될 수 없는
그 체제들——이처럼 징계 사회의 **규범들**은 형벌 체제를 세우는 **법
들**이 아니다. 푸코는 절대적으로 될 전제 군주 체제는 (봉건 시대 동
안) 아주 국지적인 권력 위에서 구성되었고, 나치주의는 국민 내부
의 파시즘에 의거했기 때문에 **뿌리내릴** 수 있었다는 점을 지적하면
서, 관계들의 다발이라는 이 권력 개념을——사방으로 뻗어 나가는
중심의 상징에 대립시켜——깊이 파고든다.[47] 에피스테메들에는 초
월적 주체는 없고, 구조들이 있다——권력 장치들에는 전반적인 역
사적 주체가 없고, 모두가 서로서로에게 거는 전쟁이 있고, 개인들
속에조차도 '작은 개인들'[48]간의 싸움이 있다.

3. 구조와 개별성의 상반 관계(반복)

a) 《말과 사물》(1966)에서 에피스테메의 개념은──수학과 물리학이 제외되기는 했지만──한 시대 전체를 특징짓는다. 1970년 영어판에서 푸코는 이 총체화의 환상을 벗어났다.[49] 그러나 그는 《감시와 처벌》(1975)에서 '감옥의 탄생'을 부르주아 사회 전체로 일반화시키면서('감옥들의 군도') 그 환상을 되풀이한다.《지식의 고고학》(1969)에는, 그가 비역사적 지식을 없애 버리려 한 야심에도 불구하고 보편성의 범주가 틀림없이 여전히 남아 있다.[50] 그런데 총체화의 환상에 도로 떨어짐으로써 1975년의 책은 그 가능성을 무산시킨다.

물론 푸코는 규범과 법을 구별하고, 또 가끔 후자에 비추어 전자를 반박한다. 그러나 그는 다루기 어렵지 않은 법관이나 교수-재판관들에 관해 이야기하면서 규범적이고 합법적인 순간들을 동일시한다. (재판관이나 교수 내부의) 표준화시키는 자에 반대하여 **법률가**나 **박식한 자**에 호소하기 위해서는, 비역사적인 (실증법 속의) 이성법과 비역사적인 (학교 기관 내의) 과학적 지식을 인정하여 받아들여야 하리라. 그런데《감시와 처벌》은 '감옥들의 군도' 전체를 모조리 거부한다. 교수는 그래서 유순한 단체의 표준화 재판관일 뿐이다. 그리고 사법관은 감옥 세계의 제공자일 뿐이다. 모순점은 이 책이 관학적 측면을 지닌다는 사실, 즉 자기에게 맡겨진 표준화 역할을 불만스러워하는 사법관이 사용할 수 있을 비판적 지식을 교수가 제시한다는 사실이다.

이런 애매함은 계보학과 보편적 구조간의 관계에서도 보인다. 푸코가 보기에 종교 재판은 자연과학의 경험적 방법을, 또 징계 사회는 인문학을 생기게 했다. 푸코는 '동·식물들과 땅의 고요한 앎'에

"심문의 가공할 힘과 규율들의 곰상스럽고 냉혹한 꼼꼼함"이 만들어 내는 지식들을 대립시킨다. 그렇지만 자연과학은 심문 절차에서 **떨어져 나오게** 된 반면, 인문과학은 징계 기술 속에서**만 포착될** 수 있다. 그러한 차이는 표준화의 개념으로 물리학 교수와 그의 문학 동료를 동일시하는 것을 불가능하게 만든다.

b) **악함**이나 **적의**의 개념은 그리스도교적 상상력의 인류학에 관련된다. 예를 들면 칸트에서는 **근본악**이라는 이름 아래 루소에게서도 ——자유라는 데카르트적 개념과 관련되어—— 역시 읽혀지는, 그런 인간에 대한 비관적 이해가 보인다. 루소의 인류학에서 잘못은 꼭 이성에 있는 것이 아니라 인간의 자유, 개선 가능성, "상황에 힘입어 연속적으로 다른 모든 능력들을 펼치면서" 사고(思考)를 유발하여 '순수 자연 운동'에서 멀어지게 하는 그 능력이다.[51] 바로 그 자유가 데카르트적 주체를 악과 오류로 몰고 가서 자연적 혹은 신성한 명증에 대립시키는 것이다. 역설적으로 《광기의 역사》에서는 고전 시대에 감시되었던 그 자유[52]이다.

인류학적으로 인정된 역사적 과정들 속에 지식의 뿌리내림은, 그러므로 '기본 주체성'[53] 참조의 공개적 배제(1969)를 무효화(1975)한다. 인본주의자가 과학적 진보에서 인간적 선량함의 표현을 보고 싶어할 때, 반(反)인본주의자는 거기서 악함의 표현을 본다! 이 논의는 전(前)비판적인 측면 때문에 《말과 사물》에 의해 부인된, 사고에 대한 인류학적 이해에 속하는 것이다……[54]

c) 프랑수아 모리악은 중죄재판소의 소송에서 '소름이 끼쳐' 돌아왔다.[55] 푸코는 피넬 요양원의 미치광이들의 처지에 분개했었고, 또 죄수들의 상황에 분개한다. 만약 자유가 사람들을 악함의 문화로 몰

고 간다면, 용감한 행위는 거기에 자유롭게 맞서는 것이다. 60년대 푸코는 인본주의자의 거리낌없는 양심을 비꼬고, 뒤이어 투쟁을 개시하는데 그의 1975년의 책도 그에 한몫을 한다. 왜 사르트르와 도므낙이 **감옥에 관한 정보 그룹**에 합세할 수 있었는지 이해가 된다.

그러나 모든 구조주의적 방법론의 흔적이 사라지지는 않았다. 사실 푸코 설명의 일부는 마르크스적 방법론을 따른다——징계 사회는 인구통계학적 효과로 자리를 잡는다 등. 이 차원에서 규율의 출현을 설명하는 데는 경제적·인구통계적·사회적·심리적 등의 요인들을 개입시키는 것으로 충분하고, 인류학을 주장하는 것은 지나치다.

만약 에피스테메들이나 장치들 혹은 지식-권력의 상징들의 출현이 '결정'[56]의 비(非)의인법적인 의미에서, **미세하지만 결정적인** 구조적 차이들에서 비롯된다면, 행동 주체들이 자유 의지의 표현으로 착각하는 구체적 투쟁들은 그것들 자체가 그 투쟁들이 나타나는 구조들에 의해 조건지어진다. 그러므로 진정한 변화는 분명한 차원에서보다는 오히려 미세한 차이들의 차원에——예를 들어 전자관이 트랜지스터로 전환(1948), 혹은 마이크로프로세서의 발명(1971) 아니면 또 다른 차원에서 초·중등 교육에서 남녀공학제의 도입——달려 있다.

그러한 차이들을 설명하기 위해——혹은 장려하기 위해——자유 의지를 개입시킬 필요는 전혀 없다.

7

성의 역사: 앎에의 의지
(1976)

　광기, 임상의학, 감옥에 관한 푸코의 책들은 신체 자체 내의 저항 가능성을 보여 주는 것 같다. 1961년 광기는 표준화에 대한 저항을 증언할 수 있었고, 푸코는 사드나 아르토에게서 거역성을 찾으려 했다……. 1966년 실증주의의 '진짜'[1] 전복은 인본주의의 (사회민주적 혹은 공산주의적) 심화에서가 아니라 그 주제와의 결별에서였다. 1975년 순종 않는 신체들의 논쟁이 우르릉거렸다.

　감수성을 완전히 변화시키는 68년 5월 이후, 마르쿠제[2]와 라이히[3]는 반대 운동의 중요 출전(出典)이 되었다. 무정부주의적 쾌락주의의 **무용한** 신체는 징계 사회의 **유순한** 신체에 대한 대안인가? 종교적·자본주의적 억압에 맞서 욕망을 해방시켜야 하는가? 푸코는 프로이트–마르크스주의에 대해 해명을 해야 한다. 그는 1976년 그것을 한다. 그의 습관대로, 즉 분명한 것들을 반박하면서…….

　성해방 운동은 지난 3세기 동안에 쾌락의 억압만을 본다.

　내가 제기코자 하는 질문은 우리는 왜 억눌리나, 도대체 왜 우리는 그렇게 정열적으로, 그렇게 분개해서, 우리와 가장 가까운 과거에 맞서서, 우리의 현재에 맞서서, 우리 자신에 맞서서 우리가 억눌린다고 말하는가?라는 것이 아니다.

억압의 가정

라이히의 논문은 성(性) 전반에 관한 표준화 억압이 17세기에 자리잡기 시작하고, 19세기에는 그 억압 메커니즘이 느슨해진다고 가정한다. 푸코는 정면으로 이 도식을 공격한다——부르주아 계층은 성을 전반적으로 **억누르지는** 않고, **혈통과 혼인 협약**의 귀족 문화와는 반대로 **정자와 성**의 문화를 뚜렷이 나타내 보인다. 보수주의적인 귀족 계층은 그 혈통의 기원에 신경을 썼는데, 부르주아 계층은 진보주의자들로서 유전에 신경을 쓰게 된다——혼인 협약 체제의 후퇴, 성적 장치의 출현. '혈성(血性)' 사회에서 '성'의 사회로 이렇게 옮겨감은 사드의 작품에서는 혈통의 구(舊)귀족 모델 속에서 말해진다.

a) 기술과 기술 사용의 연혁은 라이히의 주장을 부정한다. 고백이 모든 신자들에게 의무적으로 되는 것은 라트랑공의회부터이고, 영신 지도의 절차가 발달하기 시작하는 것은 16세기 중반쯤부터이다. 성직 제도 밖에서 성에 대한 새로운 '기술(技術)'이 생기는 것은 19세기초이다. 죽음과 벌의 문제가 아니라 삶과 질병의 문제에 처방되는 기술. 육체는 신체 기관으로 낮추어진다. 유전 분석과 결혼의 정치-의학적 관리가 나타난다. **퇴화** 이론은 법률학과 합법의학, 어린이 보호를 통해 이 새로운 기술에 굉장한 힘을 부여한다. 성은 신체의 삶이기도 하고, 동시에 종(種)의 삶이기도 하다——어린이의 성, 여성의 히스테리화, 출생 제어, 변태의 정신병학화는 '조정 방법들로 징계 기술을 구성하는' 다양한 방식들이었다.

우리는 아래에서 성의 장치가 무엇인지 볼 것이다. 우선 현대의 우생학과 인종차별주의에서 혈통과 정액이 겹치는 데가 있다고 말할 수 있겠다. 나치주의는 '우월한 혈통을 꿈꾸는 열광'을 수반하는 우생학적 사회 규율을 세운다.[4] 푸코는 파시즘에 대한 실제적 저항과 변태-유전-퇴화 체제와 이론적 결별이라는 정치적 명예를 정신분석학에 인정해 준다.

그러나 정신분석학은 이전의 귀족적 개념에 따라 생각하는 부르주아 계층의 어떤 특권이다. 푸코는 정신분석학을 '계급 의식'의 새로운 물질적 유형과 관련지어 위치시킨다. 샤르코[5]는 혼인 협약에서 성을 분리하려 애썼다. 혼인 협약 때문에 그에게 오게 되는 환자들을 치료하기 위해 그는 신경학적 모델에 따른 성의 표준화를 겨냥했다. 프로이트는 그 수업을 들었고, 치료중에 성을 가족의 감시권 밖에 두려고 애썼다——그러나 그는 실증적 모델 대신 근친상간을 자신의 오이디푸스 장치 이론의 중심에 두었다. 정신분석학자는 각자의 성의 밑바닥에서 이렇게 '혼인 협약 체제 위에 성적 장치 고정시키기'를 유지시켜 주는 부모-자식 관계를 찾아낸다. 시골과 변두리의 근친상간 관례들을 체계적으로 추적하면서 정신분석학은 오이디푸스를 발견한다. 정신분석학은 하나의 계층적 특권이다.

자기의 성을 걱정하는 절대 특권을 잃어버렸던 이들은 이제 지금은 일반화된 성(性)의 장치 속에서 그것을 금지하는 것을 다른 누구보다도 더 체험하는 특권과 아울러 또 억압을 풀어 주는 방법을 얻는 특권을 갖는다.

b) 게다가 라이히의 논문은, 억압이 무상의 쾌락보다는 의무적인 일을 향한 인간적 힘의 계산된 사용에 속한다고 추정한다. 그런데 성의 기술(技術)들은 성인 노동자들에게 우선 적용되었던 게 아니라

아이들과 여성 집단 쪽에 적용되었다. 젊은 부르주아의 수음증과 그의 어머니의 히스테리가 가장 큰 문젯거리였던 반면, 제르미날[6]의 세계와 프롤레타리아 계층의 삶의 조건에서는 "자기 신체나 자신의 성을 걱정하는 것은 거리가 먼 일이었다[7]——그 사람들이 살거나 죽는 것이 그리 중요하지 않았는데 어쨌든 저절로 번식은 되었다."

성의 장치에서 배양된 신체의 힘은 우선 프롤레타리아 계층의 노예화보다는 부르주아 계층의 긍정에 속하는 것이다. 프롤레타리아 집단을 살피는 감시 기술이 자리잡기 시작하는 것은 19세기. 알력들과 전염병들, 경제적 절박함이 있고서였다. 말이 적은 프롤레타리아는 성이 그들과 상관없다고 여겼다.

그러므로 오래 전부터 비난받고 있는 표현들로 되돌아가야 한다——부르주아적 성이 있다고, 계층적 성들이 있다고 말해야 한다. 아니면 성은 원래 역사적으로 부르주아적이고, 그 연속적 변화들과 자리 바꿈들에서 특수한 계층 효과를 초래한다.

성은 원래 부르주아적이다

17세기 이후 자본주의에 필수 불가결한 이 생명-권력은 신체의 **규율**이며 인구의 **조정**이다. 제일 자본주의의 초기 형성 과정에서는 아마도 금욕적 도덕이 요구되었을 것이다. 그러나 18세기 이후 그것(자본주의)의 발전은 역사 속에 생(生)의 등장으로 특징지어지게 된다. 산다는 사실은 더 이상 접근할 수 없는 기저가 아니다. 인간은 더 이상 아리스토텔레스의 정치적 동물이 아니라 "살아 있다는 그의 삶이 문제가 되는 정치 속의 동물이다." **그때부터 인간이라는 문**

제가 제기되고, **규범의 작용이 법체계를 앞선다**. 법의 문제는 현대성의 시초부터 펼쳐지는데, 읽고 말하고 이동하는 등의 권리를 요구하는 살아 있는 인간의 자급자족을 전제로 한다. 그런데 만약 삶 자체에 공동 개입이 가능하게 된다면, 법률적 문제는 후퇴하고——법보다——삶이 정치적 투쟁의 목적이 될 것이다. 정치적 투쟁은 고전적 법률 체계에는 이해되지 않는 단언들, 즉 삶·신체·건강·행복·필요의 충족 '권리'를…… 통해 표현된다.

'부르주아적·자본주의적 또는 산업적' 사회는 성에 관한 **진정한** 담론들을 생산하기 위해 하나의 기구를 사용했다. 그 사회는 그것에 대해 많은 말을 했고, 각자에게 **고백하도록** 강요했다. 그 사회는 마치 그것 속의 중요한 비밀을 의심하는 듯이 그에 대한 진실을 표현하려 한다. 성은 조금씩 "우리 각자가 자신 속에 지니고 있는 어둠의 단편"이 되었다. 동양적 **성의 기술**(技術; ars erotica)과는 반대로, 고백이란 서양적 장치에서는 말을 하는 사람이 강요당한다. '말하게 하는 임상의학적 기호화'를 통한 '과학적 형태들'로 자기의 욕망을 고백하도록 강요당한다. 고백의 해석학적 해독(그것의 **해석**)과 그 결과의 의학화는 새로운 진실의 상(像)이 된다.

들는 사람은 용서하는 주인, 형을 선고하거나 면해 주는 재판관으로 그쳐서는 안 된다. 그는 진실의 주인이어야 한다.

'임상의학적 청취법에 구식의 고백 명령'을 연결하는 이 장치는 **성**의 출현을 가능케 한다. 인간적 영원의 역사성을 이해하는 것이 시작되는 것이다.

19세기에 성은 생식에 관한 생물학 **그리고** 성의학의 흥미를 끄는데, 전자는 고전적 앎의 의지에 속하고 후자는 '고집스러운 앎의 거부 의지'에 속하는 것 같다. 사실 **성지식**(scientia sexualis)은 고백의 형태 속에서 구성이 된다. 그리스도교 고해의 '흔적 없는' 기록이 그러했고, 지금은 성에 관한 담론의 설정들이 그러하다.

공개적·개인적으로 부모·스승·의사, 사랑하는 이에게 고백을 한다. 사람들은 쾌락과 고통 속에서, 다른 누구에게도 불가능한 고백들을 자기 자신에게 하고 그것으로 책을 만든다.

플라톤적 회상 모델에서 자성(自性)의 모델로 옮겨가는데, 그 이동에서 해방을 보고 싶은 것이리라.

루소의《고백록》혹은 사르트르의《말》이 보여 주는 그러한 현대의식(意識)의 명령에 쏠리는 대신, 반란 혹은 위반으로 경험된 고백에 취하는 대신, 푸코는 고백이 최후의 화신으로 나타나는 진리와 자유의 전통적 관계를 문제삼는다.

고백과 진실

우리가 보기에 진실은 우리 자신의 가장 비밀스러운 곳에서 드러나기만을 '요청하는' 듯하다. 진실이 그에 이르지 못한다면 강압에 의해서이고, 어떤 권력의 폭력이 진리를 누르기 때문이며, 진실은 일종의 해방의 대가로만 마침내 윤곽을 뚜렷이 할 수 있기 때문이다(…). 진실이 본래 자유로운 것이 아니고, 오류가 예속적인 것이 아님을, 그리고 힘의 관계들이 진실의 생산을 완전히 가로지르고 있음을 보여 주면서 '진실의 정치적 역사'가 뒤집어야 할 철학의 전통적 주제들은 그만큼 많다. 고백은 그 한 예이다.

이러한 판단을 이해하기 위해서는 자유와 진실의 전통적 관계에 대한 약간의 설명이 필요하다. 플라톤 이후로 진실은 안심시키고 예속시키는 환상들로부터의 해방이다. 소크라테스의 대화 상대자는 시인의 전통적 이미지들이나 소피스트들의 현대적인 꾀들이 그를 가두어 놓는 세평의 암흑에서 빠져 나온다——동굴을 빠져 나온 진정한 지혜는 그것의 본성에 맞게 다듬어져 자유로우며, 모든 것을 관장한다.[8] 자유는 자급자족으로, 그리스 도시를 독립적으로 지속시킬 수 있는 고유한 힘으로 생각된다——침략자들을 물리친 도시가 자력으로 살아갈 수 있듯이 세평으로부터 해방된 지혜는 자신을 되찾을 수 있고, 자신 안에서 현실의 영원한 본질을 되찾을 수 있다.

현대에는 진실/자유 관계의 표현 방식이 다르다. 데카르트적 주체의 명상은 모든 단순한——감각적·과학적·수학적·종교적——확실성들을 의심하기 시작한다. 의혹은 어린 시절의 환상들을 사라지게 하고, 자신의 확실성들의 진실을 그것들의 간접적 명증의 경험에서 되찾으면서 주체의 고유한 존재를 발견하는 것으로 완성된다. 그래서 데카르트의 텍스트는 자아의 정의에 있어서 고전적 존재론과 현상학 사이에서 망설인다. 불멸의 영혼으로서의 자아는 영원한 진실들의 창조자 하나님을 향한 '정신'이다. 현상학적 주체로서의 그것은 '의심·상상 등을 하는 어떤 것'의 활동이다. 첫번째 경우 데카르트의 과정은 플라톤적 지혜의 존재론적 진정성으로의 상승을 새로운 방식으로 반복하는 것이리라. 두번째 경우 진정한 활동은 선입견이 가로막고 있었던, 주어진 명증에 의거하는 것이리라. 두 경우 주체는 맹목적 선택과 뚜렷한 명증 사이의——무관심한 자유의 맹목적 자급자족과(왼쪽보다 오른쪽으로 갈 이유가 전혀 없다) 현명한 자유의 신성한 자급자족 사이의——긴장 속에서 자신의 자유를 표명한다. 진실들은 벗겨진(dé-couvertes) 것이므로, 주체의 활동은 증여로 그친다.

고전철학에서 해방은 이렇게 실체에(플라톤) 혹은 주체에(데카르트) 그의 진실을——혹은 그의 자급자족을——복원함이다. 그래서 역으로 진실의 인식은 선입견의 영향력에서 벗어나 올바르게 생각할 수 있게 하고, 제대로 살 수 있게 한다. 참되게 말한다는 것은 나라는그 실체 혹은 주체가 무엇인지를, 그것을 어린 시절부터 가리고 있는 헛된 세평들에 개의치 않고 말하는 것이다.

그런데 칸트 이후로 진실은 더 이상 들추기(dé-voilement)가 아닌 구성(construction)이다——삼각형의 진실을 말하는 것은 더 이상 그것 자체로, 혹은 신의 능력상 그것이 무엇인가를 말하는 게 아니라 어떤 개념들과 방법들에 따라서인가를 말하는 것이고, 인간 주체 혹은 경험 대상의 특성들의 독립적인 기하학적 과정이 무엇인가를 말하는 것이다. 그래서 진실의 '초월적' 가능 조건들, 즉 기하학적 · 물리적 등의 가능 조건들을——오성의 범주들(칸트)——따져 묻는 것이 가능하게 되는 것이다. 그리하여 객관적인(과학적인) 진실은 드러나기를 **요구하는** 것이 아니라 물리학자의 활동으로 비롯된다. 마찬가지로 철학자의 반성적인(철학적인) 진실은 '학설상의'(논증적인) 활동에서 비롯된다.[9]

《순수 이성 비판》 **이후** 담론의 진실을 정착시키기 위해 더 이상 존재론적 보증을(자연, 신) 개입시킬 필요가 없게 되었다. 진실은 더 이상 그 자체로 해방시키는 것이 아니라 구성적 행위 위에서 세워진다. 그리고 그 행위는 더 이상 태고의 추진력의 의미로가——실체 혹은 주체 속의 신성한 힘——아닌 **자율**의 의미로 자유롭다. 자유는 자유 의지의 망설임도, 실체의 진정한 자급자족도 아니다.

푸코는 그러한 진실의 의미를 차별하는 활동으로 이어가지만,[10] 우리는 그의 사색이 비역사적 · 초월적 범주들이 아닌 역사적 **선험**

(에피스테메, 장치) 들추기를 겨냥하는 것임을 보았다. 그때부터 푸코의 철학은 범주적 구조에(자율) 의해서도 지배되지 않는다.

진실의 정치적 역사성으로 되돌아와서 임상의학 혹은 인문학을 가능케 했던 장치들이 그러했듯, 정신분석학의 장치는 진실의 **역사적** 가능 조건의 집합이라는 것을 알아야 한다. 그러니까 진실은《지식의 고고학》에 의하면 과학적 대상이 그런 것과 마찬가지로 드러나기를 요구하지 않는다[11]──하지만 지식은 권력과 상관이 있다. 그러므로 권력에 대해 생각해 보아야 하는 것이다. 프로이트-마르크스주의자들이 생각하는 것과 같은 그런 억압적 권력에 관한 것이 아니다──이성의 자율적 활동, 그러한 것으로서 언어의 권력에 관한 것 또한 아니다. 그 개념을 어떻게 생각해야 할까?

억압은 권력을 이해하기 위한 적절한 개념이 아니다

라이히의 분석과 라캉의 분석은 비록 프로이트에서 출발하지만 뚜렷이 구별된다. 충동의 속성과 역학을 전자는 본능의 억압이라는 용어로, 후자는 욕망의 법칙이라는 용어로 생각한다. 그러나 둘 다 배제라는 **부정적** 관계로 권력을 상상한다. 권력이 성의 금지와 인간 삶의 모든──정치적·사회적·가족적──차원에서의 성의 검열을 겨냥하는 **법률적·담론적** 질서를 규정한다는 것이리라. 사실 권력에 대한 이 공통적 **표현**은 중세의 권력들에(농노 제도, 가신 제도) 맞서 군주제의 설립과 함께 자리잡았다. 권력의 법률적 언어는 봉건적 전쟁들을 금하고 사법적 통일성을 보장한다. 그런데 18세기는 **법**의 위반은 인정하지 않지만, **권력**의 법률적·정치적 형태는 전혀 문제삼지 않는다. 마찬가지로 19세기의 비평가들은 권력이 기본

법에 따라 실행되어야 한다고 전제한다…….

푸코는 예속된 주체를 어떤 권력-법에 복종하는 주체로 여기는 그 표현과 결별한다. **살아 있는 신체에 행해지는 새로운 권력 방식은 법률적이라기보다는 기술적이고 표준화적이다.** 권력은 성을 방어 형태로가 아니라 기술론에 따라 지배한다.

죽게 하거나 살려두는 예전의 법에 살게 **하거나 죽음으로 내던지**는 권력이 대치되었다.

로마에서의 부권, 그리고 가톨릭 왕권은 죽일 권리였다. 검이 정의를 상징하였다. 오늘날 사형은 드물어지고, 권력의 역할은 삶을 창출하여 증대시키고 정돈하는 것이다. 또 역설적으로, 그러나 논리적으로 전쟁은 자신의 생물적 존재를 보존코자 하는 민중적 주권의 도래 이후만큼 더 피비린내난 적이 없었다. **다수의 주민들에 대**한 원폭의 위협이 이런 움직임의 극단적인 점이 되면서 '학살이 몹시 중요한 문제로 되었다.'

그러므로 권력의 개념이 지칭하는 것은 정치적 주권도, 짜여진 예속 방식도, 사회적 지배도 아니고, "활동 분야에 내재적인, 조직을 구성하는 힘의 관계들의 다양성이다." 1976년도 이 책의 121-127쪽은 권력에 대한 푸코의 비법률적 정의를 담고 있다. 권력은 몇몇에 고유한 제도·구조·힘이 아니라 어디에나 있고 아래로부터 온다.

권력 관계들은 의도적인 동시에 비주체적이다.

그것들은 아무도 수다스러운 전술을 통합하는 말없는 큰 전략들의 집합을 상상한 적 없이, 국부적 계산에서 초래된다. 전쟁과 정치가 두 가지 힘의 관계이므로 권력의 관계가 역동적이라는——"권력이 있는 곳에는 저항이 있다"——것과, 다양성에——**하나의** 위대한 거부가 아니라 **여러** 저항들, "개인들을 가로지르며 그들을 절단하고 다시 만들고 그들 속에, 그들의 신체와 그들의 영혼에 확고한 부위를 그려내는"[12] 과도기적 유동점들——따라 상상해야 된다는 건 이해가 된다.

그러므로 억압에 대한 프로이트-마르크스주의적 비판은 그것이 고발하는 것과 단절하지 않는다.

추잡한 담론이나 어린아이들의 조숙한 성에 따르는 시끄러운 웃음이 고전 시대 초기에 사라지는 건 사실이다. 그런데 그리스도교적 목가가 **육체**를 모든 악의 뿌리로 만든 것 또한 사실이다. 그리스도교인들은 과오의 중대한 계기를 욕망의 장애 쪽으로 이전시킨다. 이러한 이전에서 부당한 **행위**의 고백보다는 **자기**——'신체와 영혼의 접합선의'——고백의 요구가 비롯된다. 중세의 육체와 속죄는 종교적 담론으로 합쳐진 주제이고 관행이다. 그후 이 합일성은 "인구통계학·생물학·의학·정신병학·심리학·윤리학·교육학·정치적 비판의 형태로 나타나는, 서로 구분되는 담론 분야들의 폭발로 확대되었다."

그러므로 우리는 여기서 형벌 체계에 있어서처럼, 행위에 내려진 (도덕적·종교적인) 판단에서 주체에 내려진 판단으로 가는 **통과 과정을 보는 것이다.** 판단과 위반의 대상에서 위반자로의(실체의 특성에서 주체의 정상성으로) 이러한 이전은 인문학의 설립을 가능케 한다. 인간은 그리스도교적 발명이고, 성적 장치의 역사는 '정신분석학의 고고학'으로서 가치를 지닐 수 있다. 그러니까 화자들과 제도들, 터부가 아닌——어쩌면 '**성의 기술**(ars erotica)의 특별히 미묘한' 한 형태일 뿐인——'성지식'이 비롯되는 전반적 담론 사실을 고려하는 것을 잊고서, 성의 금기를 현대적 성의 기본 요소로 하는 데 있는 속임수를 찾아내는 것이 관건이다.

남녀노소와 부모 자식, 교사와 학생, 성직자와 비성직자, 그리고 행정과 주민 사이의 권력 관계에서 네 가지 전략, 즉 여성 신체의 히스테리화, 아이들 성의 교육화, 출산 행위의 사회화, 변태적 쾌락의 정신의학화는 특정한 지식을 가능케 하고——**성을 생산한다.** 성적 장치는 신체 강화와 관련되면서 사회적 질서 유지를 겨냥하는 혼인 협약의 옛 장치를 대신하는 경향이 있다. **성**은 원래는 혼인 협약에 집중되었던 종교적 권력 기술(技術)에서 나왔다——혼인 협약 장치는 이름과 재산의 재생산과 상속을 겨냥한다. **육체**의 종교적 테마 체계는 신체, 감각, 쾌락의 속성, 탐욕의 가장 비밀스러운 움직임들, 희열과 승낙의 미묘한 형태들에 관련된다. 혼인 협약과 성을 이렇게 가족적 형태에 고정시키는 데서 생기는 중요한 결과는 근친상간의 위상이다. 근친상간은 가족 내에서 혼인 협약의 장치로서 금지되지만, 가족 내에서 성의 계속적 자극으로 요청되어진다. 서양이 근친상간의 금지를 그렇게 강하게 단언하는 것은, 성의 장치 내에서 혼인 협약의 체계를 유지하고 싶기 때문이다.

그래서 법은 권력의 새로운 역학 속에서도 무사하리라.

성의 장치는 우선 가족 주변에서(영신(靈神) 지도, 교육학) 발달하여, 다시 가족에 집중되어서 "신경질적 여자, 무관심하거나 살인적 강박관념에 사로잡힌 어머니, 학대하는 무능하고 변태적인 아버지, 히스테리를 일으키거나 신경쇠약에 걸린 딸, 조숙하게 이미 지쳐 버린 아이, 결혼을 거부하거나 자기 부인을 소홀히 하는 동성애자" 같은 새로운 인물상들이 생겨나게 한다. '변태적인' 현대 사회는 강화되어 가는 권력과 쾌락, 감시할 수 있다는 쾌락, 권력에 저항하는 쾌락의 나선들을 쉴새없이 감는다. 돈 후안은 방탕하다기보다는 '변태적'이다……. 18세기까지 부부의 성은 감시하에 있었다——그 이후로 사람들은 아이·미치광이·동성애자에게 질문을 던진다. **권력은 금지하기보다 행사된다.** 수음을 방지한다는 구실 아래 가정을 무한정 침투하는 데서, 각각의 성의 형태를 개인에 합체시키기 위해 응고시키는 부류들을(동성애자들·동물애호가들 등) 조직하면서, '의학적 진단의 쾌락/권력의, 심리학적 조사의, 교육보고서의, 가족 조사의 '계속적 나선들'에서——사회적 공간과 의식(儀式)에서의 성의 과잉 속에서. 변태성에서 오는 다양한 형태의 행동들은 사람들의 신체와 쾌락 속에서 굳어졌고, 동시에 의학·정신병학·매춘·음화……에서 비롯되는 '경제적 이득'으로 증식이 이어졌다.

결 론

프로이트-마르크스주의는 계층들간의 투쟁에서 욕망의 위치를 이해하지 못한다. 그것은 성을 이해하지 못한다. 그것은 자신이 갖는 정치-도덕적 역할을 이해하지 못한다…….

정치적 장치로서의 성의 분석은 **신체들의** 역사를 분명히 드러낸다. 이 물질성은 **성**의 물질성이 아니다. 《감시와 처벌》에서 우리는 영혼이 감옥이라는 장치에 의해 만들어졌다는 것을 보았다. 우리는 이제 성 또한 역사적 산물이라는 것을 보게 된다. 성은 "권력이 신체들, 신체들의 물질성·힘·에너지와 감각 및 쾌락에 미치는 영향력으로 조직하는, 성의 장치 내에서 가장 사변적이고, 가장 이상적이고, 또한 가장 내적인 요소"이다.

예를 들면 성은 남자와 여자에 공통된 것, **그리고** 여자에게 부족한 것, **그리고** 그것 하나로 여성의 신체를 구성하는 것으로 정의된다……. 성은 '가상적 단일성' 아래 잡다한 요소들을 모아서 물리학과 생물학과의 인접성으로 성지식에 거의 과학적인 위상을 부여하고, 성을 권력의 반대로 소개함으로써 "권력의 '권력'을 만드는 것"을 피하는 것을 가능케 하는, "성의 장치에 의해 고정된 상상의 한 점"이다. 이 상상적 요소는 "그 오랜 세기 동안 광기로 여겨졌던 것에 우리의 지각 가능성을, 오랫동안 상흔과 상처였던 것에 우리 신체의 충만성을, 이름 없는 모호한 충동으로 인지되었던 것에 오늘날 우리가 우리의 정체성을 묻기에 이른" 것과 같은 성에 대한 욕망을 일어나게 한다.

라캉이나 라이히에게 있는 권력의 정치적 상상계의 표상은 그래서 조망될 수 있다──**그 표상은 권력의 기능에 필수 불가결하다!** 권력이 예속시키는 사람들이 "만약 그들이 거기서 자유의──비록 그 자유가 제한적일지라도──온전한 몫을 살려두는, 그들의 욕망에 가해진 단순한 제한만을 본다면 그들은 그것을 받아들일 것인가?" 언젠가는 사람들이 어쩌면 "대지에, 별들에, 또 그들 생각의 순수 형태에 그들이 이미 요구했던 진실 못지않게 고귀한 어떤 진실"이 '성'에도 있다고 믿었던 사람들을 웃어넘길 것이라고, 그들이 정신분석학을 해방의 과정으로 여긴 것을 웃어넘기리라고 푸코는 결론짓는다. 그러니까 성을 해방하는 것이 아니라 그 심급(審級)으로부터 해방되는 것이 관건인 것이며, 그리고

성의 여러 가지 메커니즘들을 기술적으로 뒤집음으로써, 권력의 영향력에 맞서 신체·쾌락·지식을 그것들의 다양성과 저항 가능성 속에서 돋보이게 [하는 것이 관건이다.] 성의 장치에 맞서 성-욕망이 아

닌, 신체와 쾌락이 반격의 뒷받침이어야 한다.

비판들

1)《앎에의 의지》는 과도기의 책이다. 어떤 의미로는 푸코의 책이 모두 그런데 이 책은 특히 더 그러하다——이후 몇 년간 푸코는 그의 계획안을 수정하고, 문제성을 다시 고심하고 문체를 바꾼다.

책은 고대에 있어서의 고문과 자백을 연구하는《진실의 힘》을 치지 않더라도,[13] 처음에는 육체·아이들·여자들·주민·인종들에 관한 다섯 가지 연구가 뒤따를 것이었다. 강의·글·대담들은 그런 주제들 가운데 몇 가지가 지속됨을 보여 주는데, 예를 들면 1975년 버클리에서 했던 '아동의 성에 관하여' 나 77/78, 78/79년의 '안전·권력·주민' 과 '생명정치학의 탄생' 강의가 그러하다. 그러나 《성의 역사》의 처음 계획은 수정되고, 예상했던 어느 책도 출간되지 않게 된다. 1984년 푸코는 세 권의 책을 알리는데(《쾌락의 용도》《자기 관심》《육체의 자백들》) 앞의 두 권만을 출간하게 된다——그는 세번째 책을 교정하기 전에 사망했다.

푸코의 모든 책들은 16-20세기에 관한 것이었고, 아주 비유가 풍부한 언어로 씌어져 있다.《감시와 처벌》에서 소개되어《앎에의 의지》에서 계속되는 사드 인용에 대한 비판, 또 억압 개념에 대한 비판은 현대의 표준화에 억압된 '경험' 의 증언으로서의 '문학' 을 포기하는 결과를 낳는다——그것은 푸코로 하여금 시적 문체를 포기하게 하고, 고대 그리스-로마에 관한 연구를 하게 한다.

《앎에의 의지》에서 정신분석학의 조망과 성의 해방이란 주제의 거부는 청교도적 논리학자의 엄격한 태도와 통할 수 있으리라. 사실

쾌락의 성적 특성 상실은 푸코로 하여금 환각제를 경험하게 한다
……. 1967년 그는 이 마약이 "정상적인 것과 병적인 것의 대립을
떠나서 광기의 경험"[14]을 하게 해준다고 생각했다. 1975년 마약과
성에 관해 클로드 모리악이 한 질문에 그는 "다정함…… 갑자기 아
주 가까워진 이들에게 무척 다정함을 느낀다……"[15]라고 대답한다.
1977년과 78년, 이 쾌락(혹은 고통)의 거세라는 주제와 관련해 그는
형법의 개혁에 관한 토론중, 강간이 다른 신체적 폭력들과 구별되
어서는 안 되리라고 말하게 되는데——그 점은 여권확장론자들의
맹렬한 반박을 사게 된다.[16]

  2) 이 책은 《말과 사물》이나 《감시와 처벌》만큼 반응을 얻지는 못
한다. 모리스 클라벨은 전파상으로 그의 논문을 떠들썩하게 알리지
만, 푸코는 언론읽기에 끌리지 않는다.[17] 들뢰즈와 가타리는 1971년
《반(反)오이디푸스》를, J. -F. 리오타르는 1974년 《리비도 경제》를
출간했다. 자기 논문에서(〈담론, 상징〉, 1971) 무의식이 언어임을(라
캉) 반박했던 리오타르는, 1977년부터는 자신이 재검토하게 될 프
로이트-마르크스적 입장을 계속 받아들인다.[18] 푸코는 여러 차례의
강연들에서 **오이디푸스**의 지배력을 강조하면서, 들뢰즈와 가타리의
'비파시스트적 삶에의 입문' 을 뒤좇음으로써[19] 프로이트-마르크스
주의를 반박했다.

  오이디푸스는 정확히 의사 · 정신분석학자(…), 권력으로서의 가족
이라는 그 위대한 타인이다.[20]

  프로이트의 모델에 따라 사고된 욕망을 해방하는 게 아니라, 정신
분석학적 제도를 욕망의 '강요된 친숙화' 로 비판한 것이다.

그의 책들의 출간에 뒤따른, 예를 들어 B. -H. 레비와 가진《누벨 옵세르바퇴르》(1977년 3월 12일)에서와 같은 관례적 대담들 외에, 그는 1979년 아르카디학회(1954년 창립되어 1982년 해체된 '동성 애호' 기구)에서 강연을 한다. 그리고 동성애 잡지《게 피에》(파리),《디 애드버키트》(로스앤젤레스)에 몇 개의 글을 보낸다.[21] 사르트르와 보부아르는 항상 그들의 개인적인 생활을 늘어 놓았는데, 푸코는 아주 묵묵했다. 그의 새로운 태도가 어쩌면 그를 **근본적으로** 동성애 저자로 만들고, 50-75년대의 표준화 사회에서 그의 정치적·학문적 입장을 그의 기호나 개인적 문제들을 통해 '설명하는' 또 다른 수용을 가능케 하는지 모른다. 푸코는 보는 관점에 따라서 성인이나 악마로 되는 것일 테고,《성의 역사》는 그러면 동성애자 단체들이나 그 단체들이 전통 가치의 수호자들에게 일으키는 반응들에 특유한 토론과 합류하게 되는 것이다.[22] 그 점을 이해하려면 미국 **인터넷** 사용자들을 '푸코'에서 찾아보는 것으로 충분하다. 그리고 푸코의 죽음에 관한 J. -P. 아롱과 D. 드페르의 논쟁은 분명 이런 범주에 위치시켜야 한다.[23]

이 책은《말과 사물》이 높이 샀던 라캉의 정신분석학과 결별한다. 라캉파 잡지《오르니카르》는 1977년 책의 출간 직후 있었던 두서 없는 대화의 몇 부분을 출판한다.[24] J. -A. 밀러는 푸코가 (마르크스와 리카르도가 같은 구조에 속한다고 보여 주면서) 알튀세에 반대해서 이미 써먹었던, (프로이트적) 단절에 관한 **묵살**을 라캉에 반대해서 다시 써먹는다고 의심한다. 육체는 테르툴리아누스[25]에서 만들어지기 때문에 프로이트와 샤르코의 차이는 미미하리란 것이다.

너는 [정신분석학이 이미 영신 지도자들에게 있다고] 그렇게 말하지는 않지만, 어쨌든 너는 그 말을 하는 것이다![26]

청취상의 장난으로 푸코는 프로이트 이전에 에우리피데스가 있고 등등을 말하게 되고, 그리고 어쩌면 1840년의 본능에 의한 질병 이론과 라캉-프로이트의 죽음 본능간의 '차이점들을 《말과 사물》에서처럼[27] 나타나게' 해야 하리라[28]……고 말하게 된다. 1988년 밀러는 정신분석학이 성을 표준화하려 들지 않는다고, 그리고 푸코 반격의 뒷받침은 미미하며, "다양한 쾌락들이 더 이상 거세의 채찍 아래 집합되지 않을, 성을 떠난 신체의 이상향"[29]이라고 말하게 된다. 그리고 그는 푸코적 사색의 방식과 대상의 이전(移轉)을 고고학적 기계가——라캉에 반대하여——"그것 스스로 취한 대상의 효과 아래서" 해체[30]됨으로 해석한다.

3) 우리가 보기에 앞의 설명은 고고학의 **비판적** 표적을——정신과 의사는 요양원을 통해(《광기의 역사》) 미치광이를 표준화하고, 정신분석학자는 치료로 신경쇠약 환자를 표준화한다(《앎에의 의지》)——비켜간 듯 보인다. 정신분석학자는 이렇게 전이 작업으로 욕망을 '익히게 하면서,' 사회적으로 받아들일 수 있는 '자아'를 만들어 낸다. 그리고 문학이(사드 · 네르발 · 아르토 · 루셀) 1961년 광기의 거친 표현을 억제할 수 있게 하듯이——표준화를 아래로부터, 혹은 다른 데로부터 판단할 수 있게 하듯이——마약과 7, 80년대 칼리포니아의 술집들은 욕망의 성적인 특성을 없앨 수 있게 하리라.

그래서 사람들은 푸코의 행적을 사회 규범과 개별적 저항의 갈등으로, 무정부주의적 **반란**으로 단일화시키고 싶은 유혹을 가지리라. 한편에는 인본주의의 **유순한 단체**(학교 · 병사(兵舍) · 공장 · 병원 · 감옥), 다른 한편에는 19세기 무정부주의자들의 반란, 1970년대 10년 동안의 죄수들의 반란들, 사드 · 아르토 · 니체 혹은 반 고흐의 불복종.

'비루한 삶들' 의 감동적인 이야기들이 "흔히 문학이라고들 부르는 것보다 더 푸코의 감수성에" 닿는다는 것을 고려한다면 이 해석을 지지할 수 있으리라. 보잘것없는 사람들에 대한 공감, "몇 개의 문장 속에 해치워진, 재가 된 그 하찮은 삶들"[31]을 1977년에 그가 만나게 될 때도 여전히 경험하게 되는 그런 '떨림' 이 있다. 이 자전적 증언 외에도 그가 **비판**에 대해 하는 해석을 참작할 수 있다.

인식의 문제를 그것과 지배의 관계에서 제기해야 한다면, 그건 우선 무엇보다도 군림되지 않으려는 어떤 터무니없는 의지, 칸트가 말했듯이 자신의 소수성을 빠져 나오려는 개인적이면서 동시에 집단적인 태도, 그 터무니없는 의지에서부터이리라.[32]

그런데 푸코가 —— '고의적 불복종' 의 현학적인 판(版)으로 된 —— '반억압적 노래'[33]의 막연한 되풀이로 축소되어질 수 있는가? 《감시와 처벌》은 **계몽** 시대의 체형의 비인간적인 면에 항의한 착한 마음의 서정성이 경제적 구조의 표면적 효과였지——정의를 향하는 인간 마음의 보편적 열망의 표현은 아니었다고 주장한다. 감옥의 상태에 대한 푸코의 항의 또한 표면적 효과는 아닌가?《말과 사물》은 리카도의 비관론에 대립되는 마르크스의 혁명 선서가 고고학적으로 이해된 두 가지 가능성 중 하나일 뿐이라고 주장하며,[34] 마찬가지로 《임상의학의 탄생》은 임상의학의 출현이 인간 진실에의 욕구의 표현이 아님을 보여 주고, 《지식의 고고학》은 과학적 학문들의 모든 진보적 이해를 의심한다. 《앎에의 의지》에서 시인들은 더 이상 현대성의 극복할 수 없는 억압된 부분을 증언하지 않는다. 한때 고고학에서 반란의 영웅들이었던 사드와 바타유는 방향이 바뀌어 '역사적 후진-판(版)'[35]의 항목에 놓여졌다. 이 판단은 어떤 담론의 구성을 주체의 경험과 대조할 필요가 없다는, 주관주의에 대한 비판을——푸코 담론의 근거를 그 사람의 경험에 두게 할 필요는 없음——완벽하게 이행한다.

따라서 한편으로 고고학은 인본주의의 환상들을 파괴하는 중립적 조망이라 할 수 있고, 다른 한편으로 (푸코의) 이 파괴 욕망은 단지 조롱이거나 학문적인 것만은 아니고 인본주의자적 체념에 있는 **형제애** 상실에 대한,[36] 인본주의의 구성적 악함에 대한 항의에서 오는 것이라고 말할 수 있다. 푸코의 두 얼굴은 레비 스트로스와 사르트르라고 말할 수 있으리라. 구조주의와 관대함 사이, 웃음을 터뜨리는 수줍은 교수의 명철함과 동료의 따뜻함 사이에서 흔들리면서 베이컨의 초상화에서처럼 **움직인** 얼굴. 그러니까 미셸 푸코라는(의) 문제는 형제애 방향으로 해석된 우발적 사건에 대한 '이교도적' 찬양과 구조주의적이고 정치적인 명철함 사이의 갈등이다.

《광기의 역사》의 내용은 그가 70년대 중반에 분명히 대면하게 될 문제를——부르주아 자본주의의 상승에 의해 생겨난 감금의 거부는 자연스럽게 프로이트-마르크스주의로 연결된다——연다. 그러나 담론의 형태는 시에 뿌리내린 그 내용과 대립된다——61년의 논문에서 언급된 고고학, 66년의 구조주의자적 요구, 69년의 고고학적 방법론에 관한 사색은 내용이 이끌고 있는 반억압적 단순성을 불가능하게 만든다. 달리 생각함에 대해, 자기 자신의 정신의 제도들을 초월함에 대해 푸코가 말할 때, 그가 두 가지 이율배반적 순간들 중 한쪽에 자기의 담론을 고정하기가 불가능함을 그런 식으로 보여 준다고 이해해야 하지 않을까? 광적 비극이 대학 제도를 반박하고——훌륭한 교수의 명철함은 라이히적 탈선을 반박한다. 프로이트-마르크스주의와의 비판적 토론은 **필수적으로** 된다.

그리고 그 토론이 있게 되면서,《앎에의 의지》에서 스스로의 다스

림이라는 새로운 문제가 제기될 수 있게 된다. **만약 모든 것이 허락**
된다면, 만약 흄에서처럼 다양성에서 **쾌락**이 행동 기준이라면——
나는 무엇을 해야 하는가? 오래 전부터 들뢰즈는——칸트에 대립
해서——흄을 만났었다.[37] 《지식의 고고학》에서 초월적 주체성이라
는 주제를 부정했고, 경험적 주체의 구성을 장치로(감옥, 성(性)) 분
석하기 시작한 푸코는 칸트적 의미의 법과 관련된 **의무**에 대한 문
제 제기로 자신의 작품을 끝맺게 된다. 만약 '내'가 해야 할 것이
법으로 결정되지 않는다면, 쾌락의 용도에서 자기 관심은 어떤 지평
에 의거해야 하는가? 절제와 무절제에 대해서는 어떠한가? 법의 참
조는 규범에 의한 현대적 지배 형태가 된 부르주아 권력의 역사적
발명이므로, 푸코는 **내가 무엇을 해야 하는가?** 라는 질문에 어떤 법
도 참조하지 않고 대답하려 할 것이다.

우리는 곧 **한 인간의 지속적 단일성에서 법을 제거함으로써** 가면
들이 흩어지고, 대신 미적 규범이 요구됨을 보게 될 것이다.

8

쾌락, 관심, 자신(自身)

현대인이 자신을 미치광이나 환자임을, 살아 말하고 일하며 또 죄인임을 인식하게 해준 것이 무엇인가를 진단한 후 푸코는 "어떤 진실 게임을 통해서 인간이 자신을 욕망하는 사람으로 알아보았는지를," 어떤 관행을 통해서 "개인들이 자기 자신에게 관심을 기울이게 되었으며 (…) 자신을 욕망의 주체로 자백하게 되었는지를" 탐구한다. 인간이 자신이 무엇인지, 자신이 무엇을 하는지, 또 자신이 살고 있는 세상을 어떻게 **문제화하는지** 파악한다는 것이다. 《성의 역사》의 원래 안(案)은 《광기의 역사》로 시작된 작업에 푸코가 그런 식으로 회고적으로 부여하는 통일성에 따라 수정되었다.

1984년에 볼 때, 그것은 "진실의 역사의 요소들 중 몇 가지를 가려내기 위한 시도"였다. 저자에 따르면 《앎에의 의지》(1976)는——마지막 두 권의 책(1984): 그리스 문화에 집중된 《쾌락의 용도》, 그리고 로마 세계에 집중된 《자기 관심》에서 확실히 이어지게 될——한 가지 '의문'[1]의 단일성으로부터의 일탈인 듯하다. 푸코의 방향 전환을 이해하려 하기 전에 우선 그 책들의 내용을 소개하려 한다.

《쾌락의 용도》(1984)

이 책은 관대하다고 추정되는 이교주의와 그리스도교적 금욕주의 간의 대립을 없앤다. 예를 들면 여기저기에 부부간의 절조 명령이 있지만, 두 가지 성도덕간에 연속성이 있다고 주장할 수는 없다. 사실 모든 도덕성은 넓은 의미에서 두 가지 면을 포함하고 있는데, 어떤 것들은 특히 '법전을 향해' 있고, 어떤 것들은 윤리를 향해 있는 것이다. 앞의 것들에서 "주체화는 주로 주체가 어떤 법과 관련되는 그런 준법률적 행태로 이루어진다." 뒤의 것들에서 "힘차고 활동적인 요소는 주체화의 형태들이나 자신의 행위 쪽에서 찾아야 한다." 고대에는 플라톤의 《국가》와 《법》을 제외하면 법전의 원칙에 대한 인용은 거의 보기 어려운데, 반면 그리스도교는 "자체적으로 부정적 가치들을 지니는 활동을 정당화하는 행위·순간·의도에 관련한 법률적·도덕적 법전화"를 추구한다.

아프로디테의 행위는 그리스도교에도 정신분석학에도 속하지 않는다

악의가 없거나 순진한 것 아래서 한계가 막연한 여러 가지 가면을 지닌 어떤 힘의 엉큼한 존재를 간파하려는——육체와 성의 문제에 있어서 아주 특징적인——관심은 아주 독창적인 것이다.

우선 그리스인들은 부인과의 성관계에 관한 교육을 점잖지 못하다고 생각한다. 그들은 그리스도교인들처럼 신청·거부·애무·정당한 귀결의 유희를 통제하지 않는다. 그리고 무엇보다도 그들의 윤리적 질문은 **어떤 욕망? 어떤 행위? 어떤 쾌락?**이 아니라——**어떤 강도로 쾌락과 욕망에 사로잡혔나?**이다. 이 **역학**이 질적으로 분석될 때 남성다움과(깊숙이 들어가기, 활동) 수동성의 차이가 드러나게 된다. 양적 분석은 욕망·행위·쾌락을 연결짓는 강도를 관찰하

고, 절제가 절도라는 정의를 가능케 한다.

육체에 대한 그리스도교 교리에서 과도한 쾌락의 힘은 원죄에서 비롯되는데, 반면 그리스인들의 성적인 쾌락은 악을 담고 있지 않다. 동물에게나 인간들에게나 공통된 그것은 그 활기참으로 인해 도가 지나칠 수 있다. 질적으로 열등한 그것이지만 그 자체가 나쁜 것은 아니다——왜냐하면 자연스러운 것이므로.

> 모든 사람은 식탁·술·사랑에서 쾌락을 얻는다. 그러나 모두가 그것을 적절하게 얻는 것은 아니다.[2]

그리스와 로마의 의학은 성의 영양학보다 식품의 영양학에 더 많은 자리를 내어 주는데, 역사학자의 질문은 텍스트들에서 인간 존재의 성(性)의 차원을 떼내어 다루므로 시대 착오라는 방법론적 지적은 그래서 가능하다.

아프로디테의 행위는 도덕적 '법'에 속하지 않는다

적절하게 즐긴다는 것은 필요성과 때와 신분을 고려한다는 것을 가정한다. 필요에 관련해——목마르지 않으면서 물을 마시거나 '남자를 마치 여자인 양' 다루는 것은 무절제한 것이다. 때에 관련해——인생의 어느 나이, 1년 중의 어느 철, 적절한 시간을 아는 것이 신중하다. 《회고록》에서 소크라테스는 무엇보다도 한쪽이 더 이상 한창때가 아니라는, 관계상의 시기의 부적절함으로 근친상간의 금지를 정당화한다. 신분에 관련해, 명성과 공적은 성적 자태의 엄격한 원칙들을 스스로에게 부과하게 한다. 그때부터 그리스도교의 보편주의는 그리스인들의 개체주의와 대립된다.

> 이 [그리스의] 도덕 형태에서는, 개인이 자신의 행동 규칙을 보편화함으로써 윤리적 주체가 되는 것이 아니다.

푸코의 표현은 칸트의 사고를 분명하게 반박하는데, 왜냐하면 칸트의 사고에서 한편으로 실천적 순수 이성은 "너의 의지의 원칙이 동시에 보편적 입법화의 원칙으로서의 가치를 항상 지닐 수 있기를 요구하고,"[3] 다른 한편으로는 '도덕성에 대한 공통된 이성적 인식'[4] 이 동일한 엄격함을 발휘하기를 요구하기 때문이다. 사실 푸코의 말을 따른다면, **보편적** 도덕성의 **칸트적** 표현은 사실 단지 **하나의** 역사적인 **그리스도교적** 태도를 표현함일 뿐이지, 실천 이성의 기본 법칙은 아니리라. 정언적 명령의 보편주의자적 요구는 법전의 도덕성과 관련된 역사적 특성일 것이다. 도덕들의 상대주의는 (법전 혹은 윤리) 실천 주체와 이성적 존재의 절대적 정체성을 불가능케 할 것이다.

그래서 법전의 세계와 고대 사회의 **차이**를 분명히 나타내기 위해 푸코는 진보의 개념을 반박한다. 이교주의에서 그리스도교로는, 고대와 그리스도교 사이 스토아학파가 매개가 된다고 할 때의 그런 것과 같은, 내면화에 관련되는 어떤 진보도 없다.

자기와의 관계의 신중한 태도는 이교주의에서 그리스도교로 가면서 서서히 발전되는데, **태도**의 재구성이라는 의미에서이지——**규칙**의 내면화라는 뜻에서가 아니다. 아리스토텔레스는 적절한 행동의 일반적 미덕인 **신중함**(sophrosuné)을 자기 자신과의 '논전적' 태도인 적극적 **자기 통제**(enkrateia)와 구별한다. 푸코는, 플라톤에서 세네카까지 볼 때 후자가 전자에 자리를 넘기지만, 육체에 대한 그리스도교적 교육에서처럼 타자와 싸우는 것이 결코 관건이 아니란 것을 보여 주려고 한다.

맞서 싸워야 할 상대가 그 속성상 영혼, 이성 혹은 미덕과 아무리 거리가 멀지라도 존재적으로 낯선, 다른 힘을 표현하지는 않는다.

플라톤의 《국가》에 나타난 절제에 관한 분석은 그 존재론적 단일성을 확인할 수 있게 해주리라——'자기 통제'라는 역설적 표현은 "그것이 더 나은 하나와 더 못한 하나라는 두 부분의 영혼의 구별을 가정한다는 사실에 의해" 유지될 수 있다. 그래서 알키비아데스[5]의 유혹에 저항하는 소크라테스는 소년들에 대한 모든 욕망으로부터 깨끗해지지는 않는다——복종이 아니라 단념을 목표로 하는 그리스도교인들은 이 점을 비난하게 된다. 절제의 그리스적 개념에 있어서는 "자신의 쾌락을 그것에 지배되도록 두지 않고 다스리는 것이 최상이다. 그것은 그 힘을 빌리지 않는다는 것은 아니다."(아리스티포스[6])

이 '자기 통제' 구조는 도시나 개인을 다같이 특징짓는다. 열등한 힘들을 지배할(kratein) 수 있는 능력(arché) 구조가 없을 때 인간은 무절제하다. 윤리적 훈련(askesis)은 개인적이면서 동시에 정치적이다. 그리스 금욕론은 미덕의 **훈련** 그 자체나 **정치적** 기술과는 구별되는, 영혼에 관한 특수한 기술을 담은 실천 문집이 아니다. 도시가 자유로운 것처럼 자유롭기 위하여 시민은 자신의 쾌락을 지배하는 것이다. 이 **주권**, "남들에게 행해지는 권력 속에서 자기 자신에게 행해지는 [이] 권력은" **본분론적**이다——폭군의 권위를 불러일으키는 '자신에 의한 자신의 예속'에 떨어지지 않는 것이 관건이다. "가장 왕다운 사람은 자신을 다스리는 사람이다." 그리스도교 세계에서 자신의 맹세에 충실한 젊은 처녀와는 다르다. "남자들을 위해 만들어진 이 남자들의 도덕성 속에서 도덕적 주체로서의 자기 개발은 스스로 자신에게 남성다움의 구조를 세우는 데 있다." **절제는 모든 의미에서 남자들의 미덕이다.**

아리스토텔레스는 남자·여자의 미덕의 플라톤적 등식을 반박하지만, "엄격히 여성적이라 할 여성적 미덕들을 묘사하지는 않는다. 그가 여자들에게 인정하는 미덕들은 남자에게서 그 완전하고 완성된 형태를 갖는 기본 미덕을 기준으로 하여 정의된다."[7] 그래서 무(無)절제는 여성적 수동성에 속하고, 그리스의 여자 같은 남자는 수동적인 동성애자가 아니라 쾌락에 이끌리도록 자기를 **내맡기는** 남자이다. 여자들이나 남자들을 향한 알키비아데스의 사랑은 도를 지나치는 것이다.

이 자기 통제를 실천하기 위해서는 '자신에 의한 자신의 존재론적 인정'이 필요하다. 욕망이 통제된 **진짜** 사랑은 영혼의 실체에 대한 진정한 안목 위에 세워진다. 욕망에 대한 그리스도교적 혹은 프로이트적 해석학은 "주체가 그 자신에 대한 진실을 말할 의무"를 지운다——법을 향한, 혹은 법 앞에 선 주체에게 있는 자신의 착란의 구체적인 내용을 정화시켜 주는 고백의 의무. 반대로 여기서 진실과의 관계는 **바로 그렇게 해서 생긴 주체의** 절제된 행동의 조건이다. 푸코는 '법전에 따른 적절성'에 적합한 욕망의 해석학에다 '칼리폴리스'[8] 내에서 "정확히 조절되고, 모두에게 잘 보여질 수 있는, 오랫동안 기억할 가치가 있는 행동에서 오는 몸매를 지닌 도덕적 주체로서의" 멋진 윤리적 개체가 완성이 되는 '존재의 미학'을 대립시킨다.

신체에 대한 관심은 자신을 절도 있게 다스리는 현명한 영혼을 전제로 한다. '보편적이고 필연적인 규칙들을' 적용하는 문제가 아니라, 수동적으로, 맹목적으로 어떤 의사의 처방을 따르는 것이 문제가 아니라 자유롭게 산다는 것이 문제이다. 《법》 속의 아테네인이 설명하듯이 결혼에 관한 입법은 "그들의 성적인 활동을 규제해야 하는 규정들을 기분 좋고 유순하게"[9] 받아들일 수 있는 자우 시민들을 위한 것이다. 그리스 의학은 행위들의(자연스러운 위치, 금지된 행위들) 형태 자체를 법전화하거나 양이나 리듬을 정해 놓지 않고, 신중한 자기 다스림을 가능케 하는 일반적 지시 사항을 알린다. 의식년과 월경 주기, 임신과 **출산 후** 기간을 고려하는 그리스도교 목가는——"획일적으로 모두에게 성적 쾌락의 '업무일'을" 정한다. 그리스인들에게 그것은 어림도 없으며, 그보다는 "적절한 순간과 적당한 주기를 최대한 잘 계산해야" 한다. 다른 한편 자손에 대한 염려는 배우자의 선택이나 그의 연령, 그리고 생식에 유리한 때와 즈건에 관련해 용의주도하게 만든다——겨울, 취중이 아닐 것, 그리고 자신들이 하는 일을 생각하면서 할 것……

그러니까 그리스도교에서처럼 성행위를 **정당화하는** 것이 문제가 아니다. 그것의 자연스런 공공의 목적을 위협하는 위험 요소들을 **없애는** 것이 문제인 것이다. 성행위는 자기 통제나 인간의 힘을 우협하고, 또 종의 존속을 보장하면서 개인의 죽을 운명을 표한다.

절조?

아리스토텔레스는 남편이 그의 아내가 아닌 다른 여자와 성관계를 갖는 것은 (또 그 반대 방향으로도) 불명예스럽다고 간주한다. 회고적 환상으로 철학자를 그리스인의 정신 상태에 대립시켜 거기서 그리스도교적 도덕성의—— '시대적 관습에 비추어 볼 때 예외적인'

──예견을 읽고 싶은 유혹이 생긴다…….

그런데 '배신당한' 아내에게 성적 질투심이 있을 수 있다 할지라도, 또 남편은 부부간의 의무를 다할 의무가 있다 할지라도, 그리스인들은 **상호적 절조**라는 그리스도교적 범주를 가지고 있지 않다──부인은 남편의 권력 아래 있기 때문에 절조를 지켜야 하지만, 남편은 그가 그의 아내에게 행하는 권력의 실행에서 자기 자신에 대한 통제를 증명해 보여야 하기 때문에 절조를 지켜야 한다. 남성의 절조가 항상 전제되어 있는 부인의 절조에 답해야 하는 것이 아니라, 남자는 '복종적인 가정의 안주인'을 존중해야 하는 것이다. "우리에게 궁녀들은 쾌락을 위해서, 첩들은 돌봐야 할 일상의 것들을 위해서, 배우자들은 합법적인 후손과 가정의 충실한 수호자를 얻기 위해서 있다"고 말하는 데모스테네스[10]는 세 가지로 역할을 나누는 것이 아니라 등급을 둔다. 궁녀들은 쾌락만을 줄 수 있고, 첩들은 쾌락과 일상의 만족을 줄 수 있으며, 배우자들은 합법적인 자식들까지 줄 수 있다.

배우자는 땅의 가치 환산이 지주에게 주는 생기에 부응하는, 가사 운영의 훈련에서 오는 걸음걸이와 그에 따르는 곧은 자세에 의한 조형적인 미를 자신 있게 갖춘, 노예들의 여주인이다. 경영 기술의 훈련은 이렇게 남자와 여자에게 다른 공간을 자연스럽게 지시하고, 또 남들을 다스리기 위해 자신을 다스리는 것이 문제인 만큼 관리인을 '교육시키는' nomos(법)에 따라서 나누어진다. 배우자간의 관계는 가정과 가족을 돌보는 부부라는 단순한 관계 위에 세워지는 게 아니다. 크세노폰[11]은 간접적으로 'oikos(집)의 범주에서' **가정**의 영속과 번영에 관련하여 결혼 관계를 다룬다. 남자에게는 부를 들여오는 역할, 여자에게는 정리와 씀씀이의 역할이 간다.

고대 그리스 사상에서 두 배우자간의 성과 관련된 행동은 그들의 개인적인 관계에 입각하여 살펴진 것이 아니었다. 그들 사이에 일어나는 일은 아이를 갖는 것이 문제가 될 때 중요성을 띠었다. 그외 그들 공동의 성생활은 생각이나 규정의 대상이 아니었다.

그러므로 그리스인들에게 **상호적** 성 절조의 원칙을 투사해서는 안 된다. 행동의 **문제화**를 잊는 것은 이해를 그르칠 수 있다. 남편의 절도는 '정치적 조절'에 속한다. 그것은 다른 사람에 대한 개인적 약속의 결과가 아니다. 이 의사(擬似) 아리스토텔레스는 귀족 관계의 **정치적** 유대에——천성의 차이에 근거한 자유인들의 결정적인 불평등——따라 성적 행동의 문제를 환기시킨다. 남편의 절도는 권력 윤리에 속하는 것으로 정의의 형태의 하나로 비춰진다. 반대로 플루타르크에서 상호적 쾌락은 '배우자간의 상호 애착을 위해' 중요성을 띠고, 그리스도교인들 사이에서는 그것을 너무 권하지도 거부하지도 않으면서 '각 배우자는 상대의 순결을 책임져야 한다.' 성관계가 개인적인 부부 관계의 결정적 요소로 문제되게 된다.

소년들

그리스에서 에로스적인 것은 소년들에 관련될 때 **애매한 관계**가 된다. 가능한 동성애 관계들 중 사회적·도덕적으로, 또 성적으로 능동적인 **성인과**(l'éraste; 사랑하는 이) 성장중의 **소년의**(l'éromène; 사랑받는 이) 관계만이 고유한 방식론을 필요로 한다. 기타 결혼이나 우정 관계의 성과 관련된 태도들에 관해서는 규칙을 정하려고 애쓰지 않는데——유희가 개방되어 있고, 길이나 사냥터·체육관에서 좋아하는 상대를 살피며 뒤쫓아야 하고, 상대가 언제나 거부할 수 있는——소년들과의 관계에서 쾌락의 윤리는 "상대의 자유를 고려해야 하는 (또 청년기라는 시기와 그 한계를 존중해야 하는) 미묘한 전략들을' 작동시켜야 한다. 성장중에 있는 힘찬 우아함이 나약함으로 기울어서는 안 되고, 사랑의 관계를 **우정**(philia)으로 전환 가능케 해야 한다.

고대 그리스에서 소년의 명예는 그리스도교에서 소녀와 신부의 **명예에 관한 것**으로 될 것과 유사하며, 개인적이면서 동시에 공동의 도덕적 관심의 대상이다. 그러나 이 중요한 도덕적·사회적 쟁점은 젊은이의 미래의 결혼 위상이 아닌 도시 내에서의 그의 위치와 관련된다. 만약 소년이 잘생기고 사랑도 받는 두 가지 운을 가졌다면, 그는 그것을 **적절하게** 사용하는 것이 합당하다. "추종자들을 기계적으로 배척해서도" 안 되고, 아무나 혹은 많은 것을 제공하는 자를 쉽게 받아들여서도 안 된다. "남들에게 굴복하지 않으면서 자기 통제를 확실히 하는 것이" 중요하다. 그렇다고 해서 자라고 있는 **우정**을 피하지는 않으면서——자기 관심, 지식과 훈련의 관계라는 소크라테스적 주제들에 준거한 철학이 요구된다. 그리스의 역사적 독창성은 그러므로 **소년에 대한 사랑**(pédérastie), 즉 소년들을 좋아하는 취미와 관련된 '환심사기, 도덕적 사색, 철학적 금욕주의'의 정신적 작업이다.

성관계는 항상 능동성-수동성의 대립에 관련된 용어로(우월/열등, 지배적/피지배적, 안으로 삽입하는/삽입되는, 정복적인/정복된) 사고되므로, 한 여자 혹은 한 남자 노예를 통해 만족을 얻는 것은 문제가 되지 않는다. 그렇지만 소년은 몸이 팔리지 않았을 경우**에만** 분명 온전히 한 시민이 될 수 있다. 아리스토텔레스에 따르면 아버지와 아들의 부성 관계는, (남편과 부인의 관계처럼) 그 관계에서 불평등이 항구적이지 않기 때문에 귀족적이기보다는 왕권적이다——마찬가지로 사랑하는 이(l'éraste)와 사랑받는 이(l'éromène)의 관계도 자유인으로서의 소년의 미래의 위상을 보존해야 한다.

그리스인들은 소년에 대한 사랑을 받아들이므로 "'소년의 모순'이라 불릴 수 있을 것"에 대해 생각해야 한다——한편으로 소년을 상대로 한 쾌락의 주체가 되는 것은 문제가 안 되지만, 다른 한편으로 쾌락의 대상, 즉 피지배 소년이거나 이었다면——윤리적·정치적 활동에서 지배적 위치를 정당하게 차지할 수 없다. 욕망이 아름다움을——성장중의 남성다움——향하는 것이 자연스럽다고 한다면, 소년이 여성화되는 것은 자연에 반하는 것이다. 그가 쾌락을 경험할 수 있다는 데 동의하는 것을 꺼림은 그런 데서 비롯된다——크세노폰의 소크라테스에 따르면 소년은 "여자처럼 남자의 사랑 행위에 참여하지 않고, 그의 관능적 열정에 배고픈 상태로 남아 있는 관객이다." 그러므로 그는 관능을 **공유하기 위해서**가 아니라 **즐겁게 해주기 위해** 몸을 맡기는 것이다. '자신의 쾌락이 아닌 다른 것을 위해' 지불하면서, 그는 그것으로부터 이득을 얻을 수 있어야 한다——돈만이 문제라면 수치스러운 것이고, 배움·관계·우정이 그에서 비롯된다면 명예로운 것이다.

소년들의 사랑은(…) 그 사랑을 사회적으로 고귀한 최종의 관계인 우정(philia)의 관계로 변형시키는 기본 요소들을 지닐 때만 도덕적으로 명예로울 수 있다.

참사랑

《파이돈》과《향연》에서 플라톤은 사랑에 대한 중요한 철학을 제시
했고, 또 그가 그리스-라틴 사상에 깊은 흔적을 남겼다는 것은 알
려져 있다. 신플라톤주의에서 아우구스티누스, 르네상스기를 거쳐
플라톤의 독자들은 숱하게 많다……. 플라톤의 교리는 쾌락 윤리의
일상 주제에 깊이 **뿌리를 내리고**, 윤리가 체념의 도덕, 욕망의 해석
학으로 변형 가능케 하는 질문들을 **연다**. 푸코에 따르면《파이돈》과
《향연》은 '환심'의 에로스론에서 주체의 에로틱한 금욕주의로 옮겨
감을 나타낸다. 그것은 네 가지 **옮겨감**을 가정한다.

—— 본분론에서 존재론으로 **옮겨감**. 그리스 사고가 환심사기 **품
행**에 관한 것인 반면, 소크라테스가 묻는 것은 사랑의 속성과 기원
이다. 그런 이유로《향연》에서 찬사의 방향 전이가 생긴다——소크
라테스에게 중요한 것은 더 이상 다른 웅변가들처럼 사랑을 찬양하
는 것이 아니라 인지하는 것이다.

—— '소년의 명예 문제에서 진실의 사랑이라는 문제'로 **옮겨감**.
플라톤에 고유한 점은 크세노폰에게서 오히려 나타날 '신체의 배
제'가 아니라, 더 이상 대상의 존엄성에가(소년의 존중) 아닌, "사랑
하는 자(者) 자신 속에서 자기 사랑의 존재와 형태를 결정하는 것에"
본분론적으로 기초하는, "신체에 대한 사랑의 열등성을 그가 밝혀
내는 방식이다."

—— '짝들의 불균형 문제에서 사랑의 수렴 문제로' **옮겨감**. 전통
적으로 에로스는 사랑하는 이(l'éraste)로부터 오고 사랑받는 이(l'éro-
mène)에게는 단지 '보답으로서의 애착, 사랑에 대한 사랑(Antéros)만

을’ 요구하는데, 반대로 플라톤은 사랑을——사랑하는 두 사람으로 하여금 참을 향하게 하는 감정으로[12]——아리스토파네스의[13] 연설에서는 반어적으로, 소크라테스의 연설에서는 진지하게 분석한다. 《향연》의 아리스토파네스에 따르면, 잃어버린 반쪽의 신화가 “사랑하는 이와 사랑받는 이 사이의 나이·감정·행동상의 불균형”을 깨뜨리고, 마찬가지로 《파이돈》과 《향연》의 소크라테스에게는 사랑받는 이가 사랑의 관계에서 ‘실제로 주체가’ 되는 것이 적절하다.
　——“사랑받는 소년의 미덕에서 주인과 그의 지혜로움에 대한 사랑으로” 옮겨감——《향연》 마지막의 알키비아데스의 소크라테스 칭찬은 에로스의 전통적 흐름의 전복을 나타낸다. 소년이 성인에 의해 구애를 당하는 대신에 소크라테스를 둘러싼 젊은이들이 “사랑하는 이의 위치에 있고, 흉한 신체의 늙은 그는 사랑받는 이의 위치에 있다.” 이 전복 상황에서 사랑받는 이(l'éromène)의 자제(自制)는, 미남의 알키비아데스가 대가를 치르고 배우듯이 극도에 이른다. 소크라테스는 자신 속에서 자신에게 행하는 진실의 지배력으로 유혹에 저항한다. 그는 젊은이들의 사랑을 진실에까지 이끌 자격이 있다.
　《향연》의 첫 다섯 가지의 담론에서 소크라테스의 담론으로 옮겨감, 혹은 《파이돈》에서 가려진 소크라테스에서 진정한 소크라테스로 옮겨감은 “보통의 사랑에 관한 담론에서 이야기되는 것고의 거리”[14] 두기——쾌락의 그리스적 용도에 특징적인 **본분론**에서 **존재론으로 옮겨감**——이리라.

결론: 존재의 미학

　이 [그리스적] 기술(技術)에서는 자기 행동의 주인인 주체로 될(…),

자기 자신의 능숙하고 신중한 안내인이 될 가능성이 관건이다.

　푸코는 두 가지 결론을 내린다. 한편으로 엄격성이라는 그리스적 요구는 '금지 사항의 일시적 기능, 혹은 법의 영구적 형태'가 취할 특수한 형태가 아니라 '존재의 미학'이다. 푸코는 진실에 대한 두 가지 관계를 대립시킨다――그리스 문화에서는 정말 절제하는 주체로 되는 것이 관건이고, 그리스도교 문화와 정신분석학, 또 다른 자백 형태들에서 주체는 자신에 관해 진실을 말해야 한다. 다른 한편으로 "'윤리'의 역사는 개인이 도덕적 행동의 주체가 되는 것을 가능케 하는 자신과의 관계의 한 형태의 개발로 이해되어야 한다."
　주체화는 시간 속에서 이루어지고, 법은 시간을 초월하는 요소가 아니므로 주체의 **자신과의 관계**는 '법전들의 역사보다 더 결정적이다.'
　이 자신과의 관계는 하이데거적 사상의 선상에서는 **자기** 시대에 대한 관심이다. 그리스 윤리의 본질은, 미셸 푸코가 재구성하듯 쾌락의 **기회 적절한** 용도상의(영양학), 가족의 위계 질서 구조의 유지상의(경영학) 시간의 구상이다. 에로스론에서 주된 요소는 '일시적 시간의 경험'이다.
　인간이 법과 관련 없이 **개별적** 미래성(futurité)의 의미로 이해된 자기 관심이라는 것, 그것은 하이데거가 《존재와 시간》에서 몇 가지 특정 분야를 통해서, 그리고 (우리 생각으로 반박의 여지가 있는) 그의 《칸트와 형이상학의 문제》 읽기에서 전반적으로 이야기했는데, 그는 거기서 오성에 대한 시간의 생산적 상상력의 우위를 주장한다. 푸코는 《쾌락의 용도》의 결론에서 그것을 언급한다.
　《자기 관심》이라는 다음 책의 제목이 이해가 된다.

9

자기 관심
(1984)

신성 로마 제국 시대의 첫 두 세기는 '자기 숭배의 황금기'이다. '구속적 입법,' 법전의 강화를 구상하는 것이 아니라 "자기와의 관계 강화를 통해 주체가 되려고" 애쓴다. 푸코에 따르면, 이 **주체화**(subjectivation)라는 주제는 플리니우스, 플라톤학파들, 에피쿠로스학파들에서 모두 나타난다. 그러나 스토아 철학은 강조하기를——세네카는 자신을 키우려면 자신을 '비우라' 요구하고, 마르쿠스 아우렐리우스는 '더 이상 떠돌아다니지 말기'를 요구하며, 에피쿠로스에서는 이성의 존재론적 이해에서 '이 주제에 관한 가장 지고한 철학적 구상'이 나타난다.[1] 인간은 자신을 돌보아야 하는데, 어떤 결손 때문이 아니라 "인간이 제 자신을 자유롭게 처분하기를 신이 바랐기 때문이다——신이 그에게 이성을 부여한 것은 그런 목적에서이다." "자신뿐 아니라 나머지 모든 것도 연구 대상으로 할" 수 있는 그 능력이 우리에게 자기 관심이라는 '특권-의무'를 부여한다.

인간은 그가 자유롭고 이성적이라는——그리고 이성적이므로 자유롭다는——범위 내에서 자연에서 자기 관심의 직무를 맡은 존재이다.

그러므로 영신 지도는 성인들을 위한 영구적 교육이다——이 점을 루키아노스는 비웃는다.[2] **이성적이므로 자유로운** 인간의 이 결정, 이성을 위한(혹은 반대한) 결정은 의지와 이성과의 구분을 전제한다는 것을 주목해야 할 것이다——이것이 바로 데카르트와《광기의 역사》의 푸코에게 공통된, 자유에 대한 '심리학적' 개념이다.[3]

새로운 주체성: '너 자신을 알라'

자기 관심은 시간을——아침 저녁의 자성(自省), 생활해 가는 중의 은거, 활동 기간중(혹은 마지막에)의 멀어짐——필요로 한다. 그 시간은 다양한 형태의 사회 활동 속에서——철학 학교, 개인 면담, 혹은 우정어린 조언과 서신, 일상에 관한 고백——신체와 영혼을 대상으로 한다. 이 철학적 활동은 의학 활동과 상호 관련이 있는데, 왜냐하면 두 경우 다 병(pathos)과 감정(affectus)을——신체적 이상, 영혼의 무의지적 동요——다루기 때문이다. 에픽테토스의 반(反)지성주의는 이 **치료**의 우선성과 관련지어서 이해되어야 한다——"철학자의 학교는 병원이다. 즉 그곳을 나올 때는 즐긴 경험이 아니라 아팠던 경험을 기져야 하는 것이다." 그리스 철학자들의 주요 논지를 풀어내는 것이 관건이 아니라 낫는 것이 관건인 것이다.[4] 신체에 대한 관심은 더 이상 자유인의 교육을 위한 훈련을 하는 그리스 청년의 그것이 아니라, 누추함으로 영혼을 위협하는 허약한 신체가 요청하는 보살핌이다.

자기 인식이라는 델포이적 주제는 뜻이 달라진다. 소크라테스에게 중요한 것은 그의 동향인들이 미덕을 따르도록 권고하고, 그들에게 이론적 명확성을 권유하는 것이었다. 플라톤에게는 그 명확성뿐만 아니라 그것이 가능케 하는 존재론적 지식을 갖는 것이 중요했다. 이제는 에피쿠로스주의 철학자들에게는 쾌락의 최소 역을 알게 해주고, 스토아학파 철학자들에게는 음탕함에 빠지지 않으면서 외부적으로 적절한 사회적 삶을 꾸려가면서 운명의 시련들에 대비하게 해주었던 그 유명한 스토아적 시련, 금욕과 가상적 빈곤의 훈련과 함께 인지 기술이 중요하다. "가난으로 별로 고통을 받지 않는다는 것을 알 때 부자는 더 편안해질 수 있다." 그런데 자기 인식은 세네카가 묘사하는, 자기 자신의 죄의식을 발견하는 것이나 후회를 키우는 것이 목표가 아니라 잘못의 비판으로 현명한 행동을 취하는 것을 목표로 하는 자성을[5] 통해서도 이루어진다. 이 모든 것은 자신의 표상들의 분석을 정확히 이해하게 해준다. 숨은 뜻을 찾는 것이 문제가 아니라, "자기 자신과 나타난 것 사이의 관계를 가늠하여 자기와의 관계에서 주체의 자유롭고 이성적인 선택에 의존하는 것만을 받아들이는 것이 중요하다." 그러므로 자신의 주인이 되는 것이 문제이다. 이기기 어려운 힘에 대한 군사적 승리보다는 법률적 소유에——"사람은 자신에게만 속한다. 사람은 **법에 의한다**(sui juris)"——속한다는 의미에서 사람은 자신에 대한 권한을 갖는다. 자신의 힘들을 길들인 영혼의 위대함과는 다른 **새로운 주체성이 그리하여 만들어지는 것이다.** 그것은 자기 자신에게서 얻는 쾌락의——'욕망도 없고 장애도 없는 즐거움'——경험으로 스토아 철학자들이 에피쿠로스주의 철학자들에게 그것을 따른다고 비난하는 **관능적 쾌락**과 혼동해서는 안 된다.

자신의 상태에 만족하고, 또 그것으로 그침을 받아들일 뿐 아니라 자기 자신의 마음에 들기도 한다.

그러므로 이 새로운 주체는 플라톤의 《크리톤》이 보여 주는 그리스인들의 공민적 소속과 구별되고, 플라톤의 《국가》나 클레안테스의 《제우스 찬양》이 보여 주는 영혼의 존재론적 이해와도 구별되는 것이리라.[6] 그것은 (현명한) 선택에 의한 심리학적 의미로 자유로운 주체라는 개념에——정확히 《광기의 역사》의 기본 개념——의거하는 것이리라.

존재의 방식론

결혼이 더 이상 절대적으로 가족의 권한에 속하지 않고, 일부는 국가에 속하게 된다. 이전에는 아버지가 자기 딸의 결혼을 그 딸의 의지와 상관없이 파기할 권한이 있었지만, "이집트 법률을 따르는 로마 지배하의 이집트에서는 여자의 의지가 결정적 요소라는 법률적 결정들이 결혼한 딸에 대한 아버지의 권한을 반박하곤 했다." 상호 합의에 의한 결혼의 제도화는 '새로운 생각'이다. 가장과 안주인 부부는 이제 하나의 새로운 **신분으로**, 가족과 도시에 대한 의무로 돌릴 수 없는 그들의 고유한 의무를 갖는다.

결혼은 관행으로서는 더 일반적으로, 제도로서는 더 공공적으로, 배우자들을 잇는 데는 더 강하게 됨으로써 부부를 다른 사회적 관계들의 영역으로부터 고립시키는 데 더욱 효과적으로 되는 것 같다.

혼인의 주체성에 대한 이 새로운 정의에는 시민의 새로운 윤곽이 보태어진다. 푸코는 그리스 군주제와 로마 제국의 구조를 에피쿠로스주의 철학이나 스토아 철학에서 볼 수 있을 '도피'와 관련시키면서 일반적 분석을 반박한다. 한편으로 제국의 출현은 지역 정치를 사라지게 하지 않는다.

제헌 정치의 공동체가 사라진 너무 광대한 세계 앞에서의 불안, 그
것은 사람들이 나중에 그리스-로마 세계의 남자들에게 연결시킨 바
로 그런 감정일 수 있으리라.

또 다른 한편으로 "도덕적 사색의 새로운 강조를 위해 제일 중요
하고, 제일 결정적인 현상은 권력 행사 조건상의 '변경'과 관련된
다." 로마 행정은 가시적 **지위찾기**를 강조하고, 또 역으로 자신과의
순수 관계에서 자신의 정체성을 정착시키려는 구성원들로 된 봉사
적 귀족 계급을(장교들 · 지방 대관들 · 총독들) 필요로 한다. 그런 데
서 정치적 활동의 문제화하기가——행사되는 권력은 상대적이다
——비롯된다. 그것은 **다스림**이지 **명령**이 아니다. 플루타르쿠스의
《경험 없는 왕자를 위한 개론》, 마르쿠스 아우렐리우스의 《사색》에
서 황제 정치의 거부를——지위의 행사에 관련된 규칙이나 한계를
정해 놓지 않고, 지위 자체에 권력을 부여했다——읽을 수 있다. **이
성**(logos)은 지배자를 다스려야 하는, "음식이든 옷가지든 잠이든 소
년들이든간에" 삶의 모든 분야에 절제 있게 해야 하는 성문화되지
않은 법이다.

지위에서 나온 권력 행사는 남들을 다스리기에 적절한 법에 따라
규정되지 않은 기능으로 나타나게 된다. 사람들이 순종적인 관리들
이 문건을 기계적으로 적용하기도 하는 로마 세계와 가끔 잘못 관련
짓는 행정 모델이 문제가 아니다——수행해야 할 기능은 '개인의
자기 후퇴,' 즉 자기 자신과의 윤리적 관계에 입각하여 행해져야 한
다. 그러면 백성 · 왕자 · 원로원 사이의 불안정한 정세에 속하는 운
명이지만, "자기 도의성에 관한 한 각자가 장인이고——그 쓰임새

는 운명이 결정한다." 다른 사람들의 통제와 구별되는 스토아적 자기 통제의 문화는 여기서 비롯된다.

　신체에 있어서는 "플라비우스 왕조의 황제들[7]과 안토니우스 왕조의 황제들[8] 시대의" 의학이 그것을 약간 움츠리게 하였다손 치더라도('구원과 건강'이 좋은 생활 방식을 전제하므로, 의사는 철학자들에 의해 행해지던 영혼의 지도와 동일한 자격으로 환자의 생활을 지도한다고 주장했다), 그 시기는 고전 시대와 아주 다르게는 변화하지 않고 생활을 약간 더 고려하게 된다. "근본적 변화라기보다는 강화, 신체를 낮춰 봄이 아니라 불안의 증가……." 성행위의 '병리화'는 **병**(pathos)의 두 가지 의미에 따라 이루어진다.

　　성행위는 악이 아니다. 그것은 가능한 질병들의 항구적 발생원을 나타낸다.

　이 자신에 대한 관심은 '가장 정확하게' 자신의 본성을 따르려 한다. 성행위는 그러므로 생식에 유익한 때(평온한 마음, 가벼운 식사, 생리의 마지막 때쯤), 주체의 나이(사춘기 때보다는 18세쯤에), 유리한 시간(겨울이나 봄 저녁), 그리고 개인의 성격을 고려하면서 '신중을 기하는' **생활법**을 따라야 한다. **생활법**은 '유익한 의견'이지 법적 처방이 아니다. 자연주의자들인 의사들은 스토아 철학 혹은 아리스토텔레스의 영향에 따라 신체는 그에 '고유한' 법을 가지며, 영혼은 "신체를 그에 고유한 역학과 그 기초적 필요성 이상으로 끌고 갈 수 있다"고 간주한다. 그러므로 신체에 맞선 영혼의 싸움에서 '욕망을 제거하는 것'이 관건이 아니라, (꿈·연극 혹은 삶의) **이미지들**과 쾌락의 문화를 통해 과잉을 초래할 위험이 있는 사고를 조절하는 것이 관건이다. 갈레노스[9]가 제안하는 방법은 "확실하게 스토아적이다.

쾌락은 행위에 수반되는 것 이상은 아무것도 아니며, 그래서 그것을 결코 달성해야 할 이유로 여겨서도 안 된다는 점을 고려하는 것이 중요하다.”[10]

혼인성에서 부부성으로

고전 시대의 행동 윤리는 필수적인 자기 통제, 그리고 집안에서 생겨나는 가족 관계들에 의거했다. ‘개인적 관계의 방식론’이 로마에서 나타나는데, 거기서 “자기 관심의 강화는 상대의 가치 부여와 나란히 간다.” 부부 사이의 관계는 **혼인의 형태**에서 **부부의 관계**로 간다. 이 부부의 관계는 **자연스럽고 보편적인** 관계이고, 스토아학파 철학자들은 그것을 에피쿠로스주의 철학자들과 견유학파 철학자들의 논제에 대립시킨다. 동일한 성향에 의해 신체와 영혼이 부부성으로 이끌어진다. 결혼은 이로운 점과 불리한 점에 따라 계산된 ‘단순한 선호’가 아니라, “자연에 따라 살고자 하는 모든 인류를 위한” 보편적 ‘의무’이다.[11] 에픽테토스의 논지는 칸트의 정언적 명령의 형태를——“결혼 포기를 보편화하는 것은 불가능함”[12]——띤다. 또 부부성은 **개별적** 관계이다——아리스토텔레스는 혈연 관계를 중시하는 반면, 무소니우스는 “어떤 아버지나 어떤 어머니도 자신의 배우자에게보다 자기 아이에게 더 정을 갖지는 않으리라”고 쓴다.[13] 부부성은 ‘함께 있는 기술, 말하는 기술,’ **화합**을 생기게 하는데, 그것의 역설적인 면은 타인이 타인이면서 동시에 자신과 같은 자르서 간주되어야 한다는 것이다.

티투스 플라비우스 클레멘스[14]가——마르쿠스 아우렐리우스나 에픽테토스가 그 관계를 그 **자체로서는** 비난하지 않는 데 반해——부부외 관계가(간통이거나 아니거나) 오점으로 규정되어 있는 무소니우스의 한 구절을 인용했다고[15] 사람들은 이 '성적인 활동의 전적인 부부화'에서, 과오로 여겨진 성적인 쾌락에 결혼으로 자격을 부여하는 그리스도교적 교리의 전신을 보고 싶을 수도 있으리라. 하지만 그것은 곡해이리라.

성행위와 부부 관계, 자식, 가족, 도시, 그리고 그 너머 인류 공동체, 이 모든 것은 그 구성 요소들이 서로 연결되어 연속을 이루며 인간 존재는 거기서 그의 이성적 형태를 발견한다.

그러니까 미소니우스 루푸스의 비난은 행위를 그 실행의 자연스러운 장소에서 분리시키는 추상화의 거부이지, 가능한 한[16] 행위 자체의 거부는 아니므로 사도(使徒) 바울의 비난과는 전혀 같은 의미가 아니다.

결혼에서 쾌락의 두 가지 원칙을 밝혀낼 수도 있다. 한편으로 사랑의 열정과 신체적인 관능적 쾌락이 결혼에 자연스런 것이긴 하지만 방탕해져서는 안 된다. (교육을 잘 받은 사람에게서 기대할 수 있는 이 존중과 배려의 규정은 그리스도교 전통에 아주 오래 살아남게 된다.) 다른 한편으로 부인에게 자신의 마음을 열고, 그녀의 신분이나 지위만이 아니라 '그녀의 개인적인 존엄성'까지 고려해야 할 의무는 에로티시즘의 방향을 제시한다. 플루타르쿠스가 말하길, 아프로디테는 "남자와 여자 사이에 화합과 우애를 만들어 내는 장인인데, 왜냐하면 그녀는 그들의 신체를 통한 쾌락 효과와 동시에 마음을 연결하고 녹이기 때문이다."《대화》에서 플루타르쿠스는 《솔론의 생애》[17]에서 펼쳤던 생각들을 재차 다루는데, 그에 따르면 "아이가 생기지 않는다 하더라도 적어도 한 달에 세 번 정숙한 아내에게 바치는 사모의 표시는……" 남편의 부부간의 성적 의무이다.

솔론은 매일의 공동 생활에서 누적될 수 있는 상호간의 여러 가지 불만들에도 불구하고, 이렇게 다정함의 표현을 통해 결혼이 말하자면 새로워지고 새로운 힘을 얻게 되기를 바랐다.

이 존재의 방식론에서 소년 사랑이란 주제는 '점점 더 약화되어' 일종의 부부성 쪽으로 간다. 플루타르쿠스에서는 남성적이고 고상한 에로스와 쉬운 에로스 사이의 플라톤적 대립이 "한쪽 경우는 한 남자에 대한 사랑이고, 다른 한쪽은 한 여자에 대한 사랑이라는 단지 그 차이만 있는, 동일한 사랑의 두 가지 형태 사이의" 선택에 자리를 넘긴다. 의사(擬似) 루키아노스의 《사랑》에서 소년들의 지지자는 '완전한 역전성'으로 사랑하는 이와 사랑받는 이간의 차이를 사라지게 한다. 정신적 관계는 더 이상 교육적 관계를 목표로 하지 않고, "결혼에 의해 묘사되고 규정된 것과 같은 둘의 삶의 모델에 남성의 사랑을 맞추려 애쓰는 것 같다." 소년 사랑에서 억제가 '욕망의 정치적·남성적 지배'에 속했다면, 새로운 사랑론은 이제 완전한 합일에 예정되어 있는 사람들의 상호성과 균형에 관련하여 처녀성을 체계화한다.

그러므로 쾌락보다는 출산을 겨냥하는 결혼에서 성의 독점이라는 원칙은, 그리스의 후기 스토아주의와 그리스도교 사상에서 동일한 의미를 지니지 않는다. 스토아학파 철학자들에게 결혼과 성적 쾌락(aphrodisia)들간의 관계는, (플라톤에게서처럼) 사회적·정치적 목적의 우월성을 내세우거나 (그리스도교인들에게서처럼) 쾌락에 고유한 내재적인 악을 제기하면서 이루어지는 것이 아니라, 그것들을 자연적·이성적·본성적 소속으로 서로 연결함으로써 이루어진다. 외적 유용성도 내적 부정성도 아닌 결혼은 "자기와의 관계의 가능한 완전한 합치"에 의해 특징지어진다. 그 관계는 그리스인의 자신의 욕망 통제도, 부부 관계의 '법률화'에 이르는 자기 구제를 위한 그리스도교인의 애씀도 아니다. 플루타르쿠스의 상세한 글에서조차도 "허락된 것과 금지된 것을 나누기 위해 제시된 것은 규제가 아니라 존재 방식, 관계의 양상이다." 그것은 일반적 원칙들, 엘리트를 위한 '존재의 미학의 무법칙적 보편성'이다. 이 칸트적 표현은 어떤 법에 입각하여 결정될 수 없는 보편성을 추구하는 기호(嗜好) 판단을 특징짓는다.[18] 푸코는 플루타르코스와 제국의 스토아주의에서는 **미적 기준이 도덕에서 근본적일 것이라고** 시사한다. 《실천 이성 비판》의 칸트에게서처럼 이성에서 비롯되는 법의 보편성에 실천 주체가 직면해 있는 것이 아니라——《판단력 비판》이 분석하는——미의 경험에서처럼 본래 개별성에 직면해 있으리라는 것이다. 장 프랑수아 리오타르는 두번째의 자율에 대립해서 세번째 《비판》의 숭고미의 분석을 **시도해 보고자** 애썼다.[19] 미셸 푸코는 자율에 대립해서 미의 분석을 **시도해** 보인다. 전술은 다르나 전략은 동일하다. **윤리적** 주체에 근본적으로 **미학적인** 지위를 부여하는 것이다.

푸코 비판의 영속성

기원후 처음 몇 세기 동안 악의 문제는 힘이라는 고대 주제를 건드리기 시작하고, 법의 문제는 예술적 주제의 방향을 바꾸기 시작하며, 도덕적 주체의 구성 중심에는 진실의 문제가 있다. 그러나 아직은 합법적 행동을 요구하는 데까지나, 성(性)과 악의 그리스도교적 동일시나 고백을 매개로 한 정결 의식의 추구까지는 가지 않았

다.[20]

성적 도덕성은 아직 여전히 존재에 대한 미학적이고 윤리적인 기준들을 정의하는 어떤 특정한 삶의 기술을 개인이 따르기를 요구한다. 그러나 그 기술은 점점 더 자연이나 이성의 보편적 원칙들을 따르게 되는데 모두가 지위를 막론하고 동일한 방식으로 그것들을 따라야 한다.

이교도 쪽에서는 세련된 자기 관심이 존재의 기술보다 우세하다. 그리스도교 쪽에서는 유한성·타락·악에 입각하여 윤리적 실체를 생각한다. 사람들은 그것을 "인격신의 의지이기도 한 일반적인 법에다 복종의 형태로" 구속시키고, 그러므로 또 '욕망들을 정화시키는 해석학'을 구성하게 된다.[21] 4세기부터 스토아학파 철학자들의 '자신의 순수 즐거움'에 대립되는 '자아라는 형태의 파괴'가 그리스도교의 제도들 속에서[22] 시작된다.

마지막 두 권의 책의 전체적 논제는 앞의 것들과 유사하다——생각의 역사의 막연한 비교들에 대립해서 푸코는 광기와 임상의학의 역사성, 인간, 영혼을 보여 주었었다. 마찬가지로 여기서는 주체성이 그리스 존재론에서 로마의 본분론으로 옮겨감으로 생겨나는 듯이 보인다.

윤리적 영속성은 없다. 기획된 세 권의 책(《쾌락의 용도》《자기 관심》《육체의 자백》)의 대상인 그리스 세계, 로마 세계, 그리스도교 세계를 구별해야 한다. 푸코에 의하면 상습적인 라틴 사람/그리스도교인의 계보는 '주체가 스스로에 대해 하는 경험' 상의 근본적인 차이점들을 제대로 알지 못한다. 중요한 차이점들은 다음과 같다.

―― 그리스인들은 수동성/능동성의 차이와 관련하여 문제를 보는데, 절제는 (능동적인) 성인 남자의, 혼인 관계에서는 부인과의 관계, 소년 사랑의 관계에서는 소년과의 관계에서의 자기 통제이다.

―― 라틴 사람들은, 전적으로 남성적인 관계의 모델까지 되는 부부의 관계와(부인은 이제 안주인이 아니라 배우자) 관련하여 문제를 본다.

―― 그리스도교인들은 유한성의 개념을 타락으로 소개하고, 쾌락을 악으로 생각한다.

고대인들이 그들 자신의 자유로운 삶에 독특하고 명예로우며 본보기가 되는 **하나의 형태를** 부여하려 했던 반면, 그리스도교인들은 '이 개인적 작품으로서의 자기 삶의 구상'을 **규칙들에** 의한 도덕으로 대신한다. 이러한 고대와 그리스도교의 단절은 오늘날 우리들에게 흥미로울 수 있으리라――만약 인간이 그리스도교적 발명이라서 그 제도적 양태상 **참아 주기 어렵고**(참고 《광기의 역사》《감시와 처벌》), 그 인식론적 조항상 **일시적**이라면(참고 《말과 사물》), 그것이 사라짐으로써 다른 가능성이 열릴 수 있다. 푸코에게는 후세가 금지한 가능성을 고대 문화로부터 되살리는 것이 관건일 것이다. 더 정확히는 스토아학파의 도덕의 '한 구체적 사실'에 대한 **미학적 이해**에 입각하여 자율의 현대적 도덕적 요구에 '거리를 두는 것'[23]이 관건이다.(폴 벤)

내가 고대에 관심을 가졌다면, 그것은 여러 이유로 인해 규칙들의 법전을 따르는 것이 도덕이라는 생각이 이제는 사라지고 있고, 또 이미 사라졌기 때문이다. 그래서 존재의 미학에 대한 탐구라는 것은 그 부재에 답하는 것이며, 또 답해야 하는 것이다.[24]

《성의 역사》에 대한 비판(1984)

1) 우리는 앞의 결론들에서 어떻게 **저자**가 자신의 책들을 비판하는가를 보여 주었다. 푸코는 책은 매번 저자의 생각을 이전시키기 위해서 씌어진다고 주장한다. 그러나 그가 재독(再讀)을 할 때는 자신의 담론에 대한 **통제**를 잃지 않고 **나아가는** 것이――전혀 푸코적이지 않은 두 가지 주제――그의 관건이었다……. 물론 그가 독자에게 자신의 '도구 상자' 사용법을 지시하지는 않았지만, 책들의 효과로 자신을 **초월하는** 위치에 놓여진 후에도 그 자신은 **여전히** 자신을 알아보려 애썼다. 1961년 책의 1969년 · 1976년 · 1984년의 재해석은, 61년의 책을 마치 그것이 여러 가지 방식으로 설계라도 된 듯이 회절시킨다. '의문' 파고들기를 전제하지 않고, 예전 책들에서 새로운 입장들에 대한 비판을 읽으려 애쓰거나, 자기로부터 벗어남이 그 지식인적 자기 관심을 지닌 거장의 그 점진적 정신 집중을 허락치 않을 만큼 중요하다는 것을 보여 주려고 애쓰면서 작품을 다른 방향으로 열어 볼 수도 있으리라. 자신에게서 사상-푸코를 떨쳐내기 위해서는 **역(逆)방향의** 조망을 해야 하리라.

마찬가지로 마지막 두 권의 책에서 (크세노폰에서) 집안의 경영 **형태**와 결혼 관계에 관한, 혹은 (스토아학파의 철학자들에서) 제국의 비독재적 정치 형태**와** 부부 관계의 구조 형성에 관한 언급은 유일하게 주체성이 권력들과 연관지어져 있는 곳이다. 그러나 푸코는 경제적 · 정치적 권력 놀음에서 형성된다고 생각하는 전(前)그리스도교적 주체성에 동의하기 때문에 에피스테메적 혹은 실제적 장치에 대한 질문을 던지지 않으며, 또 16세기에서 20세기에 걸친 종속 형태들 속에서, 또 고대의 해방 관행들을 통해서[25] 동일한 주체가 만들어지는지도 묻지 않는다.

광기의 선택이 고전 시대에 그리스도교에 의한 로마의 주체성의 파괴를 증명하는 것일까? 하나의 에피스테메가 탈레스의 정리와 플라톤의 《메논》의 불멸의 영혼에 관한 교리를 집결시키는 것인가, 아니면 그 둘 사이에 고고학적 한계가 제기되어야 하는가? 푸코는 어떤 장치가 세네카의 로마에서 노예·검투사·손님의 행동을 강요하는지 알려고 애쓰지 않는다. 그런 차이들을 제시하지 않는 그는 그의 '존재의 미학'을 뒷받침하기 위해, 현자의 내적 자유에서 저항과 자신에 대한 비역사적 책임감의 가능 지점을 보면서, 스토아학파 철학자들의 교과서적 재독(再讀)이라는 고전적인 상(像)을 일깨워야 한다. 물론 그는 우리에게 그리스도교와 정신분석학은 스토아학파의 자기 관심과는 다르며, 또 존재의 미학은 세기초의 부르주아적 정상성에 순종함이 아니라고 우리에게 말한다. 그러나 그는 왜 그 (프루스트적) 관심이 어쨌든 유지되었고, 오늘날까지 여전히 유효할 수 있는가에 대해서는 말하지 않는다. 예전에 루셀과 아르토의 문학에 부과되었던, 표준화에 한정시킬 수 없는 자기의 반박과 수호 기능이 알랭에 의한 스토아학파 철학자들 읽기에 맡겨진다고 간주해야 하는가? ……[26]

뱅센 출신인 그가 사르트르나 알랭에게서 나타나는 '의식·판단·자유'의 철학과 부르주아 계급이 이 비종교적 루터주의에 부여하는 역할을 조망했었다.[27] **고고학자**인 그는 권력 의지에 의한 '탈(脫)종속'과 '사이비 주권자인 주체의 파괴'로——계급 투쟁과 모든 금기 사항들의 파괴[28]——인본주의를 파괴했었다. 금기 사항들의 파괴는 부르주아 계층의 지속적 지배 속에[29] 온전히 주권을 지닌 자유 의지에 의한 주체의 상승, 가치 체계와는 공적으로 무관한 자라는 결과를 가져왔다.

　푸코는 스토아학파의 철학자들이 논리학·물리학과 **관련지어** 생각했던 도덕에 대한 고대의 질문을 그 이중의 관계가——우주와 분리된 영혼, 논리적 일관성을 요구하지 않는 윤리——없이 되풀이한다. 과학-기술적이고 전략적인 형태 아래 실천 이성에 의해 다스려지는 문화 세계에서, 미학적으로 흔들리는 주체…… 유효 기간 지난 에피스테메에서 낡은 마르크스주의의 공식을 찾는 인본주의뿐만 아니라 고대 우주론에서 상궤를 벗어난 원소 입자들의 공식을 찾는 탐미주의 또한 야유받을 만하지 않을까? 유전의학의 시대에 1984년의 탐미주의는 70년대에 푸코가 반박했던,[30] 의학에 대한 '급진적이고 목가적인 거부'에 아주 가까운 듯하다. 60년대말의 푸코라면 얼마나 잔인하게, 얼마나 즐기면서, 그리고 얼마나 멋진 문체로 그의 최신 두 권의 책에 대해 쓸까…….

　2) 마지막 책들의 수용은 그의 사후에 있었다. 1986년 대학 잡지 《로망어 연구》는 그 책들을 아주 칭송하는 긴 논문을 바친다. 하지만 장 피에르 베르낭·폴 벤·피에르 아도는 고대의 자기 관심이 '자기의 자기에 의한 개발'[31]보다는 우주에의 동화를 더 겨냥한다고 상기시킨다. 스토아적 영혼에 대한 그의 **탈존재론화된** 미학적 해석에 대해서는 콜레주 드 프랑스의 푸코 동료들인 두 사람의 해석에 불일치가 나타난다. 그가 역사를 혁신한다고 1971년 평가했던 푸코의 옛 제자 벤에 따르면, 과거에 다시 현시성(現時性)을 부여하는 게 아니라 스토아학파 도덕의 '한 구체적 사실'에 입각해서 가능성을 여는 것이 문제이다. 더 비판적인 아도는 세네카에 대한 푸코의 해석은 전반적으로 부정확하다고 판단한다——스토아학파 철학자들의 고요한 즐거움의 원천이 되는 자신의 가장 훌륭한 부분은 심리학적 의미의 자유로운 주체성이 아니라 '초월적 자아,' '자연의 일부,

보편적 이성의 단편'이다. 에픽테토스와 마르쿠스 아우렐리우스·세네카에 대한 해석은 틀리고, 에피쿠로스는 잊혀져 있다. 고대의 도덕들은 존재론에 의거한다. 그래서 P. 아도는 존재와 단절된 푸코의 존재론적 미학을 '20세기말 형의'[32] 댄디즘과 동일시한다.

3) 우리가 보기에 스토아학파 철학자들에 대한 해석은 정확하지 않을 뿐만 아니라 일관성이 없기도 하다. 고대의 생활 방식과 그리스도교적 가르침 사이의 차이를 보여 주기 위해 푸코는 '규칙들,' 신체에 고유한 '역학' '물질적 원인과 조직적 배열'을 강조하면서(아리스토텔레스와 스토아학파 철학자들의 의미에서) 궁극화된 **자연**의 만능을 줄곧 참고케 한다──그래서 불행이 '성행동의 **불규칙**에 의해 생겨날 수 있을' 정도이다. 어떻게 그는 존재와 분리된 고대의 존재에 대한 해석을 주장하고, 또 현명한 행동과 자연적 질서를 관련 짓는 글들을 그에 대한 증거로 제시할 수 있을까?

게다가 고대 철학에 대한 부정확하고 일관성 없는 해석은 교묘하게 불완전하기도 하다. 로마의 스토아 철학을 조망하기 위해서 푸코는 플라톤의 《향연》을──그리스적 존재론에서 로마의 스토아 철학으로의 추이가 따르게 될──그리스적 본분론에서 존재론으로 옮겨감으로 해석한다. 그러나 그는 플라톤을 참고하면서 **절제의 미덕을 위한** 그 본분론/존재론의 옮겨감은 환기시키지 않고, 《국가》에서는 소크라테스가 반박한 고전적 본분론적 의미(자기 통제)만을 기억한다…….

소크라테스에 의해 **수용된** 존재론적 의미에 대해서는(영혼이나 도시의 일부분들간의 조화) 독자에게 맡긴다고 생각할 수도 있으리라.[33] 하지만 우리는 그보다 문제를 회피하는 것이라고 본다──플라톤의 존재론에 조화가 이미 자리하고 있다면, 스토아학파의 본분론을 새로운 시기를 특징짓는 것으로 생각하기가 어려워진다. 자기 미학이 자신에 대한 본분론적이고 아노미적이며 인간적인 관계에만 이 아니라, 신성하고 조화로운 자연(플라톤) 혹은 세상의 신성한 질서(세네카)에도 의거할 수 있는 것임을 인정해야 하리라.

사실 "삶의 모든 분야에서 절제가 생기게 하는 **이성**(logos)"은 존재론적(클레안테스 후 에픽테토스) **혹은** 비판적(칸트) 의미로 이해될 수 있다.《순수 이성 비판》이 존재론을 실추시킨 후 도덕법은 더 이상 사변적 지식에 의거할 수 없다. 그런데《말과 사물》에 의한 모든 인본주의적 형이상학의 실추는 칸트에 의한 존재론의 비판적 파괴에 의거한다……. 푸코의 담론의 부정확성·비일관성·불충분함을 되풀이하지 않으려면, **절제**(Mäßigkeit)는 자연에 의거하지 않으며, 개념 없는 단일성의 은총에 의거하지 않고——《실천 이성 비판》이 가르치는 것처럼 실천 이성에서 비롯된다고 말해야 한다. 즉 절제는 행동이 이성법에 부합함(Gesetzmäßigkeit),[34] 다시 말하면 자(自)-율(律)이다.

푸코에 따르면 (성(性), 음식 등의) 쾌락은 혹은 자기 기술에, 혹은 신성한 법에 속한다. 첫번째 경우 그리스-라틴 문화에서, 주체는 위험할 수 있으나 자연 상태로서 훌륭한 재료에 공을 들인다. 그리스도교 문화에서 법은 마음의 순결을 요구한다. 즉 악으로 이해되는 쾌락에 맞선다. 그리고 푸코는 그의 **표현**들에서 분명하게 자율을 그리스도교 문화와 동일시하는데,《말과 사물》에서 그는 그것을 '전환점'으로 간주했었다.[35] 그러나 만약 사람들이 칸트의 글에서, 푸코가《말과 사물》에서 권유하듯 (그리스도교) 인류학의 비판적 사고를 분리시킨다면 다음과 같은 논제들을 읽게 된다. 1) **쾌락**(Lust)은 항상 육체적이고, 도덕적으로는 중립적이다.[36] 2) 쾌락에는 위험이 따른다.[37] 쾌락은 최고선(善)의 완결성에 포함된 요소이다.[38]《비판》이 쾌락과 악을 동일시한다거나, 최고선(자율)을 완전한 선으로 만든다고 말할 수는 없다――이《실천 이성 비판》의 피히테적 해석은……**결정적인** 번역상의 오류[39]를 편들 때만 주장될 수 있다! 그것은 푸코가 비판적 사고와 역사적 그리스도교 도덕성을 동일시할 때와 결국은 같은 오류이다.

그래서 **철학적** 선택이 고대 세계와 그리스도교 세계, 윤리와 법전 사이의 서양에 고유한 **문화적** 선택이 아니게 된다. 그것은 존재론적으로 세워진 도덕성과 언어적으로――즉 이성적으로――세워진 도덕성 사이, 실질적 미덕으로서의 절제와 합법성(Gesetzmäßigkeit) 사이의 선택이다. 오늘날 서양인은 차지해야 하고, 그리고 철학에는 그에 고유한 이성적 차원을 남겨 주어야 한다――《말과 사물》에서는 비판적 사고와 인류학적 잠의 구별을 기억해 두어야 한다.

이 비판을 끝맺으며 우리는 '존재의 미학'의 실행에 관련한 몇 가지 의문점을 표현하고자 한다.

1) 자기 자신에 대한 미학적 **재판관**이 자아를 **다스리는가**? 아니면 그가 '몇 가지 방식상의 기준들에 따라'[40] 구조적 혹은 미학적 제약들로 다스려지는 행동을 판단하는 것인가? 푸코가 그 기준들을 규준으로 간주하는 이상(고대에 자기 교육은 그리스 영웅, 로마의 노장 등 '공동의 규준을 따른다'[41]) 어떤 점에서 그리스도교적 성인상(聖人像)의 형성이, 성도상(聖徒像)을 가질 수도 있고 자아에 대한 비판적 판단도 가능한데, 미학적 '규준들' 대신에 단지 규범적인 '규칙들'을 따르는지 이해가 안 된다.

2) 인간이 표준도 규칙도 없이 자신을 판단하고, 또 자신을 다스린다고 가정해 보자. 자아의 본래 상(像)의 형성을 어떻게 떠올려야 하

는가? 정신분석학과 독일 이상주의가 이 상에 관해 말하는 데 대해 푸코의 논의가 없는 것은 유감이다.

 3) 존재의 미학이 오늘날 공동의 윤리로 될 수 있을까? 그것이 관습을 지배할 수 있을까, 예를 들면 상인들·정치인들 혹은 작가들 사이의 아주 일시적 관계에서 국제 관계에 이르기까지? 만약 분쟁에서 재판관이 어떤 상(像)에 의거한다고 한다면, 그의 판단은 (a)자기 자신의 현재나 앞으로의 행동을 판단할 때, 아니면 (b)그가 당을 갖고서(b 1) 혹은 제3자로서(b 2) 어떤 관계를 판단할 때 동일한 의미를 갖지 않는다. 예를 들어 남편은 부부 관계에 대해서 그것을 발전시키기 위해, 끝내기 위해, 혹은 돈독히 하기 등을 위해 판단하고, 동생·친구는 관객으로서 그것을 판단하며, 반면 법관은 그것을 만들기 위해서(결혼) 혹은 끝내기 위해서(이혼) 판단을 한다. 만약 자신과 타인에 대한 관계에 미학적 차원이 정말 존재한다면, 그것이 왜 절대적이거나 원론적이어야 할 것인가? 푸코는 로마인의 부부 관계에서, 결혼에 상호 합의할 경우라도 첫 순간은 미학적인 게 아니라 법률적이라는 걸 잊고 있는 듯하다——연인들이 서로 호감을 사려는 동안은 아직 결혼이 없다. 마찬가지로 자기 관리에 있어서 절대적 이성·신 혹은 국가에서 비롯되는 법과 개별적인 상(像) 사이에는 도식들, 아마 실증적 고고학(푸코), 상징 형태들의 **이해**(카시러[42]) 등에 속하는 사고 방식이 있다.

 과학적 혹은 음악적 교류에서나 유람 여행에서 가능한 고상함이 있다면, 마찬가지로 각 분야에 내재하는 절차상의 규칙들도 있는 것이다. 그래서 훌륭한 과학자가 훌륭한 선원이라거나 훌륭한 아버지라거나 훌륭한 음악가라는 법은 없다. 달리 말하면 푸코의 주체 파괴가 **하나의** (정해진) 존재의 미학을 견지함과 양립하기는 어렵다는 것이다——그보다는 여러 존재의 규칙들이 있는 것이다. 그런데 푸코는 주체의 정체성에 집착하는 것 같다! 고전적 이성·의학·인 간에 관한 학문과는 별도로 비정상적이고 야성적인 준(準)-주체를 찾으려 했던 그는 1976년 욕망의 가족화와 계산의 자본주의적 합리 화로 한정될 수 없는 결론을 내리기를 거부했다. 그러나 그것을 없 애 버릴 결심을 내리지 못한 그는 프로이트-마르크스주의에 대한 비판과 사드의 비신성시 이후, 고대에다 자유 의지의 데카르트적 혹 은 아우구스티누스적 개념에 기초한 주관적 정체성을 투사하면서 그것을 변모시켰다.

만약 어떤 자아가 스스로 부여하는 정체성 혹은 일관성을 계보학 이 의심한다면,[43] 니체 이름하의 그 방대한 시도의 기록은 어쩌면 지 나친 것이리라.

결 론

이 연구를 끝맺으면서 "남들의 사상뿐만 아니라 자기 자신의 사상도 수정하게" 했던 '미셸 푸코'라는 체계를 정의할 수 있어야 할 것 같다.

물론 푸코는 생성 과정을 이해한 후 구조를 밝혀낼 수 있을 그런 어떤 **철학 체계**를 만들어 내지는 않았지만, '미셸 푸코'라는 이름 아래 출간된 책들의 저자로서의 행적은 우리가 보기에 '체계 이면의 체계'를 따르는 듯하다.[1] 논문들을 정기적으로 책으로 모아내는 리오타르와는 반대로 푸코는 그가 여기저기 내는 수많은 논문들에 무관심하다——그러나 그는 그의 책들을 알아본다. (자신과 동일시한다.) 그는——출간된,[2] 미간행의[3] 혹은 포기한[4]——이런저런 책은 배제하고, 그가 재판을 허락하는 책들은 재해석하거나 수정한다.

이런 의미에서 "글을 쓰는 주체는 작품의 일부이다."[5] 그러나 이 표현을 형이상학적 의미로 이해해서 한편으로는 작품, 다른 한편으로는 결정과 행위로 나타나는 어떤 영속적 혼을 찾아서는 안 된다……. 그런 가면을 왜 중시할 것인가? 푸코 **자체**에는 누가 접근할 수 있을 것인가?

작품의 흐름이 **다듬어가는** '저자'의 기능, 기능으로서 주체는 작품의 일부이다. 《말과 사물》에 따르면 칸트라 불리는 인류학 교수는 **비판**의 저자가 아니다.[6] 그러므로 한편으로 분명히 **자아로부터 벗어나는** 것이 관건이며, 또 다른 한편으로는 저자가 마지막에 **자신**

과 수직으로 만남을 고려하면서, '푸코'라는 서명이 어떤 논리로
——어떤 주체가 아니라——유지되게 되는지를 찾아야 한다.[7] 푸
코의 사상과 그의 독자들의 사상이 수정되는 부분에서의 '초월적
할당'[8]을 찾아야 한다.

　1) 짤막하게 푸코의 활동 시기들을 다시 말한다면, 1961년과 1963
년에는——아르토 · 횔덜린 · 사드 · 네르발이 보여 주는——광기나
죽음의 강렬한 **경험**과 정신병학과 현대 의학의 **구조적** 분석의 인접
이 확인된다. 시의 독자는——캉길렘과 뒤메질의 독자가 **인지하려
고** 애쓰는——모든 정확한 연결 장치와는 별도로 임상적 경험과 광
기에 고유한 체험, 상황의 느낌 혹은 색조를 현상학적으로 **이해한
다.** 이 현상학적 주제와 구조적 분석 사이의 연결은 **결정**의 모호함
속에서 주어지는데 미셸 푸코에 의해, 때로는 구조들에 대립되는 **자
유로운 개별성으로**[9] 때로는 구조들 내부의 **미세한 차이로**[10] 제시된
다. 1966년 구조주의자로 자칭했던 그는 곧 그 위치를 부인하고, 프
로이트-마르크스주의로 향하면서 감옥 사회의 구조들 속에서 적의
를 품는 고분고분하지 않은 신체들의 반항을 강조한다(1975). 그러
나 그는 곧바로 **아노미적** 쾌락에서 '반격점'을 찾으면서 프로이트-
마르크스주의를 반박한다. 그는 헤겔이 생각한 현대 세계에 대한 자
신의 처음의 비판으로——부르주아적 규범들에 의해 조직된 공동
체 대신 즉각적인 쾌락과 형제애(1961 · 1975)——돌아간다. 그의 문
제는 그래서 사람들이 쾌락의 경험에서 자신에 대해 갖는 관심의 문
제로 된다——그래서 그는 로마 스토아학파 철학자들에게 존재의
미학을 투사한다(1984).
　1966년 미셸 푸코는 칸트에게서 '인류학적 잠'의 탄생과 그에 속
하지 않는 비판적 사고를 동시에 진단해 낸다. 그러나 그는 그 자신

의 담론의 근거를 비판적 사고의 논증적 방법론보다는 인류학적 주제를 **불사르는** 니체적 방법에 둔다.[11] 칸트식의 '인류학적 철학'의 거부는 1969년 모든 비역사적 초월성을 제거하려는 시도에서 분명히 드러난다. 그러나 우리가 보기에 방법의 일관성이 없다――한편으로 **실험적** 지식은 에피스테메와 **장치**라는 주제들에서 완전히 역사화되었고, 다른 한편으로 넘을 수 없는 것으로 익히 알려진 고고학적 한계에도 불구하고(1966) 시인들에게 광적인 비극의 초역사적 경험이 남아 있다(1961 · 1977).《앎에의 의지》 이후 미셸 푸코가 그러한 시의 단순한 용도를 반박하고 자신의 처음의 해석학적 위치를 부인할 때조차도, 그는 법전에 의한 그리스도교적 도덕성으르 단지 가려져 있을 뿐인 자아**의 하나의** 미학적 의미를 되찾는 그의 능력을 의심치 않는다(1984).

달리 말하자면 그는 처음에는 정신의학적 혹은 부르주아적 정상화의 이쪽에서 진정한 **자아**(soi)를 찾으며, 그것을 초역사적이라고 생각한다. 그와 반대로, 그는 과학적 인식에서는 **본래 종합적**이고 초월적인 주체를 가리려는 (칸트적) 초월적 사고의 주장을 거부한다. 그러나 그의 자기 비판으로 인해 그 시인들 읽기를 그만두게 된다. 그러면서 그는 플라톤과 세네카를 동일한 해석학적 관심에서 다시 읽는다. 그는 **미학적이고** '본분론적인' 주체를――플라톤 이전에, 그리고 세네카로부터――되찾으려 한다. 만약 시대들을 엄격하게 경계짓는 고고학적 방법론에도 불구하고 그러한 미학적 주체가 비역사적으로 가능하다면, 논리적인 주체가 가능하지 않으리란 법도 없다. 수학적 · 물리학적 혹은 도덕적 합리성들만이 전적으로 역사적인 주체성들일 것인가?

사실 인본주의의 니체적 불사름을 위해 엄격히 실험에 의거하는 철학적 고고학을 따르지 않으려 함은, 푸코로 하여금 어쩔 수 없이

'인류학적 잠'의 기본적 명제를——주체로서의 인간은 자유 의지를 갖는다——되풀이하게 하는 듯 모든 게 진행된다. 푸코는 아우구스 티누스·데카르트·피히테·사르트르와 같은 말을 한다. 그의 작업은 그 '그리스도교' 철학자들에게 근본적인 그 명제의 구성 시기를 더 거슬러 올라가게 하는 데 있다——그가 1966년 쓴 것처럼 비판적 사색에 대한 칸트의 **인류학적** 해석에가 아닌, 세네카가 클레안테스에 대해 할 해석에까지(1984). 1961년 그는 자유 의지의 개념 자체에 입각하여——1984년에는 그가 이성에 대한 찬성이나 반대의 선택이라는 미학적 형태로 칭찬하게 되는——그 자아에 대한 인본주의적 탐구를 비웃었다.[12]

2) 앞의 지적은 그러나 푸코 행적의 중요한 면을 소홀히 하고 있다. 1961년 그의 논문은 철학·역사·문학의 경계를 **시적으로** 흐린다. 1963년은 횔덜린, 1966년은 보르헤스와 벨라스케스 등이 **구조주의적** 책들에 시적 문체를 부여한다. 1984년 그의 책들은 그리스와 로마 문화의 특징들을 관학적으로 묘사한다. 그리고 1961년 고고학적 연구가 시작되고, 1984년 푸코는 정신분석학의 고고학은 (1976) 일탈이었다고 설명하게 된다——푸코의 그 독특한 **문체**는 고고학적 **방법론**과 함께 사라져 버린다. 1961년에서 1976년까지 푸코는 어떻게 부르주아 사회의 제도들이 인간을 종속시켰으며, 또 종속 구조들을 비판하는 것이 인간을 해방시키려 하는 것보다 어떻게 시급하게 되었는지를 설명하였다. 1984년, 주체는 더 이상 역사적 산물로 이해되지 않고 **자기를 염려하는** 인간으로 기려진다.

왜 박사 논문의 저자가 관학적 문체를 버리고, 모든 출판상의 제약에서 벗어난 성공한 저자가 그 문체를 택하는가? 모든 것은 마치 60년대 구조주의자의 개별성이 문체에서 드러나고, 반면 80년대의

관학적 보편성은 주체의 개별성을 내세운 듯이 행해졌다……. 보편
성과 개별성, 혹은 구조와 존재는 여전히 나타나는데 뒤바뀌어 있
다. 1966년에는, 개별적 문체는 구조들밖에 없다고 표현한다. 1984
년에는, 관학적 문체가 개별성들밖에 없다고 표현한다. **철학적 가능
도표에서 푸코의 선택은 한 칸에서 다른 칸으로 옮겨감, 즉 형태와
내용의 뒤바꿈이었다.**

  3) 《쾌락의 용도》(1984)의 서문에서, 푸코는 그의 평소의 '의문'에
비하면 《앎에의 의지》(1976)는 일탈이라고 간주하면서 그의 행적을
재구성한다. 사실 《임상의학의 탄생》(1963)과 《감시와 처벌》(1975)
이후에 '정신분석학의 고고학'[13]은 전적으로 현대 도덕의 계보학에
관한 연구의 연속선상에 있었다. 병들고 갇히고 취학(就學)한 신체
는, 동시에 권력-앎의 장치에 의해 성적인 의미가 부여된 신체이기
도 하다. 《말과 사물》(1966)은 완전하다고 생각될 수 있었던 반면(인
문과학은 최근이고, '인간'의 두 가지 한계는 잘 정의되어 있다), 욕망
은 이미 고대에 나타나는 문제이니까 1976년의 책에서 그 고고학이
불완전하다고 하자. 그렇지만 광기나 의학에 관해서는 뭐라고 해야
할 텐가? 물론 광기가 고대 아랍 세계, 혹은 대감금 이후로 동일한
것이 아니고, 그래서 어떠한 진실 게임들이 그러한 자체의 개별성의
인식을 가능케 하는지 알아보는 것도 흥미로우리라. 그러한 것들이
푸코의 책들이 열어 놓은──그러나 저자가 다루지 않는──역사
적 연구에 가능한 주제들이다. 왜 그렇게 언표들이 귀해지는가? 리
오타르는 시간을 강조할 것이다. 한 번에 한 가지 문장이고,[14] 모두
를 다하기는 불가능하다. 그러나 그것은 규칙을 따르는 푸코의 언표
들의 실증적 생산 원칙을 소홀히 하는 것이리라. 어떤 규칙들이 푸코
의 언표들을 고고학 밖으로 밀어내는가?

1961년에서 1976년 사이 정신과 의사와 미치광이, 의사와 환자, 교수와 학생 등의 사이의 상반되는 위치들의 역사적 생산은 에피스테메·**권력들**·**장치들**의 영역에 속한다——의식이 세상을 끌고 가지는 않으므로…… 반면 1984년의 두 권의 책에서, 관행들은 **권력 작용들보다는 윤리 의식을 참조하게 된다**.《앎에의 의지》에 따르면, 네 가지 규칙들이 힘의 관계라는 영역에서 성에 관련된 담론들의 생산을 이해 가능케 한다.[15] 그런데《쾌락의 용도》와《자기 관심》은 권력이 아니라 권력의 윤리에 관심을 가지며——그 규칙들은 잊어버린다. 비록 "그리스인들이 어떤 모델에 따라 살았던 것은 분명 아니라 하더라도"[16] 행동의 **모델**을 찾아내는 것이 관건이다.

푸코는 주체화가 윤리적 모델을 매개로 하여 이루어지는가, 법률적이고 종교적인 법전을 통해 이루어지는가에 따라 두 가지 형태의 **자의식**을 묘사한다——양자 택일은 더 이상 구조와 의식 사이에 있는 것이 아니라(1966), 두 가지 형태의 의식 사이에 있다(1984). 그리고 푸코가 특권을 부여하는 의식이 바로 모든 구조로부터——모든 규칙, 모든 법, 모든 규범으로부터——최대한 멀어지는 그런 의식이므로 완전한 전복인 셈이다. 어떻게 고고학적 연구에서 의식의 철학으로 이렇게 옮겨갈 수 있는가——그래서 '자신과 수직으로' 자신을 다시 만날 수 있는가? 그러나 결국은 푸코가 구조의 이름으로 의식을 반박하고, 또 동시에 니체를 참고하여 모든 규칙을 거부했을 때, 그 두 위치는 구조주의 시대와 동시적이지 않았던가?

4) 푸코에게는 그게 그렇게 분명치가 않다. 8년 동안 그는(1961년) 처음의 '의문'으로 돌아가기 위해 '모든 것을 속속들이 다시 보아야……' 했다. 독자는 어떻게 그 **항상**(恒常)의 근심이 방법론이나 **예전 문체의 포기**와 양립할 수 있는지를 잘 모른다.

푸코의 '호기심'은 '유보와 근심' 속에서 유지되는 것이리라[17]
──자신의 지적 활동에 대한 이 스스로의 이해는, **논리**를 제쳐두
고 아리스토텔레스적 **놀람**을 강조하는 철학의 현상학적 정의에 속
한다.[18] 사르트르처럼 자신의 기본 계획에 대한 말들을 찾는 게 관
건이 아니라, 웃으면서 담론에서 벗어나는 것이 관건이라는 그런 특
징과 함께 체험 · 계획 · 경험이 담론의 출발점인 것 같다. 두 가지의
좌파 인본주의에 의한, 인간의 자아에 대한 근본적 해석상 두 가지
질적인 범주(현실 · 부정) 사이의 단순한 대립: 둘 다 자아를 부정으
로── '무(無)화' '이탈'로──이해하지만 사르트르는 자가-위치
설정의 부정적 행위로 정체성(正體性) · '진정성(眞正性)'을 겨냥하
고, 푸코는 차이, '웃음'을 겨냥한다…….

5) 그러므로 푸코 체계의 논리는 《순수 이성 비판》 속의 자유의 **이
율 배반**을 따른다. 이율 배반의 명제는 자연적 결정론의 제약과 더
불어 자유라는 개별성을 제기하고, 반(反)명제는 이 개별성의 환상
을 제기한다.[19] 구조주의로 다시 씌어진 반명제는 이렇게 된다.

자유라는 건 없고, 세상에는 모든 것이 문화의 구조를 따라서 생
긴다.

자유분방한 탐미주의에 의해 다시 씌어진 명제는 이렇게 된다.

문화적 구조를 따르는 인과성만 있는 게 아니라 그것을 설명하고,
그것을 변형시키기 위해서는 자유에 의한 인과성을 인정하는 것 또
한 필요하다.

비판적 사색에는 이율 배반이 철학적으로 필요하다——두 가지 명제는 이성의 단순하고 무비판적인 단정적 사용에 의해 자연적으로 **증명되었다.** 또 그 증명 유희에서 각각의 명제는 부조리로 성립된다——결정론을 제시하면서 사람들은 자유라는 결론에 이르고, 또 그 반대 방향으로도 가능하다. (만약 선험적으로 충분히 결정된 원인 없이 아무것도 일어나지 않는다면, 첫 원인을 제기한다는 것——혹은 그것을 부정한다는 것은 부조리하다.)

만약 철학적 고고학이 이성의 구조에 입각하여 어떤 생각의 형태를 필수적으로 만드는 것을 파악하는 것이라면,[20] 우리는 푸코적 담론 유희에서, **미셸 푸코는 항상 그의 명제를 그의 반명제로 부인한다**고 고고학적으로, 즉 철학적으로 말할 수 있다. 의식의 움직임들을 표면 효과로 제기하는 구조주의자는 문체로 그 표면으로부터 초연해진다. 그리고 주체성의 철학을 위하여 고고학적 방법론을 부인한 후, 그는 관학주의의 비개성적 형태로 자신의 담론을 제기한다. 담론의 태도가 항상 부정적이고 논쟁적이면서부터는, 어떤 명제도 심각하게 표현될 수 없다. 《말과 사물》의 문체는 구조들의 무미건조함을 사라지게 하고, 《자기 관심》의 탐미주의는 피에르 아도의 관학적 반박으로부터 보호해 준다…….

결국 《순수 이성 비판》은 두 가지 반(反)명제적 명제들이——그것들은 둘 다 착각으로, 자유를 단절·탈취·부정으로 생각한다——동일성의 기초 위에서만 대립될 수 있다는 것을 보여 주는데——반면 《실천 이성 비판》은 자유를 자율로 생각한다.[21] 만약 푸코가 명제와 반(反)명제를, 개별성과 구조성을 제기할 수 있다면, 그것은 바로 그 또한 《광기의 역사》에 깔린 데카르트주의에서부터 로마 스토아 철학에 그리스도교적 의지의 투영까지 자유라는 그 허망한 개념을 고수하기 때문이다. 그리고 그가 베이컨[22]의 얼굴처럼 한 명제에서 다른 명제로 오갈 수 있다면, 그것은 그가 이성의 원칙에 대해 이성적 차원의 비판적인 검토를 거부하기 때문이며, 그러한 데서 그 두 반(反)명제적 명제에 대한 증명이 생기게 된다. 의지가 최고 가치라는 그 입장에서, 그리고 이성의 우위의 거부에서 **그는 정확히 그를 비방하는 인본주의자들의 기본 입장과 만나게 되고——사르트르를 반박할 수 있게 된다.**[23]

그러나 인본주의에 대한 철학적 비판은 푸코에서 출발하여, 비록 그것을 부분적으로 그에 대립되게 해야 할지라도 아직도 가능하다. 《말과 사물》은 칸트에 의해 《비판》의 독자가 빠질 수 있었을 '인류학적 잠'에서 그(독자)를 깨어나게 한다. 《지식의 고고학》은 니체에 부여된 과잉 평가를 거부한다. 그러므로 탐미적 경향의 재발은 확실히 인본주의와 반(反)인본주의가 동시에 금하는, 자율의 감시가 아닌 자유의 꿈으로 가득한 그 잠의 진실인 것으로 보인다.

<h1 style="text-align:center">주</h1>

머리말

1) *Dits et Ecrits* IV.

2) 디드로(1713-1784)의 파리 지식인들의 풍속도를 담은 풍자 소설 〔역주〕

3) 트로이의 전설적 공주. 《일리아드》의 여주인공. 그녀를 주인공으로 한 것으로 에우리피데스·라신의 비극 작품 등이 있다. 푸코는 후자의 비극을 분석. 〔역주〕

4) *Dits et Ecrits* IV, p.598.

5) Bernard Kouchner. 1971년 설립된 민간 의료 봉사 단체 국경 없는 의사회(Médecins Sans Frontières)의 공동 설립자의 한 사람으로 사회주의 정부의 보건부 장관을 지내기도 하였다. 〔역주〕

6) Yves Montand. 프랑스 배우. 정치 의식이 강했다. 〔역주〕

7) *Dits et Ecrits* I. n° 69.

8) *Dits et Ecrits* IV, p.68.

1. 미셸 푸코 이전의 푸코

1) Louis Althusser(1918-1990). 그의 이론적 반인본주의는 라캉이 프로이트에게로 복귀하듯 마르크스로 '복귀.'

2) Ludwig Binswanger(1881-1966). 스위스의 정신과 의사이자 심리학자로 하이데거의 현상학에서 실무상의 영감을 얻었다.

3) *Histoire de la Folie*에서는 표현은 있으나(p.265) 주제화되지는 않았다.

4) Michel Foucault, *Histoire de la Folie* 제2권에 들어가 있는 글.(n. s.)

5) *Dits et Ecrits* I, p.786과 *Dits et Ecrits* II, p.221.

6) *Dits et Ecrits* IV, p.780.

7) Cf. R. Terra, 〈칸트의 독자 푸코: 인류학에서 현재의 존재론으로 Fou-

cault lecteur de Kant: de l'anthropologie à l'ontologie du présent⟩ in J. Ferrari (지도 아래), 《1798년: 칸트와 인류학 *L'année* 1978: *Kant et l'Anthropologie*》, Paris, 1977, pp.159-171. 그리고 B. Han, 《미셀 푸코가 놓친 존재론 *l'Onto-logie manquée de Michel Foucault*》, Grenoble, 1998.

2. 광기의 역사

1) Philippe Pinel(1745-1826). 프랑스 의사. 비세트르 · 살페트리에르에서 일함. 정신병 연구, 그리고 정신병자들에게 가해지던 난폭한 치료법을 폐지한 공적이 있음. 저서로 《정신착란 혹은 괴벽에 관한 의학적 · 철학적 개론》이 있다. 〔역주〕

2) *Histoire de la Folie*, pp.483-484. 푸코는 한 통의 1798년의 편지와 1836년의 Scipion Pinel의 글을 인용한다.

3) 1494년 출간된 브란트(Sébastien Brandt, 1458-1521, 알자스 태생의 법률가 이자 시인)의 작품 《미치광이들의 배 *Das Narrenschiff*》에서. 브란트의 작품은 여러 나라 말로 번역되었고, 히에로니무스 보스(Hiëronymus Bosch, 1450-1516, 플랑드르 태생의 화가로 광기 · 원죄 · 죽음 등을 주제로 한 기이하고 환상적인 작품들을 남겼다)는 그에게서 영감을 얻어 같은 제목의 그림을 그렸다. 〔역주〕

4) 조건 반사의 개념은 노벨상을 탄 소련 심리학의 설립자 파블로프(1849-1936)의 마르크스주의자 독자들이 주관론과 유심론을 반박할 수 있게 해주었다.

5) *Dits et Ecrits* IV. p.594, *Dits et Ecrits* II, p.681.

6) *Dits et Ecrits* II, p.523.

7) Cf. A. Stanguennec, ⟨광기의 역사 속의 헤겔 Hegel dans une histoire de la folie⟩, *Etudes post-kantiennes*, I, Lausanne, 1987, p.104.

8) Antonin Artaud(1896-1948). 프랑스 작가, 연극배우, 연출가. 그의 시 세계는 일종의 지적 자살로 사고의 깊은 곳에 도달하려는 충격적인 경험을 표현한다. 정신적 불균형으로 고통받던 그는 엄격한 고행을 통해 견자(見者)의 상태에 이르기를 꿈꾸었다. 얼마 동안 초현실주의 그룹에 가담했다가(《성소의 중심 *L'Ombilic des limbes*》, 1925; 《신경 체계 *Le Pèse-Nerfs*》, 1927) 연극으로

들어선다. 《잔혹극 선언 *Manifeste du théâtre de la cruauté*》(1932), 《연극과 그 분신 *Le Théâtre et son double*》(1938)은 많은 연출가들에게 영향을 끼침. 10여 년을 정신병원에서 보내고, 친구들의 도움으로 1946년 바깥에 나와 《사회의 자살자 반 고흐 *Van Gogh ou le suicidé de la société*》 같은 훌륭한 작품을 발표. 〔역주〕

9) Madame de Sévigné(1626-1696). 프랑스 서한가. 고전 시대에 예외적인 독특한 개성의 문체로 쓴 편지글들을 많이 남겼다. 〔역주〕

10) *Histoire de la Folie*, p.92, 註; p.416, 註 1; p.454.

11) 화가로 알려진 여러 명의 브뢰겔 중 여기서는 보스의 영향을 입은 Pieter Bruegel(약 1525-30~1569. 플랑드르 출신의 화가. 민중의 삶 등의 다양한 주제를 때로는 풍자적으로 때로는 우화적으로 그렸으며, 인본주의적 관심을 보였다. 16세기 플랑드르 미술계의 거장으로 풍경화가들과 네덜란드풍의 화가들에게 특히 영향을 주었다)을 말하는 것 같다. 〔역주〕

12) *Essais I*, 26과 *Méditation première*.

13) Descartes, *Méditation première*.

14) *Histoire de la Folie*, p.157과 p.175. 《글쓰기와 차이 *l'Ecriture et la Différence*》에서 데리다는 데카르트가 'amentes'와 'dementes'를 구별하는 첫 *Méditation* 부분에 대한 푸코의 읽기를 반박했다. 푸코는 어떻게 데리다가 "글과 또한 글의 여러 가지 미미한 차이점들에 주의"(*Dits et Ecrits II*, p.255)를 충분히 기울이지 않았는가를 정확히 보여 주면서 반박했다! 텍스트에 관한 끝없는 주석들의 저장고를 유지하기 위해 데리다는 **텍스트적** 차이점들(différences textuelles)을 가져오는 **담론적** 차이점들(différences discursives)을 빠뜨렸다. 그 담론적 차이점들은 **입증**(démonstration)과 **금욕 정신**(ascèse)이다 ——데카르트의 텍스트는 명제의 논리적 체계를 펼치고, **그리고** 명상하는 주체가 자기 단련을 하도록 유도한다. 이 자기 단련은 원칙적 분리, 합리주의자에 의한 **자신의** 명상에 우선적인 것으로서의 이성 결여의 배제, 각성에 의한 치료학에서 의사가 외부로부터 강요할 그런 배제에 의거한다.(*Histoire de la Folie*, p.348) 이 금욕 정신은 분명 선택의 자유에 뿌리박고 있는 광기의 가능성을 가정한다. 데리다에게 한 이 대답은 푸코의 방식을 상징적으로 보여 준다——역사적 분석을 하는 대신 마르크스를 **논평하면서** '물렁한 마르크스주

의' 라고 비판하는 데서도 그 방식은 다시 나타난다.(*Dits et Ecrits* II, p.407, 알튀세주의자 E. Balibar의 글에 관해 말하면서)

15) *Histoire de la Folie*, pp.56–58, 114, 156, 175, 199, 244, 251, 262, 308, 347, 348, 363, 368, 370, 480, 535.

16) Pierre Jean Georges Cabanis(1757–1808). 정치에도 적극적으로 가담한 프랑스 의사이자 철학자. 심리적 사실을 생리학에 결부시킴.《신체적인 것과 도덕적인 것의 관계 *Rapports du physique et du moral*》(1802),《병원 관찰 *Observations sur les hôpitaux*》(1789),《혁명과 의학 개혁에 대한 소고 *Coup d'oeil sur les révolutions et la réforme de la médecine*》(1804). 〔역주〕

17)《라모의 조카》. 〔역주〕

18) Hegel, *Phénoménologie de l'esprit*, J. –P. Lefevre 번역, Paris, 1991, p.353.

19) Raymond Roussel(1877–1933). 프랑스 작가. 주요 작품으로《아프리카에 대한 인상 *Impressions d'Afrique*》(1910),《아프리카에 대한 새로운 인상 *Nouvelles impressions d'Afrique*》(1932) 등. 초현실주의의 기수 앙드레 브르통에 의하면 로트레아몽과 함께 현대의 가장 훌륭한 최면술사. 언어 기호의 체계적 작업. 초현실주의자들이 그의 작품에서 상상력의 확장을 보는 것과는 달리 구조주의나 누보 로망의 영향을 받은 작가들(뷔토르 · 로브 그리예)은 그에게서 말의 사용법이나 엄격성 등을 높이 샀다. 〔역주〕

20) P. Billouet, *Paganisme et Postmodernité: J. –F. Lyotard*, Ellipses, Paris, 1999, p.40; A. Gualandi, *Deleuze*, Les Belles Lettres, Paris 1998, p.83.

21) *L'Ordre du discours*, p.13.

22) *Histoire de la Folie*, p.8. Cf. *Dits et Ecrits* II, p.209; *Dits et Ecrits* III, p.619; *Dits et Ecrits* IV, p.21.

23) *Histoire de la Folie*, p.582. Cf. *Dits et Ecrits* I, p.420.

24) D. Eribon이 인용, *Michel Foucault*, p.147.

25) Georges Bataille(1897–1962). 프랑스 작가. 위반이라는 개념을 축으로 사회나 역사에 대한 나름의 해석, 신비주의 체험, 문학 개념을 남김. 사회는 죽음과 성 등을 무질서의 요소로 여기면서 사회적 금기로 규정짓게 된다.《문학과 악 *la Littérature et le mal*》(1957),《삼부작 무신학 대전: 내적 경험

L'Expérience intérieure》(1943), 《죄인 *Le Coupable*》(1944), 《니체에 관하여 *Sur Nietzsche*》(1945), 에로티즘에 관련된 도발적 글쓰기로 특히 《눈〔目〕이야기 *L'Histoire de l'œil*》(1928), 《하늘색 *Le Bleu du ciel*》(1935, 1937), 《에드와르다 부인 *Madame Edwarda*》(1937)이 있다. 〔역주〕

26) Pierre Klossowski(1905-). 프랑스 작가, 번역가(특히 수에토니우스, 비르길리우스 번역), 수필가. 《나의 이웃 사드 *Sade mon prochain*》(1974), 《니체와 순환논법 *Nietzsche et le Cercle vicieux*》(1969). 소설에서 욕망을 주제로 상상과 현실이 뒤섞이는 세계를 그림. 《정지된 천직 *La Vocation suspendue*》(1950), 《*Le Baphomet*》(1965). 그후 특히 에로티즘과 신비주의가 서로 부딪히는 세계를 그렸다. 〔역주〕

27) *Dits et Ecrits* II, p.822.

28) *Archéologie du savoir*, p.165.

29) *Histoire de la Folie*, p.323, p.446.

30) *Dits et Ecrits* I, p.164.

31) *Usage des plaisirs*, p.13: *Dits et Ecrits* IV, pp.632-633.

32) Alain Brossat(의 지도 아래), 《미셸 푸코, 진실과 권력의 유희들 *Michel Foucault, les jeux de la vérité et du pouvoir*》, Sofia학회 의사록, 93년 6월 25-27일, Nancy, 1994.

33) Maurice Blanchot(1907-). 프랑스 평론가이자 소설가. 작품에서 죽음이라는 한계 경험을 통해 소설이나 비판에서 새로운 길을 열려고 시도. 《문학의 공간 *L'Espace littéraire*》(1955), 《사형 선고 *L'Arrêt de mort*》(1948), 《마지막 사람 *Le Dernier Homme*》(1957) 등의 소설에서 쉬우면서도 어려운 언어로 인접성과 부재의 주제를 다룸. 《로트레아몽과 사드 *Lautréamont et Sade*》(1949), 말라르메에 관한 《헛발 *Faux Pas*》(1943), 카프카·릴케·횔덜린에 관한 《불의 몫 *La Part du Feu*》(1949), 《앞으로 올 책 *Le Livre à venir*》(1959) 등에서도 부재의 문학적 형태를 탐구. 《*L'Attente*》, 《*L'Oubli*》(1962), 그리고 세 권의 '이론적' 책 《끝없는 대담 *L'Entretien infini*》, 《우정 *L'Amitié*》, 《저 너머로 발걸음 *Le Pas au-delà*》(1969-1973)에서는 허구와 평론이 뒤섞이는 '영원한 되씹기,' 말할 수 없는 것을 말하려는 블랑쇼적 비통한 글쓰기를 보여준다. 〔역주〕

34) Roland Barthes(1915-1980). 프랑스 비평가, 기호학자. 《글쓰기의 영도(零度) *Le Degré zéro de l'écriture*》(1953)는 '신비평' 선언으로 간주된다. 《미슐레 *Michelet*》(1954), 《라신 *Racine*》(1963)에 관한 연구와 일상 생활의 신화에 관한 사색을 담은 사회비평서 《신화학 *Mythologies*》(1957), 그리고 《사드, 푸리에, 로욜라 *Sade, Fourier, Loyola*》(1971)와 같은 평론, 일본을 통해 기호와 인간의 깊은 관련성을 다룬 《기호들의 왕국 *L'Empire des signes*》(1970), 그외 형식주의 비평의 선구자격인 《텍스트의 즐거움 *Le Plaisir du texte*》(1973), 《롤랑 바르트에 의한 롤랑 바르트 *Roland Barthes par lui-même*》(1975), 《사랑의 단상 *Fragments d'un discours amoureux*》(1977) 등. 〔역주〕

35) Fernand Braudel(902-1985). 프랑스 역사가. 〔역주〕

36) *Dits et Ecrits* II, p.524. Cf. Didier Eribon, 인용 책, pp.141-144.

37) *Dits et Ecrits* IV, p.60.

38) *Dits et Ecrits* n° 277. 역사학자들과의 대담에 관해서는: *Dits et Ecrits* n° 278, 279; 참고로 *Au risque de Foucault*, Paris, 1997.

39) David Macey, *Michel Foucault*, p.133.

40) J. G. Merquior, 《푸코와 연단의 허무주의 *Foucault et le nihilisme de la chaire*》, p.33.

41) H. Baruck, *La psychiatrie sociale*, 6판 PUF, 1982, p.99, p.8.

42) J. Miller, *La passion Foucault*, 프랑스어 번역, Paris, 1993, p.30.

43) G. Swain, 《정신병학의 탄생, 광기의 주체 *Le sujet de la folie, naissance de la psychiatrie*》, 툴루즈 1977. M. Gauchet와 G. Swain, 《인간 정신의 실제, 정신병원 제도, 그리고 민주적 혁명 *La pratique de l'esprit humain, l'institution asilaire et la révolution démocratique*》, Paris, 1980. Swain의 책에 대한 보고서를 작성하여야 했던 푸코는 질질끌기로 다른 보고서들을 막아 버렸다.

44) A. Stanguennec, 인용 책, p.100.

45) 같은 책, p.106. (칸트의 인류학: 오래 숙고한 책들 속에 담겨 있는 비판적 사상이 아니라 일부는 즉흥적인 강연들이다.)

46) 같은 책, p.103.

47) J. Hyppolite, 《정신현상학의 형성 과정과 구조 *Genèse et structure de la phénoménologie de l'esprit*》, Paris, 1946, p.583.

48) 참고 A. Stanguennec, 〈시적 광기와 개념적 지혜 Folie poétique et sagesse conceptuelle: Hölderlin et Hegel〉 in *Etudes post-kantiennes* I, p.80. 또 Pierre Lardet, 〈담론이라 나서는 도도함 La désinvolture de se présenter comme discours〉, in Luce Giard, *Michel Foucault, Lire l'œuvre*, p.48.

49) 참고, D. Eribon, 인용 책, p.168.

3. 임상의학의 탄생: 의학적 시각에 대한 고고학

1) D. Eribon, 인용 책, p.171. Yves Roussel, *Le mouvement d'écrire*, in *Michel Foucault, Lire l'œuvre*, pp.97 이하 참고.

2) 참고, *Histoire de la Folie*, p.235, 註 1.

3) P. Janet(1859-1947). 철학 교수 자격증. 박사 학위 후 샤르코의 지도 아래 살페트리에르신경정신병원 임상 병동에서 일함. (의학에서 출발한) 프로이트가 '강박적 신경증(névrose obsessionnelle)'이라고 지칭하는 '신경쇠약(psychasthénie)'을 따로 다룬다. 콜레주 드 프랑스의 저명한 교수인(1902) 그는 무의식의 발견과 관련하여 프로이트와 갈등 관계에 들어감. 푸코 교수와 라캉 박사의 관계 조명에 있어 자네/프로이트 관계가 어쩌면 도움을 줄 수 있을 것이다.

4) Marie François Xavier Bichat(1771-1802). 프랑스 의사, 해부학자이자 생리학자. 세포 조직의 개념을 구체화, 그 두 가지 기본 특성은 감각과 수축성으로 정의. 발생학의 발전에도 기여. 《삶과 죽음에 대한 생리학적 연구 *Recherches physiogiques sur la vie et la mort*》(1800)에서 '죽음에 저항하는 기능들의 집합'으로 생명을 정의한다. 〔역주〕

5) François Broussais(1772-1805). 프랑스 의사. 피넬과 비샤의 제자. 세포 조직의 염증을 병의 절대적 원인으로 간주하고 치료법으로 절식과 자락(刺絡)을 권장. 자신의 생리학적 이론을 심리학에까지 확장하려 함. 《염증과 광기에 대한 개론 *Traité de l'irritation et de la folie*》. 다른 의학 이론들을(바일·라에네크) 맹렬히 비난했으나 파리에 콜레라가 만연했을 당시 그의 실패로 그의 체계는 버림받았다. 〔역주〕

6) 참고, *Dits et Ecrits* III, p.409.

7) *Naissance de la Clinique*, p.19; 참고, *Dits et Ecrits* Ⅲ, p.47, p.51; *Dits et Ecrits* Ⅳ, p.194.

8) *Naissance de la Clinique*, pp.80-82(Foucroy의 공화력 11년 풍월 19일 연설).

9) 같은 책, p.86. 참고 *Dits et Ecrits* Ⅲ, p.411.

10) Georges Canguilhem(1904-1995), 철학 교수 자격증. 의사, *Le normal et le pathologique*의 저자, 철학교수자격시험 심사위원장. 평화주의자(1927)였고, 항독운동가(1940년 이후)였다.

11) *Naissance de la Clinique*, p.91. (아리스토텔레스형의 지식에서 칸트형 지식으로 넘어간다.)

12) Etienne Bonnot de Condillac(1715-1780). 프랑스 철학자. 언어에 관한 그의 개념의 일부는(언어는 인간이 만든 제도, 언어 기호의 관례적 성질 등) 현대 언어학 이론을 예고한다. 〔역주〕

13) 같은 책, p.92, p.115 등등.

14) 같은 책, p.107, p.109, pp.115-116.

15) Antoine Laurent de Lavoisier(1743-1794). 프랑스 화학자. 현대 화학의 창시자. 질량 보존의 법칙 발견, 산소의 역할 규명, 물의 구성 성분 발견, 뫼스니에와 함께 물의 분해와 합성 실현, 헤모글로빈 발견 등등 현대 화학의 이론적 개념을 진일보시킨 최초의 화학자. 〔역주〕

16) René Laennec(1781-1826). 프랑스 의사. 흉부 질병의 '간접 청진'을 위한 청진기 발명. 해부학적 임상의학의 창시자. 브루새 이론의 반대자. 특히 알코올에 기인한 위축성 간경화암 연구. 〔역주〕

17) *Raymond Roussel*, p.20.

18) 같은 책, p.61.

19) 같은 책, p.25.

20) 같은 책, p.209.

21) *Naissance de la Clinique*, p.Ⅵ.

22) 《콜레주 드 프랑스 연감 *Annuaire du Collège de France*》 그리고 A. Kremer-Marietti, *Michel Foucault*, Paris, 1974, p.222 이하.

23) *Le Monde*, 1977년 4월 6일.

24) 《표준화 장비에 관한 계보학 *Généalogie des équipements de normali-*

sation》, Fontenay-sous-Bois, 혹은 Paris, 1796, 재판:《치료 기계들 *Les ma-chines à guérir*》, Bruxelles, 1979. *Dits et Ecrits* III, n° 168, D. Macey, 인용 책 p.335 참고.

25) *Archéologie du savoir*, p.64.

26) 같은 책, p.74.

27) D. Eribon, 인용 책, p.198.

28) *Dits et Ecrits* III, p.47, p.51.

29) 참고, 예를 들어 *Dits et Ecrits* II, p.408.

30) 같은 책, p.161.

31) *Dits et Ecrits* IV, p.676.

32) *Dits et Ecrits* II, p.157.

33) 1968, *Dits et Ecrits* I, p.727.

34) *Dits et Ecrits* III, p.29. *Dits et Ecrits* II, p.157.

35) *Dits et Ecrits* III, p.46, p.402.

36) *Dits et Ecrits* IV, p.393, p.633. Christiane Sinding의 훌륭한 평론에서 〈La méthode de la clinique〉를 참조할 수 있다. in *Michel Foucault, lire l'œuvre*, pp.78-81.

37) 참고, 1978년 5월 27일 *Société française de philosophie*(프랑스철학회)에서 한 강연회. 1990년 4월 〈철학이란 무엇인가? Qu'est-ce que la philoso-phie?[Critique et Aufklärung(비판과 계몽)]〉의 제목으로 출간, p.53.

38) *Naissance de la Clinique*, 제3판 1975, p.XV

39) *Dits et Ecrits* III, p.88. 참고, *Dits et Ecrits* II, p.408, *Dits et Ecrits* III, p.141, *Dits et Ecrits* IV, p.66.

40) 참고, *Dits et Ecrits* III, p.45. 전직 사제였던 Ivan Illich는 *Nemesis médicale*, Paris, 1975에서 현대 의학의 특수화를 강하게 반박했다.

41) 같은 책, p.48.

42) CFDT(프랑스민주노동연맹) 사무총장 E. Maire와의 대담, in *Dits et Ecrits* IV, p.520.

43) D. Eribon, 인용 책, p.180.

44) D. Macey, 인용 책, p.161.

45) Simone Signoret. 〔역주〕

46) *Dits et Ecrits* III, p.329, 그리고 D. Eribon, 인용 책, pp.323-326.

47) C. Sinding, 인용 책, p.77, 註.

48) *Dits et Ecrits* IV, p.67, p.46, p.748. D. Eribon 인용 책, p.171 참고.

49) *Dits et Ecrits* III, p.42.

4. 말과 사물: 인문과학의 고고학

1) Jorge Luis Borges(1899-1986). 아르헨티나 작가. 꿈과 현실, 현재와 과 거를 뒤섞는 독특한 세계를 그려낸다. 글쓰기와 책의 존재 부각. 〔역주〕

2) Diego Rodríguez da Silva y Velásquez(1599-1660). 스페인 화가. 〔역주〕

3) 궁정에서의 삶을 공주를 중심으로 그린 벨라스케스의 작품(1656)으로 인 물들의 시선 방향, 미묘한 전체 구성 등으로 재현상의 고유한 문제들을 보여 준다. 〔역주〕

4) "그 책 [속에]…… 씌어 있기를 '동물들은 다음과 같이 나누어진다. a) 황 제에 속하는 것, b) 방부제로 보존된 것, c) 길들여진 것, d) 젖먹이 돼지들, e) 바다의 요정들, f) 기괴한 것들, g) 풀어 놓은 개들, h) 현 분류법에 포함된 것 들, i) 미치광이처럼 날뛰는 것들, j) 형용할 수 없는 것들, k) 낙타털로 된 아 주 고운 붓으로 그려진 것, l) 기타 등등'…." 《말과 사물》, p.7.

5) 이 개념에 대해서는 본서 p.63 참고.

6) R. Bellour에 따름, in D. Eribon, 인용 책, p.185.

7) Aldrovandi(1522-1605)의 *Histoires naturelles*은 1552년 1607년 사이에 출간되었다.

8) *Les Mots et les Choses*, pp.214-216. '구조' 라는 단어가 언급된다── 푸코의 구조주의는 세번째 문장의 다음 표현에서 나타난다. "……그러니까 정 확하게…… 같은 위치를……."

9) 같은 책, pp.218-220. 푸코는 사르트르의 반대에 따라 이 주장을 수정 하게 된다.

10) 같은 책, p.251. 1969년에는 서양 사상 전체로의 일반화가 지속되지 않 는다.

11) 원자의 일탈 운동. 〔역주〕

12) F. Bopp(1791-1867). 《그리스어 · 라틴어 · 페르시아어 · 게르만어의 동사 변화 체계와 비교한 산스크리트어 동사 변화 체계 *Le système de conjugaison du sanscrit comparé avec celui des langues grecque, latine, persane et germanique*》(1816) 출간.

13) W. von Humbolt(1767-1835). 베를린대학 설립자, 미완의 기념비적 문헌학적 연구서 저자:《인류의 언어 구조의 차이와 그것이 인류의 발전에 미치는 영향 *Sur la différence de construction du langage dans l'humanité et l'influence qu'elle exerce sur le développement de l'espèce humaine*》(1836).

14) George Boole(1815-1864) 영국의 논리학자이자 수학자. 현대 상징 논리학의 창시자. 〔역주〕

15) Georges Cuvier(1769-1832). 프랑스 동물학자, 고생물학자. 〔역주〕

16) David Ricardo(1772-1823). 영국의 재정가이자 경제학자. 자유자본주의 이론가. 신자유주의와 사회과학주의 이론가들에게 많은 영향을 주었다. 〔역주〕

17) Adam Smith(1723-1790). 스코틀랜드 철학자, 경제학자. 가격의 메커니즘이 수요와 공급의 균형을 보장하고, 개인들의 이해는 전체의 이해에 수렴한다고 생각한 낙관주의자. 자유 무역과 경쟁을 경제 정책의 기본 원칙으로 여김. 모든 자유주의학파에 영향을 주었다. 〔역주〕

18) *Dits et Ecrits* III, p.29.

19) *Les Mots et les choses*, p.352. 이 논문의 선사 시대 일에 관해서는 칸트의 인류학에 대한 논평(1961)에서 참고: B. Han, 《미셸 푸코가 놓친 존재론 *L'ontologie manquée de Michel Foucault*》, Grenoble, 1988, pp.11-65. 그리고 (J. Ferrari 지도 아래) 《*Kant Sur L'Anthropologie*》, Paris, 1977.

20) Kant, 《총론 *Prolégomènes*》, 서문 번역 J. Rivelaygue, Pléiade, t. II, Paris 1985, p.23. 흄(스코틀랜드인)은 앵글로 색슨 경험론자들 중 가장 날카롭다. *Critique de la raison pratique*(1788)은 로크(영국인)나 버클리(아일랜드인)에서도 보이는 경험론의 '오만'을 멀리한다.

21) *Critique de la Raison Pure*(A 323)에서 칸트는 자아(Moi) · 세계(Monde) · 신(Dieu)의 개념들의 형성 과정을 오성의 범주에 입각하여 보여 주고, 그러한 가(假)대상들의 인식을 겨냥하는 고전적 형이상학의 환상을 보여 준다.

22) "내가 이제 더 이상 사용 않는 [이 단어]"(1983): *Dits et Ecrits* IV, p.443.

23) "이제 나는 그러한 철학 형태를 벗어나려고 노력한다."(1984) 같은 책, p.697.

24) 참고, D. Macey, 인용 책, pp.187-190.

25) *Dits et Ecrits* IV, p.70. 66년 4월 3천5백 부, 6월 5천 부, 7월 3천 부 등등······ 참고, D. Eribon, 인용 책, p.183.

26) 《La Quinzaine littéraire》[보름 단위의 문학 잡지], 1967, 7월 1-15일.

27) 〈이것은 담뱃대가 아니다 Ceci n'est pas une pipe〉, 《Les cahiers du chemin》, 1968년 1월, 1973년 Fata Morgana출판사에서 재판.

28) S. de Beauvoir, *Les Belles images*, 파리, 1966과 Jacqueline Piatier와의 대담, 1966년 11월 23일 *Le Monde*. 참고, D. Eribon 인용 책, p.171. 주 1. 1967년 1월 《Les Temps Modernes》에서 사르트르주의자들의 공격.

29) G. Canguilhem, 〈인간의 죽음 혹은 코기토의 쇠약 Mort de l'homme ou épuisement du cogito〉, *Critique*, n° 242, 1969, p.610. 참고 D. Eribon, 인용 책, p.173.

30) P. Burgelin, 〈L'archéologie du savoir〉, *Esprit*, 1967——같은 제목의 푸코의 책은 1969년 것이다.

31) J. Colombel, 〈푸코의 말 그리고 사물 les mots de Foucault et les choses〉, *La Nouvelle Critique*, 1967년 4월, p.8. D. Eribon의 인용, 인용 책, p.167. PCF(프랑스공산당)과의 결별 이후 J. Colombel은 *Michel Foucault*라는 제목의 책을 출간했다. Paris, 1994. H. Lefebvre는 1963년부터 구조주의와 기술주의의 비판적 비교를 했다. (참고 Lévi-Srauss와 Barthes에 맞선 〈구조주의와 역사 고찰 Réflexion sur le structuralisme et l'Histoire〉, *L'idéologie structuraliste*, Paris, 1971.)

32) 〈사르트르는 답한다 J. -P. Sartre répond〉, *L'Arc* n° 30, 1966, pp.86-87. 참고, D. Eribon, 인용 책, p.168.

33) *Dits et Ecrits* IV, p.586. 참고 D. Eribon, 인용 책, p.175. J. Colombel의 뉘앙스를 띤 판단을 참고할 것, 인용 책, p.283, 주 29.

34) 〈J. -P. Sartre répond〉, 인용 책, p.87.

35) *Archéologie du savoir*, p.19, 주.

36) 같은 책, p.217, 그리고 *Dits et Ecrits* I, p.669, 주4.

37) *Dits et Ecrits* I, pp.656-657.

38) *Nouvel Observateur*의 영향력 있는 기자 M. Clavel은 B.-H. Lévy와 함께 70년대말 '신철학자들(nouveaux philosophes)' 단체를 발기하게 된다. 그들을 통해 '감옥에 관한 정보 그룹(Groupe d'information sur les Prisons)'에 참여하던 J.-M. Domenach(*Esprit*의 편집장)을 통해, 한 니체주의자에 의해 진단된 인간의 죽음이 사회적 그리스도교의 부흥에 자양분을 제공하게 된다──그것은 아마 니체를 재미있게 했겠지만…….

39) *Dits et Ecrits* II, p.171.

40) *Les Mots et les Choses*, p.13 참고, 그리고 Canguilhem, 인용 책, pp.612-613.

41) Raymond Aron(1905-1983). 프랑스 철학자, 사회학자. 사르트르와 함께 《*Les Temps Modernes*》 창간. 저서로 《역사에 대한 비판철학 *La Philosophie critique de l'Histoire*》(1938,1950), 《역사 의식의 범위 *Dimensions de la conscience histoirique*》(1962), 《지식인의 아편 *L'Opium des intellectuels*》(1957), 《산업 사회와 전쟁 *La Société industrielle et la guerre*》(1959) 등이 있다. 〔역주〕

42) Dagognet, Canguilhem, Piveteau, Courtès, Limoges, Conry, Grmek, Saint-Sernin, Leroy, Salomon, Balan, Delorme, 참고 *Dits et Ecrits* II, n° 77, pp.160-163(Fr. Jacob).

43) *Dits et Ecrits* II, p.64.

44) *Dits et Ecrits* I, p.581.

45) *Dits et Ecrits* I, p.515. 글은 1966년 5월 출간된다. '인본주의적 설교의 교화적 늪'에 맞서는 투쟁의 정치적 배경에 관해서는 참고로 *Dits et Ecrits* IV, p.666.

46) *Dits et Ecrits* IV, p.752. 67년 써서 84년 출간되었다.

47) *Dits et Ecrits* I, p.583.

48) *Archéologie du savoir*, p.261.

49) *Dits et Ecrits* I, p.605.

50) *Archéologie du savoir*, p.261.

51) *Dits et Ecrits* III, p.145, IV, p.80.

52) *Dits et Ecrits* I, p.816.

53) *Dits et Ecrits* II, p.13.

54) 같은 책, p.296.

55) 같은 책, p.554. 성운(星雲)이 바뀌었다——Deleuze, Lyotard, Guattari로 더 이상 Lévi-Strauss, Lacan, Dumézil이 아니다.

56) *Dits et Ecrits* III, p.399, p.89. 단어가 단지 언급만 되었다는 것이다 (*Dits et Ecrits* II), p.374.

57) *Dits et Ecrits* IV, p.284. 그런데 225쪽의 도표들은? 그리고 '지식의 삼면각' (355쪽)은?

58) 같은 책, p.693.

59) 《지식의 고고학》, p.28, 참고 R. Rorty, 〈도덕적 정체성과 사적(私的) 자율 Identité morale et autonomie privée〉, *Michel Foucault Philosophe*, Le Seuil, Paris, 1989, p.386.

60) *Archéologie du savoir*, p.261.

61) *Dits et Ecrits* III, p.299.

62) *Dits et Ecrits* IV, p.585.

63) *Dits et Ecrits* I, p.29. p.776.

64) 같은 책, p.498, pp.541-542, 또 pp.654-658.

65) 같은 책, pp.787-788 그리고 *Archéologie du savoir*, p.19.

66) *Dits et Ecrits* I, p.599.

67) 같은 책, p.606.

68) 관점론: 모든 인식은 인식하는 존재의 삶의 욕구와 상관 있다는 입장이다. 〔역주〕

69) *Dits et Ecrits* II, p.8, p.808.

70) 같은 책, pp.10-12.

71) 같은 책, p.158.

72) 같은 책, p.162, 그리고 p.410.

73) *Dits et Ecrits* III, p.143.

74) 같은 책, p.144 그리고 p.583. *Dits et Ecrits* IV, p.781.

75) *Dits et Ecrits* III, p.301.

76) 같은 책, p.402.

77) 같은 책, p.678.

78) *Dits et Ecrits* IV, p.24(1978년의 글, 1980년 출간).

79) 같은 책, p.74. 텍스트에 'il'이 있다. 마치 푸코의 기[illegible]에서 사물(chose)이 사람(homme)에게 앞을 양보하듯이 말이다……

80) 같은 책, p.75. 'le'는 'processus'가 아니라 암암리에 'l'homme'가 되어 버린 'les hommes'을 가리킨다.

81) 같은 책, p.633 그리고 p.656.

82) 같은 책, p.709.

83) 같은 책, IV p.665.

84)《말과 사물》, p.179, J. G. Merquior의《푸코 혹은 교단에 대한 회의 *Foucault ou le nihilisme de la chaire*》, Paris, 1986, p.69. 참고 p.74, p.78. 저자는 1971년 푸코에게 오랜 시간 질문을 던졌다.(참고 *Dits et Ecrits* II, pp.157-174)

85) Philippus Aureolus Theophrastus Bombastus von Hohenheim, 일명 Paracelsus(1493-1541). 스위스 의학자, 연금술사. 그의 의학 이론은 인간 신체(소우주)와 우주 전체(대우주)의 유사 대응이라는 연금술적 사고를 기초로 한다. 화학 또 유사 요법의 발달에도 기여했다고 할 수 있다. 〔역주〕

86) J. M. Merquior, 인용 책, p.65.

87) André Vésale(1514-1564). 플랑드르 출신 해부학자. 현대 해부학의 창시자로 여겨진다. 〔역주〕

88) 같은 책, p.72.

89) Joseph Pitton de Tournefort(1656-1708). 프랑스 식물학자, 여행가. 식물 분류법에 있어 린네의 선구자. 〔역주〕

90) G. Canguilhem, 인용 책, p.613.

91) 'Phlogistique' : 모든 물체에 고유한 것으로 추정되고, 그 물체를 떠나면서 연소를 일으키는 것으로 추정되는 특수한 액체. 연소가 화학적 결합이라는 것을 라부아지에가 보여 주면서 이 연소에 대한 해석은 깨졌다. 〔출판측의 주 NdE〕

92) J. G. Merquior, 인용 책, p.76.

93) *Les Mots et les Choses*, pp.58-59.

94) 강연《비판이란 무엇인가? *Qu'est-ce que la critique?*》그리고《계몽이
란 무엇인가? *Was ist Aufklärung?*》.

95) Kant, *Critique de la Raison Pure*, B XIX, B 795, B 869——참고 J.
Vuillemin, *Physique et métaphysique kantiennes*, Paris, 1955, p.29.

96) 칸트에서 비판적 사색과 인류학 강의를 구별하는 데서 오는 표현.《비
판》의 저자, 쾨니히스베르크의 교수.〔역주〕

97) Vuillemin은 범주 목록에 입각하여 이론적 체계를 사고하는데, 그래서
자유의 범주들에 대해서도 마찬가지로 생각해야 한다(*Critique de la raison
pratique*)——이건 인본주의자의 책읽기가 택하는 길이 아니며(Renaut, 인용
책, p.28), 그래서 그의 '스콜라 학풍의' 작업에 대한 경시가 있게 된다. (참고
그의 세번째 비판 번역, p.509, 주 122.)

98) A. Renaut가 그의 칸트의 인류학 번역에서 제시하는 것. Paris, 1933,
p.6.

99) *Critique de la Raison Pure*, B 317. (사색을 위해 인간을 개입시킬 필요
없이 범주들을 따르는 것으로 충분하다.)

100) *Critique de la Raison Pratique*, §7, 파생 명제.

101) *Les Mots et les Choses*, p.251.

102) *Dits et Ecrits* IV, p.781.

103) *Les Mots et les Choses*, p.163.

104) *Dits et Ecrits* II, pp.371-372, 그리고 *Archéologie du savoir*, 맨 끝.

105) Kant, *Critque du Jugement*, §72, V 391. *Dits et Ecrits* II, p.148을 참조
할 수 있다.

106) *Les Mots et Les Choses*, pp.338-339.(n. s)

107) 참고, A. Stanguennec, 인용 책, p.187. 청년 헤겔의 위기, A. Stan-
guennec, *Hegel*. Paris, 1997, p.32 참고.

108) *Naissance de la Clinique*, p.86, 그리고 *Histoire de la Folie*에서 Pinel에
의한 미치광이들의 표준화에 대한 그의 조소.

5. 지식의 고고학

1) *Dits et Ecrtis* I, p.777.

2) 같은 책, n° 58, n° 59.

3) *Dits et Ecrits* II, p.158.

4) Kant, *Critique de la Raison Pure*, B XI. 그리고 참고로 M. Serres, 〈피라미드의 발치에서 탈레스가 본 것〉, in *Hommage à Jean Hyppolite*(Jean Hyppolite 추모), Paris, 1971, pp.1-20.

5) *Archéologie du savoir*, p.165. 이 표현은 1967년 《*Les Temps Moderns*》에서 '낙관적 실증주의자(un positiviste heureux)' 라는 제목 아래 *Les Mots et les Choses*를 비판한 S. Le Bon에 답한다. '경험' 은: *Dits et Ecrits* II, p.207 참고.

6) Nicolas Bourbaki. 고등사범학교의 젊은 수학자들로 구성된(1933) 저자명. 형식 논리와 집합 이론에 따라 수학 언어를 코드화하고 분명히 한다. 〔역주〕

7) 본서, p.78 참고.

8) 본서, p.63 참고.

9) *Archéologie du savoir*, p.265. 푸코는 '초월적' 이라는 개념 아래 현상학적 주체성과 범주적 구조를 혼동한다. Vuillemin(*Physique et Méta-physique kantiennes*에서, Paris, 1955)은 이성적 역학이 (주체의 경험에가 아니라) 구조에 속한다는 것을 보여 주었다.

10) *Dits et Ecrits* I, p.786.

11) 같은 책, p.844.

12) 같은 책, p.786.

13) *Dits et Ecrits* II, p.157.

14) 상동.

15) 같은 책, p.406.

16) *Dits et Ecrits* III, p.404 그리고 *Dits et Ecrits* IV, p.42.

17) *Dits et Ecrits* III, p.405; *Dits et Ecrits* IV, p.67 등등.

18) *Dits et Ecrits* III, p.678.

19) 참고, 《개념분석학 *l'Analytique des concepts*》, 관념 이론, 그리고 *Critique*

de la Raison Pure의 *Méthodologie transcendantale*.

20) *Dits et Ecrits* IV, p.43.

21) *Archéologie du savoir*, p.184.(n.s.)

22) 참고, *Dits et Ecrits* IV, pp.392-393과 p.617.

23) 같은 책, p.393, 또 되읽기에서 확인, p.618.

24) 참고, B. Han, 인용 책, p.103 이하.

25) *Dits et Ecrits* II, p.371.

26) 같은 책, p.373.

27) *Archéologie du savoir*, p.125.

28) 참고, J. Vuillemin, 인용 책, p.357.

29) *Archéologie du savoir*, p.184.(n. s.)

30) 본서 p.72와 p.87 참고.

31) *Archéologie*가 아니다. *Dits et Ecrits* III, p.29.

32) 참고, Nietzsche, 《도덕의 계보학 *Généalogie de la morale*》, III, 11.

33) *Dits et Ecrits* III, p.29.

34) *Dits et Ecrits* IV, p.67, 참고 *Dits et Ecrits* III, p.405.

35) 참고, D. Eribon, 인용 책, pp.218-219, D. Macey, 인용 책, p.346.

36) 참고, D. Eribon, 인용 책, p.312.

6. 감시와 처벌: 감옥의 탄생

1) E. Le Roy-Ladurie, *Surveiller et Punir*에서 인용, p.79.

2) N. W. Morgensen, 1971, 같은 책에 인용, p.80.

3) J. -M. Servan(Hume이 아니다!), p.105 인용.

4) Kantorowitz는 [《왕의 두 신체》에서, 1959]······ '왕의 신체'에 관한 주목할 만한 분석을 제시했다. 중세에 형성된 사법 신학에 의하면, 그것은 태어나고 죽는 일시적 요소 외에 시간을 통해 남아 있으며, 왕국의 물리적이지만 비물질적인 밑받침으로 유지되는 다른 요소를 포함하기 때문에 이중 신체이다. *Surveiller et Punir*, p.33.

5) 같은 책, p.195. Schreber, 법관, 프로이트와 라캉이 평을 달아 정신분석

하는 사람들 사이에서 유명한 《신경병증성 환자의 회고록 *Mémoires d'un névropathe*》(Leipzig, 1903)의 저자.

6) *Surveiller et Punir*, p.141. 이 악의(malveillance)의 개념은 이미 *Archéologie du savoir*에 있다.

7) 성(聖) Jean-Baptiste de La Salle(1561-1719). 프랑스 성직자. 그리스도교 형제회의 전신인 단체를 결성하였다. 〔역주〕

8) le Maréchal de Saxe로 불린 Maurice Saxe(1696-1750). 프랑스 원수. 오스트리아 왕위 계승 전쟁시 뛰어난 전략가의 면모를 보였다.

9) Claude Lancelot(1615-95) Arnauld와 함께 《*Grammaire génerale et raisonée*》(혹은 *Grammaire de Port Royal*, 1660) 집필에 참여했다. 〔역주〕

10) 같은 책, p.218. '고귀한 개인적 총체(belle totalité de l'individu)' 라는 표현은, 고대 그리스인의 헤겔적 이해 '고귀한 윤리적 총체(belle totalité éthique)' 를 암시한다.

11) Francis Bacon(1560?-1626)은 1620년 *Novum Organum*을 출간했다. 실험적 방법론은 '무한한 오류' (수도승들의 책에 의한 지식)에 종지부를 찍어야 했다. Kant는 *Critique*의 첫 부분에서 이 부분을 인용한다.

12) *Surveiller et Punir*, p.279. 푸코는 '대혁명의 득을 보는' 부르주아 계층에 대해 이야기한다.

13) 참고, *Dits et Ecrits* II, p.761. D. Eribon, 인용 책, p.237 이하, p.257, p.271; J. Colombel, 인용 책, p.122.

14) *Dits et Ecrits* III, p.671.

15) J. Colombel, 인용 책, p.126.

16) *Dits et Ecrits* II, p.175.

17) 같은 책, p.174. 참고 D. Eribon, 인용 책, p.237 이하, p.257, p.271; J. Colombel, 인용 책, p.122.

18) D. Eribon, 인용 책, p.244.

19) J. Colombel, 인용 책, p.160. *Dits et Ecrits* IV, p.32를 볼 수 있다.

20) M. Delmas-Marty, *Magazine littéraire*, n° 325, p.52.

21) 콜레주 드 프랑스에서 푸코의 조수가 되어 있던 고등학교 철학 교사 E. Ewald가 주도한 투쟁 활동에 뒤이어 참고 D. Eribon, 인용 책, pp.262-4.

22) J. Colombel에 의해 인용, 인용 책, p.163.

23) A. Farge와 M. Foucault, *Le Désordre des familles*, Gallimard, Paris, 1982.

24) J. Bentham, *Le Panoptique*, Belfond, Paris, 1977.

25) 참고, J. G. Merquior, 인용 책, p.119 이하.

26) le ratio(비율)가 아니라 의식적으로 라틴어 여성 명사 la ratio(계산·이성·계획 등의 뜻)를 부각시킨 듯하다. 〔역주〕

27) *Dits et Ecrits* IV, p.13.

28) *Surveiller et Punir*, p.141.

29) *Dits et Ecrits* III, p.319.

30) 같은 책, p.326.

31) *Dits et Ecrits* IV, p.26.

32) 푸코는 프랑스 공산당 당원들이 사건들에 대해 분석보다는 고발로, 특히 *Histoire de la Folie*와 *Surveiller et Punir*에 관련해서는 '거짓'으로 반응했다고 판단하였다……. 또 그 지식인들에게는 철저함이 결핍되었다고 판단했다. 그들은 신체적으로 참여를 하지 않고 [말만 했다]……. 참고, *Dits et Ecrits* III, n° 238. 그렇지만 J. −P. Cotten의 뉘앙스를 띤 기사, '소송중의 진실'을 볼 것, *La Pensée*, 1978년 12월.

33) J. Colombel, *Michel Foucault*, Paris, 1994.

34) G. Deleuze, *Pourparlers*, Paris, 1990, p.227. J. Colombel의 인용, 인용 책, p.165.

35) J. Colombel, 인용 책, p.165.

36) 같은 책, p.165.

37) 같은 책, p.167.

38) 같은 책, pp.176−177.

39) *Dits et Ecrits* II, n° 164.

40) 본서, p.133 참고.

41) 참고, D. Macey, 인용 책, p.382 그리고 p.518, 註 100.

42) *Dits et Ecrits* III, p.149. 이 표현은 분명 Krondstadt의 선원들의 반란 후 1921년 레닌에 의해 세워진, 전쟁 공산주의의 포기와 자본주의로의 일시적 회귀로 특징지어지는 새로운 정치경제학 N. E. P.(*Novaïa Ekonomitcheskaia*

Politika)을 참고한다. N. E. P.는 1928년 스탈린에 의해 중단된다.

43) *Dits et Ecrits* IV, p.669.

44) 1983, *Dits et Ecrits* IV, p.393, p.618, p.633.

45) 같은 책, p.30.

46) 같은 책, p.22. 참고, *Dits et Ecrits* III, pp.392-393.

47) *Dits et Ecrits* III, p.304(봉건 시대), 그리고 *Dits et Ecrits* II, p.654(나치 주의).

48) *Dits et Ecrits* III, p.311.

49) 참고, *Dits et Ecrits* II, p.8, p.808 그리고 이하, *Dits et Ecrits* IV p.[17], a, 그리고 VI p.[8].

50) 본서, p.107 참고.

51) Rousseau, 《인간 불평등의 기원과 근거에 관한 담론 *Discours sur l'origine et les fondements de l'inégalité parmi les hommes*》, in *Œuvres complètes*, 3권, Paris, 1964, p.142 그리고 p.155 칸트를 참조할 수 있다. *Conjectures*(추측)…… in *Œuvres philosophiques* 2권, p.511.

52) 본서 p.27 주 10, 그리고 p.38 참고.

53) 참고, *Archéologie du savoir*, p.159.

54) 본서 p.86-87 참고.

55) 참고, Claude Mauriac, 《만남 기호들, 그리고 약속 *Signes rencontres et rendez-vous*》, Paris, 1983, *Livre de Poche*, p.35.

56) *Archéologie du savoir*, p.88. 본서 p.93 참고.

7. 성의 역사: 앎에의 의지

1) *Les Mots et les Choses*, p.333.

2) 하이데거가 지도한 헤겔에 관한 논문 후 Herbert Marcuse(1898-1979)는 '프랑크푸르트학파(Ecole de Francfort)'에서 작업하고, 1932년 망명하여 San Diego(Californie)에서 교수가 된다. 그는 《에로스와 문명 *Eros et civilisation*》(1954)과 《일차원적 인간 *L'Homme unidimensionnel*》(1964)을 출간했다.

3) 빈에서 정신분석학자, 그후 베를린에서는 공산당 열성분자, 두 흐름에서

쫓겨난 Wilhelm Reich(1897-1957)는 특히《성의 혁명 *La Révolution sexuelle*》(1936)을 출간했다. 나치주의를 피하던 그는, 덴마크와 노르웨이·스웨덴에서 달갑지 않은 인물로 되어, 미국으로 이민(1939)을 간다. 거기서 옥사한다.

4) *La Volonté de savoir*, p.197. 닭 사육자와 간호사의 말살 규율을 참조할 수 있다(Himmler): *Dits et Ecrits* II, p.821.

5) Salpêtrière 교수, Jean-Martin Charcot(1825-1893)는《신경학 보고(寶庫) *Les Archives de neurologie*》를 1880년 창간했고, 병에 자기 이름(Charcot형 근육 위축)을 남기기도 했다. 1885-1886년 프로이트는 그의 수업을 받았고, 자신의 장남에게 그의 이름을 달아 주었다.

6) 에밀 졸라의 루공 마카르 총서에 속하는 작품의 제목이다. 이 작품은 광부들의 처참한 삶을 그렸다. 〔역주〕

7) 참고, K. Marx, *Le Capital*, L. 1, X장, 2, 〈초과 노동을 열망하는 자본〉(푸코의 노트).

8) Platon, *Lois*, IX 875c; 아리스토텔레스에 있어서 완전한 선의 자족에 관해서는《니코마코스 윤리학 *Ethique à Nicomaque*》I, 5, 1097b 8.

9) Kant, *Critique de la Raison Pure*, 서문(B, XXXV).

10) 참고, *Dits et Ecrits* III, p.112.

11) 본서 p.95 참고.

12) 그러나 이 저항점들이, 예를 들어 L. -F. Lyotard의 '리비도 지대의 강도(强度)'(*Economie libidinale*, Paris, 1974), 혹은 구조적 교차점들이 그렇듯이 확고한 개별성들인지는 알 수 없다.

13) 참고, *La Volonté de savoir*, p.79 註, 표지에서 네번째.

14) *Dits et Ecrits* I, p.604.

15) C. Mauriac, *Mauriac et fils*, Paris, 1986, Livre de poche n° 4343, p.301.

16) 참고 *Dits et Ecrits* III의 소개, n° 263, 그리고 D. Macey, 인용 책, p.383.

17) D. Macey, 인용 책, p.362, 그리고 p.516 주 29; D. Eribon, 인용 책, p.292.

18) 참고, P. Billouet, 인용 책.

19) 영어판 서문, *Dits et Ecrits* III, p.135.

20) *Dits et Ecrits* II, p.625, 그리고 p.555 이하.

21) 같은 책, n 358. 참고 D. Eribon, 인용 책, p.336.

22) 참고, D. Halperin, 《성(聖) 푸코 *Saint Foucault*》, Oxford University Presse, 1995; J. Miller, 《*The passion of Michel Foucault*》, New York, 1993, 프랑스어 역, *La Passion Foucault*, Paris, 1995; 참고, D. Eribon, 인용 책, p.51 이하.

23) 참고, J. Miller, 인용 책, p.39.

24) *Dits et Ecrits* III, n° 206.

25) 라틴 그리스도교 작가 Septimius Florens Tertullianus(프 Tertullien). 〔역주〕

26) 같은 책, p.320.

27) 같은 책, p.318.

28) 같은 책, p.323.

29) *Michel Foucault Philosophe*에서 p.82.

30) 같은 책, p.79.

31) *Dits et Ecrits* III, p.238; D. Eribon(인용 책, p.266)은 거기서 '미셸 푸코의 깊은 철학'을, '푸코의 연구와 글쓰기 작업의 동기가 되는 것'을 이해하게 해주는 '고백'을 본다

32) Michel Foucault, 《비판이란 무엇인가? *Qu'est-ce que la critique?*》, 인용 책, p.53.

33) *Dits et Ecrits* III, p.265.

34) *Les Mots et les Choses*, p.273.

35) Raymond Bellour, *Michel Foucault Philosophe*에서, p.176.

36) 영혼, 의식, 개인, 내적 자유 같은 예속된 주권. *Dits et Ecrits* II, p.226.

37) 참고, *Dits et Ecrits* II, p.627; A. Gualandi, *Deleuze*, Paris, 1998, 특히 38쪽 이하와 61쪽 이하; Kant, *Critique de la Raison Pratique*, 1, P. Billouet 번역, Paris, 1999(참고 Hume의 칸트 읽기의 주석).

8. 쾌락, 관심, 자신(自身)

1) *Usage des plaisirs*, 13쪽. 특히 *Dits et Ecrits* IV를 참조할 수 있다, 75쪽과 632쪽.

2) Aristote, *Ethique à Nicomaque*, VII, 14, 1154 a; 푸코의 인용, *Usage des*

plaisirs, p.62.

3) Kant, *Critique de la Raison Pratique*, §7.

4) Kant의《관습에 관한 형이상학의 기초 *Fondation de la métaphysique des mœurs*》첫 단락의 제목이다.

5) Alkibiadês(프 Alcibiade, 기원전 450년경-기원전 404년). 그리스의 장군, 정치가. 소크라테스의 총애를 받았던 제자. 〔역주〕

6) 프 Aristippe, 그리스 철학자 Aristippos. 〔역주〕

7) *Usage des plaisirs*, p.97. (그러나 플라톤에게서 절제는 도시 전체, 즉 남자들 · 여자들 · 지배자들 · 피지배자들과 관련된다.)

8) 아름다운 (이상적) 도시라는 뜻. 참고, 플라톤의《국가》. 〔역주〕

9) 같은 책, p.153. 1975년 푸코는 **유순함**과 **자유**를 비교하지 않았을 것이다.

10) Démosthenès(프 Démosthène, 기원전 384-기원전 322). 아테네 정치가. 키케로에 의하면 그리스 최고의 능변가. 수사학의 대가. 〔역주〕

11) Xénophon(기원전 426-354). 철학자(소크라테스의 제자), 역사가.

12) *Usage des Plaisirs*, p.264. 그러나 소크라테스에게 사랑은 아리스토파네스에게처럼 그 자체가 결실 없고(참고 191c/209a) 한정된(205e) 것이 아니다.

13) *Usage des plaisirs*, p.254. L. Robin에 따르면 아리스토파네스의 찬사와 방법적 칭찬의(Agathon과 Socrate) 차이는 반어/진지함이 아니다. (참고, 그의 *Le Banquet* 번역의 설명, Belles Lettres, Paris, 1976, p.XXXI.)

14) 같은 책, p.256. 그런데 소크라테스와 아리스토파네스의 차이는 반어/진지함이 아닌가?

9. 자기 관심

1) *Le Souci de soi*, pp.64-65.

2) Caius Plinius Secundus(프 Pline l'Ancien, 23-79). 자연주의자, 역사가, 신학가. 세네카: 정치인, 네로의 스승, 비극 작가, 철학자. 마르쿠스 아우렐리우스(121-180): 문인 황제…… 또한 철학자. 에픽테토스(프 Epictète, c. 50-130): 노예에서 자유인으로 됨, 철학자, 그가 가르친 말씀을 역사가이자 정치인 아리아노스(프 Flavius Arrien)가 모음. 루키아노스(프 Lucien)(c. 120-180):

소피스트, 소설가, 정치작가.

3) 참고 위, p.29와 p.41.

4) 메가라학파 철학자 Diodore Cronos(296년 사망)의 '주요 논지(Maître Argument)'는 대부분의 고대 철학자들에 의해 논의되었다. 참고, J. Vuillemin, 《필연과 우연 *Nécessité ou contingence*》, Paris, 1984, 그리고 잡지 *Philosophie*, n° 55, Paris 1997.

5) *De ira*[분노에 관하여] III, 36;《자기 관심》에서 언급, p.84.

6) Cléanthe d'Assos(Kleanthês의 프랑스식 표기, 기원전 331-232), Zénon de Cittium을 뒤이어 스토아학파의 우두머리.

7) 프 Flaviens, 베스파지아누스 왕에 의해 세워진 왕조의 로마 황제들. 〔역주〕

8) 프 Antonins, Flaviens를 뒤이은 로마 황제들. 〔역주〕

9) 프 Galien, 그리스 의학자 Klaudies Galénos. 〔역주〕

10) *Le Souci de soi*, p.187. 그런데 푸코는 의사 갈레노스(129-199)가 철학자 아리스토텔레스처럼 쾌락은 **좋다**고 말하는 것을 고려하지 않는다. 스토아학파의 철학자들에게 그것(쾌락)은 **무관**(또 선호할 만)하다.

11) 같은 책, p.207. 그렇지만 푸코는 그것을 **선호할 만한** 것으로 치는 Hiéroclès(기원후 5세기)를——반면 에픽테토스는 그것을 공민적 · 종교적 미덕들, 그리고 엄격한 의미의 미덕과 동등한 **미덕**으로 친다——인용한다.(S 209) ("우리 각자를 위해 그렇게 해야 하는 것처럼, 즉 우리의 속성에 따라 욕망하고 피하고 원하고 거부함."《대담》III, 7, 26.)

12) 같은 책, p.208. 왜냐하면 푸코에 따르면, 에픽테토스는 그리스도교에 속하지 않기 때문에, 그러므로 그리스도교가 함께 포교하게 되는, 보편화의 요구와 육체에 관한 교리 사이의 관련이 없다. 쾌락은 중립적이므로 '모든 법들의 핵심'(Kant, *Critique de la Raison Pure*, V 83)은 육체의 교리에서 의미하는 순수는 아니다.

13) Caius Musonius Rufus(c. 28-78). 에픽테토스에 가까운 철학자.

14) 그리스 그리스도교 작가 Titus Flavius Clemens(프 Clément d'Alexandrie, 150년경-215년경). 알렉산드리아에서 그리스도교 연극 공연을 지도. 〔역주〕

15) 그리스도교 그노시스파의 Clément d'Alexandrie는 새 개종자들을 위한 《교육자》에서 쓴다. "돼지들처럼 사는 사람들은 자신의 더러움에서 쾌락을 얻

는다"(《자기 관심》속에 인용, p.226)라고.

16) 참고, 1 Corinthiens, 7, 9와 7, 38.

17) Solon(기원전 c.640-c.558), 그리스의 칠현(七賢) 중 한 사람, 고대 아테네 헌법의 아버지.

18) Kant, *Critique du Jugement*, 6, 8, 5.

19) J. -F. Lyotard, 《숭고미의 분석학에 관한 강의 *Leçons sur l'analytique du sublime*》, Paris, 1991.

20) *Le Souci de soi*, p.94. 이 세 가지 요소들은 구별된다. 뒤의 두 개의 거부가 첫번째 것의 거부를 포함하지는 않는다.

21) 같은 책, p.317. 푸코는 유한성을 타락과 동일시하고 있다. 반면 《지식의 고고학》과 《말과 사물》은 유한성의 두 가지 의미를 구별했다.

22) *Dits et Ecrits*, IV, p.129.

23) D. Defert, 〈작품 자체로부터의 점진적 이탈〉, 《푸코를 무릅쓰고 *Au risque de Foucault*》, p.158.

24) *Dits et Ecrits* IV, p.730: 1984년 7월 15일(푸코는 6월 15일 사망했다)의 *Le Monde*에 실린 대담.

25) 참고, 같은 책, p.733.

26) 'Alain' 이라 불리는 Emile Chartier(1868-1951), Henri IV 고등학교 교사, 데카르트적 인본주의자, 평화주의자, 급진주의(명사(名士)들의 당, 중도파, 온건파, 반(反)성직주의, 사유 재산에 집착하는 급진당의 교리) 철학자로 알려져 있다.

27) *Dits et Ecrits* II, pp.69-71. 1970년 푸코는 뱅센대학 철학과 책임자이다.

28) 같은 책, p.227.

29) 정부의 공산당 장관들조차도…….

30) 본서 p.51 참고.

31) J. -P. Vernant, *Michel Foucault Philosophe*에서, p.269.

32) *Michel Foucault Philosophe*, pp.261-270.

33) *Usage des plaisirs*의 인용들은 p.80, 분명히 《국가》 인용을 피한다. 432a와 442c-d.

34) *Critique de la Raison Pratique*, V71, V45.

35) 본서 p.89 참고.

36) *Critique du Jugement*, 29, Rmq, Ak. V p.278; 그리고 §54, V p.335.
Critique de la Raison Pratique, Ak. V. p.60.

37) 《순수 이성 비판 *Critique de la Raison Pratique*》, §3, sc. 2(번역 인용, pp.36-39).

38) "우리의 모든 성향이 충족됨이 행복이다."(CRP, Pléiade, p.1366) 그리고 그것은 **최고선**의 두 요소 중의 하나인 **완전한** 선이다──자유는 **지고의** 선이다. 참고, *Critique de la Raison Pratique*, 인용 책, p.60.

39) A. Philonenko는 이성의 힘에 대해, 칸트가 자유는 '행복이라고 **불릴 수 있는** 즐거움을 가질 수 있게' 된다라고 '결정적으로 덧붙였다'고 판단한다. (*L'œuvre de Kant*《칸트의 작품》, Paris, 1972, 2권, p.165) 그러나 그는 피히테의 이 '거의 금욕주의자적 자세'(인용 책, 註 54 p.160)를 Picavet의 **정확한** 번역의 **잘못된** 인용에 의해서만 주장할 수 있다. 〈Die Freiheit selbst wird auf solche Weise (nämlich indirekt) eines Genusses fähig, welcher **nicht** Glückseligkeit heißen kann⋯⋯〉, ["자유 자체가 이 방식으로(즉 간접적으로) 행복이라고 불릴 수 **없는** 즐거움을 가질 수 있게 된다⋯⋯."] Kant, *Kr. der pr. Vernunft*, Ak. V p.118; Picavet, CRPr, P. U. F. 1976, p.128.

40) *Usage des plaisirs*, p.17.

41) *Dits et Ecrits* IV, p.731.

42) Ernst Cassirer(1874-1945)는 인식에 관한 신칸트적 비판을 훔볼트의 구분의 심화를 통해 문화 전반에 확장시킨다.(참고 위, p.71) 1929년 다브스에서 '칸트주의와 철학'에 대한 카시러와 하이데거의 유명한 토론이 있었다.

43) 참고, 푸코, 〈니체, 계보학, 역사〉, *Dits et Ecrits* II, p.141.

결 론

1) 참고, *Dits et Ecrits* I, p.515, 그리고 위, pp.78-79.

2) 《정신병과 인격 *Maladie mentale et personnalité*》, 1954.

3) 소르본도서관에 제출된 그의 칸트에 관한 논문이다.

4) 성의 역사를 위한 연구. 거의 끝낸 제3권은 미간행 상태이다.

5) *Dits et Ecrits* IV, p.607.

6) 참고, *Les Mots et les Choses*, p.352; 본서 p.72, p.96, 그리고 p.108 참고.

7) *Usage des plaisirs*, p.17.

8) 《지식의 고고학》, p.264. 본서 p.103 참고.

9) 예를 들어 *Dits et Ecrits* IV, p.93, p.693, 그리고 p.720.

10) 예를 들어 *Les Mots et les Choses*, p.13, 그리고 《지식의 고고학》, p.5.

11) 본서 pp.72-73.

12) 본서 p.27 주 10, 그리고 p.170 참고.

13) *La Volonté de savoir*, p.172.

14) J. -F. Lyotard, 《분쟁 *Le Différend*》, Paris, 1983(41, 102, 134호).

15) *La Volonté de savoir*, pp.130-134.

16) *Usage des plaisirs*, p.274.

17) 같은 책, p.13.

18) 참고, G. Lebrun, *Michel Foucault Philosophe*, pp.33-51.

19) Kant, *Critique de la Raison Pratique*, B472-B481.

20) 참고, Kant, 푸코의 인용, *Dits et Ecrits* II, p.221.

21) 참고, *Critique de la Raison Pratique*, §5-6.

22) 화가 프랜시스 베이컨(1909-1992). 여기서는 흔들린 사진 같은 그의 초상화를 암시한다. 〔역주〕

23) 본서 pp.87-88 참고.

참고 문헌

■ 푸코의 저작품

Histoire de la Folie à l'âge classique, Gallimard, 1961.

Naissance de la Clinique, PUF, 1963.

Raymond Roussel, Gallimard, 1963.

Les Mots et les Choses, Gallimard, 1966.

〈Ceci n'est pas une pipe〉, *Les cahiers du chemin*, janvier, 1968. Réédition Fata Morgana, 1973.

L'Archéologie du savoir, Gallimard, 1969.

L'Ordre du discours, Gallimard, 1971.

Moi, Pierre Rivière ayant égorgé ma mère, ma sœur et mon frère…… (*ouvrage collectif*), Gallimard, 1974.

Surveiller et Punir, Gallimard, 1975.

Histoire de la Sexualité: La Volonté de savoir, Gallimard, 1976.

〈Qu'est-ce que la Critique?[Critique et *Aufklärung*]〉 Conférence du 27 mai 1978, devant la *Société française de philosophie*, publiée en avril 1990.

A. Farge et M. Foucault, *Le Désordre des familles*, Gallimard, 1982.

Histoire de la sexualité: L'Usages des plaisirs, Gallimard, 1984.

Histoire de la sexualité: Le Souci de soi, Gallimard, 1984.

Dits et Ecrits I: 1954-1969, éd. D. Defert et F. Ewald(avec la collaboration de J. Lagrange), Gallimard, 1988.

Dits et Ecrits II: 1970-1975, Gallimard, 1988.

Dits et Ecrits III: 1976-1979, Gallimard, 1988.

Dits et Ecrits IV: 1980-1988. Gallimard, 1988.

■ 푸코에 관한 연구서와 논문

P. Burgelin, 〈l'archéologie du savoir〉, *Esprit*, 1967.

G. Canguilhem, 〈Mort de l'homme ou épuisement du cogito〉, *Critique*, n° 242, juillet 1967.

J. Colombel, 〈Les mots de Foucault et les choses〉, *La Nouvelle Critique*, avril 1967.

—— *Michel Foucault: la clarté de la mort*, O. Jacob, 1994.

D. Defert, 〈Glissements progressifs de l'œuvre hors d'elle-même〉, *Au risque de Foucault*.

G. Deleuze, *Foucault*, Editions de Minuit, 1986.

H. Dreyfus et P. Rabinow, *Michel Foucault, un parcours philosophique*, Gallimard, 1984.

D. Eribon, *Michel Foucault*, Flammarion, 1991.

Michel Foucault les jeux de la vérité et du pouvoir, actes du colloque de Sofia(sous la direction d'Alain Brossat) 25-27 juin 93, Nancy, 1994.

Michel Foucault Philosophe, Le Seuil, 1989.

L. Giard (*et alii*), *Michel Foucault, Lire l'œuvre*, Jérôme Millon, 1992.

Fr. Gros, *Foucault et la folie*, PUF, 1996.

B. Han, *L'ontologie manquée de Michel Foucault*, Grenoble, 1998.

D. Halperin, *Saint Foucault*, Oxford University Press, 1995.

A. Kremer-Marietti, *Michel Foucault, archéologie et généalogie*, Garnier-Flammarion, 1974.

S. Le Bon, 〈un positivisme désespéré〉, *Les Temps Modernes*, 1967.

D. Macey, *Michel Foucault*, trad. P. -E. Dauzat, Gallimard, 1994.

C. Mauriac, *Signes rencontres et rendez-vous*, Livre de poche, 1983.

C. Mauriac, *Mauriac et fils*, Livre de poche, 1986.

J. G. Merquior, *Foucault et le nihilisme de la chaire*, trad. franç. M. Azuelos, PUF, 1986.

J. Miller, *The Passion of Michel Foucault*, New York, 1993, tr. franç., *La Passion Foucault*, Plon, 1995.

J. Swain, *Le sujet de la folie, naissance de la psychiatrie*, Toulouse, 1977.

R. Terra, 〈Foucault lecteur de Kant: de l'anthropologie à l'ontologie du présent〉, in *L'année 1798: Kant et l'Anthropologie* (sous la direction de J. Ferrari), Paris, 1997.

색 인

피에르 빌루에
철학 박사, 대학 교수 자격증을 지닌(아그레제) 교수
칸트의 《실천 이성 비판》을 번역 · 주해(일부)
《이교(異敎)와 포스트 모데르니테: J. -F. 리오타르》 출간

나길래
부산대 불문과. 프로방스대학 석사. 동대학 박사 수료
현재 알리앙스 프랑세즈, 부산대 강사

푸코 읽기

초판발행 : 2002년 11월 20일

지은이 : 피에르 빌루에
옮긴이 : 나길래
총편집 : 韓仁淑
펴낸곳 : 東文選
제10-64호, 78. 12. 16 등록
110-300 서울 종로구 관훈동 74
전화 : 737-2795

편집설계 : 李姃룡

ISBN 89-8038-161-1 04160
ISBN 89-8038-050-X (현대신서)

東文選 現代新書 97

라캉, 주체 개념의 형성

베르트랑 오질비
김 석 옮김

정신과 의사였던 라캉은 자주 프로이트의 독자이자 계승자로서 소개된다. 철학적 논쟁보다는 과학적 작업에 더 가까운 사유를 하면서, 그는 하나의 이론적이고 실천적인 성과 위에서 출발하였고, 정신분석학의 창시자 프로이트의 작업을 따르면서도 자신의 발견에 의거해 개념들을 변환하고 수정하면서, 그 성과를 좀더 멀리 끌고 나갔던 것으로 여겨지기도 한다.

이 책은 라캉의 사상적 출발점과, 그의 정신분석 이론을 관통하고 있는 핵심 주제의 생성 과정을 철학적 맥락과 연결시켜 꼼꼼하게 분석하고 있다. 책의 제목이 암시하듯 주체 개념의 형성이 그것으로 우리는 저자와 함께 좀더 쉽게 청년 라캉이 자신만의 지적 문제 제기를 탐색하고 발전시켜 나가는 과정을 살펴볼 수 있다. 흔히 라캉을 프로이트의 창조적 계승자나 독특한 관점으로 정신분석학을 개조하여 다른 인문학에 활용될 수 있는 토대를 마련해 준 인물 정도로 틀을 지우기도 한다.

본서는 라캉이 자신의 고유한 문제 제기를 출발시킨 이론적 지평과 사상사적 위치를 인격 개념을 중심으로 정신병의 구조를 분석한 그의 박사 논문에 초점을 두어 살펴보고 있다. 유명한 후기의 주체 구조 이론인 실재계 · 상징계 · 상상계나 은유와 환유 같은 언어학적 차원에서 분석된 무의식에 대한 논의는 없지만, 저자 자신이 서문에서 밝힌 대로 초기의 작품은 후기 작품의 열쇠로 난해한 라캉 이론을 일관된 맥락에서 읽을 수 있는 길잡이로서 의미가 있다 하겠다.

東文選 文藝新書 167

하나이지 않은 성

뤼스 이리가라이

이은민 옮김

다른 쪽에 대해서 어떻게 말해야 할까, 알리스는 생각했다. 기적에 대해서, 그녀는 기적이 여럿이었다고, 그리고 하나의 언어가 이 기적들 사이에서 일어났던 것을 의미할 수 없다고 생각했기 때문이다. 그러나 이해하기 위해 노력해야 했다. 그리하여, 스스로 적응하면서 그녀는 이렇게 대답했다.

타자인 여성의 성욕을 뭐라고 해야 할까? 그것은 남근 체계 속에서, 남근 체계에 의해 규정된 것과 다르다. 정신분석에 의해 여일하게 기술된──규범화된──것과는 다르다. 여성의 언어활동을 어떻게 창출할 수 있을까? 재발견할 수 있을까?

성적으로 구분된 여성의 육체 착취를 기점으로 이 사회의 기능을 어떻게 해석해야 할까? 그때부터, 정치와 관련 맺는 그들의 행위는 무엇이 되는가? 여자들은 이 제도 속에 개입해야 하는가, 개입하지 말아야 하는가?

어떠한 斜線을 통해 이 가부장적 문화에서 벗어나는가? 그 담화에, 그 이론들에, 그 학문들에 어떠한 질문들을 제기해야 하는가? 이 질문들이 다시금 제재 혹은 억압에 굴복당하지 않기 위해서는 어떻게 표명해야 하는가?

또한 과연 지배적인 담화를 가로지르는, 남성들의 통제에 의문을 제기하는 여자들에게, 여자들 사이에서 말하는 여성적 말투는 어떤 것인가?

질문들──무엇보다도──은 다수의 언어들로, 다양한 톤으로, 다양한 목소리로 의문을 제기하고 대답된다. 유일한 담화의 획일성, 유일한 類의 단조로움, 유일한 성의 독재정치를 해체하면서 말이다. 여성들의 욕망은 셀 수 없을 만큼 많고, 결코 하나의 욕망으로도, 다양한 형태의 한 욕망으로도 축소시킬 수 없다.

이미 오래 전부터 해는 떠올라 있었다. 하나의 이야기가 자신의 질서를 끊임없이 강요하곤 했다. 약간 경직된 명징성 속에 모습을 드러낼 것을 끊임없이 강요하곤 했다. 다른 아침을 기다리면서, 그녀는 거울 뒤로 다시 지나갔다. 그리고 그녀는 자기들끼리만 있는 곳에 있었다.

東文選 文藝新書 142

"사회를 보호해야 한다"

미셸 푸코 / 박정자 옮김

왜 다시 푸코인가? 푸코의 콜레주 드 프랑스에서의 강의는 이미 알려진 대로 수백 명의 청강생들이 발디딜 틈도 없이 몰리는 대단한 명강의였다고한다.

그는 1971년 1월부터 1984년 6월 사망할 때까지 줄곧 콜레주 드 프랑스에서 강의를 하였다. 그 강의의 내용이 프랑스의 갈리마트 출판사와 쇠이유 출판사의 공동작업으로 기획된 〈고등연구총서〉로 순차적으로 발간되고 있다. 본서는 그 첫번째 강의록으로서 1997년에 발간되었다.

그가 강의 준비를 위해 메모한 노트와 청강생들의 녹음에 의혀 사후 17년 만에 세상의 빛을 보게 된 이것들은 엄밀하게 미공거된 원고의 출판이라고 할 수는 없으나, 매년 새로운 연구업적을 발표해야 하고 또 매번 강의 내용도 바뀌어야 한다는 콜레주 드 프랑스의 특이한 수업규칙 때문에, 본서의 내용은 그동안 출간된 그의 저서 중 어느것과도 내용상으로 중복되지 않는 특징이 있다. 따라서 그 강의에 직접 참석치 않은 거의 모든 이들에게는 전혀 새로운 내용의 책이라 할 수 있다. 마치 푸코가 다시 살아서 생생한 육성으로 읽는 이를 매료시키고 있는 듯하다.

푸코의 콜레주 드 프랑스에서의 강좌명은 〈사유체계의 역사〉였다. 이번 강의는 "사회를 보호해야 한다"라는 인종차별을 합리화하는 인종주의자들의 말을 푸코가 비꼬는 어조로 인용한 것이다. 그는 이 강의에서 권력관계를 분석하는 데 있어서 전쟁의 모델이 적합한지를 묻고, 앎과 권력의 관계에 대한 독특한 계보학에 따라 자신의 작업을 성찰해 나가고 있다.

東文選 文藝新書 175

파스칼적 명상

피에르 부르디외

김웅권 옮김

어느 정도 성취를 이룬 인간은 인간에 대한 관념을 내놓아야 한다. 《파스칼적 명상》이라는 제목이 암시해 주듯이, 본서는 기독교 옹호론자가 아닌 실존철학자로서의 파스칼의 심원한 사유 영역으로부터 출발해 인간과 세계에 대한 새로운 통찰을 제시하고 있다. 본서의 입장에서 볼 때 파스칼의 사상에서 중요한 것은, 인간 사유의 선험적 토대를 전제하지 않고 인간 정신의 모든 결정물들을 이것들을 낳은 실존적 조건들로 되돌려 놓고 있다는 것이다.

사실 사유에 대한 가장 근원적인 문제 제기들은 세계와 실제에 대해 거리를 두고 있는 상태에 대한 문제 제기에서 출발한다. 우리는 이러한 방법적 비판을 파스칼 속에서 이루어 낼 수 있다. 왜냐하면 그의 인류학적 고찰은 학구적 시선이 무시할 수밖에 없는 인간 존재의 특징들로 향하고 있기 때문이다. 그리고 또 하나의 이유는 그가 인간학이 스스로의 해방을 이룩하기 위해 수행해야 하는 상징적 슬로건을 제공하기 때문이다. 이 슬로건은 "진정한 철학은 철학을 조롱한다"이다.

이 책은 실제의 세계와 단절된 고독한 상아탑 속에 갇힌 철학자들이 추상적인 사유를 통해 주조해 낸 전통적 인간상을 송두리째 뒤흔들고 있다. 부르디외는 사회학자로서 기존 철학에 정면으로 도전하면서, 인간 존재의 실존적 접근을 새로운 각도에서 모색함으로써 전혀 다른 존재의 모습을 제시하고 있다. 그것은 사르트르류의 실존적 인간과는 또 다른 인간의 이미지이다. 그것은 관념적 유희로부터 비롯된 당위적이거나 이상적 이미지, 즉 허구가 아니라 삶의 현장 속에 살아 움직이는 실천적 이미지인 것이다.

東文選 現代新書 116

공포의 권력

줄리아 크리스테바

서민원 옮김

이 책은 크리스테바가 셀린의 전기적·정치문학적인 경험을 대상으로 한 텍스트를 구상하면서 쓴 책이다. 셀린을 연구하면서, 크리스테바는 셀린이 개인적으로는 질병과 육체의 붕괴나 윤리·도덕의 피폐, 사회적으로는 가족과 집단 공동체의 붕괴 및 제1·2차 세계대전 등이 그에게 편집증적으로 집중되는 주제인 것에 관심을 가지고, 그 지긋지긋한 상태에 대한 접근 방법으로 아브젝시옹을 선택한다.

이 책의 제Ⅰ장은 아브젝시옹에 대한 현상학적 접근 방법으로 이루어져 있다. 제Ⅱ장은 크리스테바가 직접 몸담고 있는 정신분석학적인 접근 방법으로서, 공포증과 경계례의 구조에 의거하여 아브젝시옹의 개념을 명확히 하려는 시도로 이루어져 있다. 제Ⅲ장은 오래 전부터 인간의 의식(儀式)들 속에서 행해지는 정화 행위의 본질이란, 아브젝시옹을 통한 의식이라는 사실에 초점이 맞추어져 있다. 제Ⅳ장과 제Ⅴ장 역시 동서고금을 통해 모든 종교가 억압하려는 아브젝시옹이야말로 종교의 다른 한 면이자 종교 자체를 존재케 하는 힘이라는 사실을 강조한다. 제Ⅵ장에서부터는 셀린의 정치 팜플렛을 중심으로 한 정치·전기·문학상의 경험을 형상화한다.

이 책은 지식의 전달만을 그 목적으로 하지 않는다. 셀린이라는 한 작가의 문학적 경험을 통해, 그다지 중요해 보이지 않는 아브젝시옹이라는 주제에 크리스테바가 그토록 심혈을 기울인 뒤안에는 나름의 이유가 있다. 그 비참과 욕지기나는 더러움이 불러일으키는 통쾌함, 정화 작용의 의미를 되새기면서 현대를 살아가는 우리가 발견해야 할 것들을 가르쳐 주는 것이다.

東文選 文藝新書 162

글쓰기와 차이

자크 데리다

남수인 옮김

　해체론은 데리다식의 '읽기'와 '글쓰기' 형식이다. 데리다는 '해체들'이라고 복수형으로 쓰기를 더 좋아하면서 해체가 '기획' '방법론' '시스템'으로, 특히 '철학적 체계'로 이해되는 것을 거부한다. 왜 해체인가? 비평의 관념에는 미리 전제되고 설정된 미학적 혹은 문학적 가치 평가에 의거한 비판이라는 부정적인 이미지, 부정성이 필연적으로 내포되어 있는 바, 이러한 부정적인 기반을 넘어서는 讀法을 도입하기 위해서이다. 이 독법, 그것이 해체이다. 해체는 파괴가 아니다. 비하시키고 부정하고 넘어서는 것, '비평의 비평'을 하는 것이 아니다. 해체는 "다른 시발점, 요컨대 판단의 계보·의지·의식 또는 활동, 이원적 구조 등에서 출발하여 다른 가능성을 생각해 보는 것," 사유의 공간에 변형을 줌으로써 긍정이 드러나게 하는 읽기라고 데리다는 설명한다.

　《글쓰기와 차이》는 이러한 해체적 읽기의 전형을 보여 준다. 이 책은 1959-1966년 사이에 다양한 분야, 요컨대 문학 비평·철학·정신분석·인류학·문학을 대상으로 씌어진 에세이들을 수록하고 있다. 이 책은 루세의 구조주의에 대한 '비평'에서 시작하여, 루세가 탁월하지만 전제된 '도식'에 의한 읽기에 의해 자기 모순이 포함될 수밖에 없음을 지적함으로써 자신의 읽기가 체계적 읽기, 전제에 의거한 읽기, 전형(문법)을 찾는 구조주의적 읽기와 다름을 시사한다. 그것은 "텍스트의 표식, 흔적 또는 미결정 특성과, 텍스트의 여백·한계 또는 체제, 그리고 텍스트의 자체 한계선 결정이나 자체 경계선 결정과의 연관에서 텍스트를 텍스트로 읽는" 독법이 될 것이다. 이러한 독법을 통해 후설의 현상학을 바탕으로, 데리다는 어떻게 로고스 중심주의가 텍스트의 방향을 유도하고 결정하고 있는지 보여 주는 한편, 사유의 새로운 지평을 열어 보고자, 중요하지 않은 것으로 간주되어 경시되거나 방치된 문제들을 발견하고 있다.